本报告的出版得到

国家重点文物保护专项补助经费资助

水井街酒坊遗址发掘报告

Excavation Report of the Shuijingjie Distillery Site

成都文物考古研究所
四川省文物考古研究院
四川省博物院　编著

文物出版社

封面设计　程星涛
责任印制　张　丽
责任编辑　杨冠华

图书在版编目（CIP）数据

水井街酒坊遗址发掘报告／成都文物考古研究所、四川省文物考古研究院、四川省博物院编著．—北京：文物出版社，2013.5

ISBN 978 - 7 - 5010 - 3713 - 1

Ⅰ.①水…　Ⅱ.①成…　Ⅲ.①酿酒 - 作坊 - 文化遗址 - 发掘报告 - 成都市　Ⅳ.①K878.55

中国版本图书馆 CIP 数据核字（2013）第 097797 号

水 井 街 酒 坊 遗 址 发 掘 报 告

成都文物考古研究所

四川省文物考古研究院　编著

四 川 省 博 物 院

＊

文 物 出 版 社 出 版 发 行

（北京东直门内北小街 2 号楼）

http：//www. wenwu. com

E-mail：web@ wenwu. com

北京市联华宏凯印刷有限公司

新 华 书 店 经 销

889×1194　1/16　印张：18.25　插页：5

2013 年 5 月第 1 版　2013 年 5 月第 1 次印刷

ISBN 978 - 7 - 5010 - 3713 - 1　定价：380.00 元

Excavation Report of the Shuijingjie Distillery Site

(With an English Abstract)

by

Chengdu Municipal Institute of Cultural Relics and Archaeology

Sichuan Provincial Institute of Cultural Relics and Archaeology

Sichuan Provincial Museum

Cultural Relics Press

Beijing · 2013

目　录

插图目录

彩版目录

第一章 绪言

第一节 自然地理环境与历史沿革

一 自然地理环境

成都市位于成都平原中部，自然地理条件非常优越。地理坐标介于东经102°54′~104°53′、北纬30°05′~31°26′之间。东北与德阳市、东南与资阳市毗邻，西南与雅安市相接，西北与阿坝藏族羌族自治州接壤，南与眉山市相连。东西最大横距192千米，南北最大纵距166千米，辖区总面积12390平方千米，市区面积598平方千米。现辖成华区、武侯区、青羊区、锦江区、金牛区、龙泉驿区、青白江区、新都区、高新区、温江区、双流县、郫县、大邑县、金堂县、蒲江县及新津县等10区6县，代管都江堰市、彭州市、崇州市及邛崃市4市。

成都市位于四川盆地西部的岷江中游地段，境内海拔387~5364米，东界龙泉山脉，西靠邛崃山。西部为纵贯南北的龙门山脉。平原面积占36.4%，丘陵面积占30.4%，山区面积占33.2%。平原地区西北高、东南低，平均坡降0.3%。属亚热带湿润季风气候，四季分明，夏无酷暑，冬无严寒，年平均气温16.7℃。年平均日照时数1071小时，年平均降雨量945.6毫米。成都市区位于成都平原东部，平均海拔约500米。成都平原是我国西南地区最大的平原。位于岷江干流上的都江堰水利工程，其灌溉渠网呈扇形展开在广阔的成都平原上，使成都平原成为"水旱从人、不知饥馑"的"天府之国"。

成都市属亚热带季风气候，具有春早、夏热、秋凉、冬暖的气候特点，年平均气温16℃，年降雨量1000毫米左右。成都市气候的一个显著特点是多云雾，日照时间短。民间谚语中的"蜀犬吠日"正是这一气候特征的形象描述。成都市气候的另一个显著特点是空气潮湿，因此，夏天虽然气温不高（最高温度一般不超过35℃），却显得闷热；冬天气温平均在5℃以上，但由于阴天多，空气潮，却显得很阴冷。成都的雨水集中在7、8两个月，冬春两季干旱少雨，极少冰雪。

优越的自然地理环境必然造就良好的生态环境，成都平原自古以来就以资源富庶、物产丰饶而闻名。尤其是优良的水质保障和温暖湿润的气候条件，更是成都平原都市酒文化兴起和繁盛的天造地设的最好温床。

二 历史沿革

成都市简称蓉，是四川省省会，四川省的政治、经济和文化中心，同时也是国务院规划确定的"西南地区的科技中心、商贸中心、金融中心和交通、通信枢纽"及西南地区重要的中心城市。它是国务院首批公布的 24 个历史文化名城之一，也是公认的中国十大古都城市之一。

远在四五千年前，古蜀先民逐渐从川西北高原沿岷江河谷迁徙到成都平原，他们在这块肥沃的土地上辛勤垦殖，创造了灿烂的新石器时代文化。距今三千多年前，即相当于中原商代，在成都平原已形成了高度发达的三星堆文明，它是古蜀文化发展的一个巅峰，也是中华民族文化的一个重要源头。成都金沙遗址、羊子山土台、十二桥的"干栏"式房屋遗址、商业街船棺遗址的考古发现，证明成都市区自商代晚期以来一直是古蜀国的政治、经济、文化中心所在地。公元前 316 年，秦惠文王派张仪、司马错灭巴蜀，改蜀国为蜀郡，设成都县（县治在赤里街），作为蜀郡的治所。公元前 311 年，秦王接受张仪的建议，命令蜀守张若按咸阳格局兴筑成都城，城周 12 里，高 7 丈。市区范围不大，分为东、西两部分，东为大城，郡治，是蜀太守官司舍区域，政治中心；西为少城，县治，是商业及市民居住区，商业繁盛，是经济中心所在，故成都又有"少城"之称。大城和少城共一城墙，古人称为"层城"或"重城"。这一格局或显或晦地承续了两千多年，成为中国古代城市格局定式的一种类型。此后两千多年中，成都的城名从没变过，城址没有迁移，这在中国城市史上是绝无仅有的。其间"移秦民万家实之"，传入中原地区的先进文化和冶铁技术，秦孝文王时，李冰为蜀守，修筑了都江堰水利工程，"灌溉三郡，开稻田，于是蜀沃野千里，号为陆海，旱则引水浸润，雨则杜塞水门，水旱从人，不知饥馑，时无荒年，天下谓之天府也"[①]。秦统一六国后，分天下为三十六郡，成都属蜀郡，辖十二县。汉承秦制，成都仍为蜀郡的治所。汉武帝元封 5 年（前 106 年）时，以巴蜀地区为中心设置了益州，成都成为益州刺史的治所。在以后的两千多年，成都一直是西南地区政治、经济、军事和文化中心，这一地位从未改变过。汉武帝时改筑成都城池，在原少城基础上筑南小城，与之相对的蜀王城则称为北小城，加上锦官城，三城连接成大城，称为"新城"。西汉后期，成都人口已增至 7.6 万户，成为仅次于长安的中国第二大城市。到王莽时，益州改称庸部，蜀郡改为导江郡。公孙述据蜀称帝，以成都为国都（25~36 年），辖十五县。三国鼎立时，刘备统一巴蜀，建都于成都，刘备即位于武担山之南。在以今青龙街为中心，穿城九里三的范围，进行了大规模的城市建设，这个位置轮廓一直延续到新中国成立前。三国时成都为益州郡制，辖七县。西晋初期，分全国为十九州，成都仍属益州，州治仍在成都。304 年，入蜀避难的秦、雍流民首领李特在成都建立了"大成"政权，辖六县。347 年，东晋大将桓温消灭"大成"政权，下令拆去成都少城。在 582~592 年间，隋蜀王杨秀沿着旧城，扩大西南面，重筑成都城，周围四十里。这次筑城取土中，成摩诃池（今人民南路展览馆一带，后为五代前后蜀的宫苑）。隋时成都为益州蜀郡治，辖十三县。进入唐代，唐先后置成都为州、郡、府。其间为管理方便，成都人口稠密的东部曾被划为蜀县。唐明皇避"安史之乱"来到成都，蜀县改称华阳县，成都也改称"南京"，成了中原人士的避难所，促进了经济文化的繁荣，当时有"扬一益二"之说，即天下城市，扬州第一，成都第二。

879 年，唐剑南西川节度使高骈为加强防卫，又筑"罗城"。这是成都城第一次改用砖石建造。城内有大街坊 120 个。其后，前蜀的王建、王衍父子和后蜀的孟知祥、孟昶父子割据于成都，

① ［东晋］常璩：《华阳国志·蜀志》，重庆出版社，2008 年。

前后长达 60 年之久，后被北宋所灭。其间 927 年，后蜀孟知祥在罗城之外，"发民丁十二万修成都城"，增筑羊马城，城周达四十二里。其子孟昶命人在城墙上遍种芙蓉树，一到秋天，四十里花开如锦，绚丽动人，称之为芙蓉城，即今成都简称"蓉城"的由来。宋代分天下为十五路，四川地区被划分为益州路、梓州路、利州路、夔州路，简称川峡四路。益州路治所一直在成都。成都还是叫成都府，管辖成都、华阳两县。后李顺攻入成都，建立"大蜀"政权。失败后，成都府被降为益州。元朝初年，设四川行中书省，简称四川省，治所先在重庆，不久移到成都。从此成都一直是四川省的最高军政长官治所。当时四川共辖九路，成都居路首。至元十六年（1279 年），又分四川为四道，成都划为川西道，但成都仍是当时政治文化中心。明代设四川布政司，下辖八个府，成都是首府，管辖两州十三县。明太祖朱元璋封第十一子朱椿为蜀王，王府建在成都。朱元璋曾先后两次命大将李文忠和蓝玉以土筑成都城，后来都指挥使赵清用砖石重修成都大部城墙。崇祯十七年（1644 年），张献忠部队进入成都，改国号为"大西"，成都也改称"西京"，蜀王府的宫殿一度成为张献忠的皇宫。随后清军攻入四川，与张献忠的大西军在成都激战。清顺治三年（1646 年），成都全城毁于战火，一座繁花似锦的名都会一度在五六年间竟断绝人烟，成为麋鹿纵横、虎豹出没之地。从康熙初年起，大量移民进入四川，经济开始回升，成都也随之逐渐恢复生气。经过康熙、乾隆年间的两次重建和扩建，一座宏伟的成都新城又屹立在两江环抱的旧城址之上。但是鸦片战争以后，随着重庆的门户开放和川江航运的开辟，成都在四川和西南的地位逐渐被重庆所取代而渐趋衰落。1911 年，源起成都的四川保路运动和武装起义是辛亥革命的先导，为武昌起义的成功立下大功。民国初年，裁废道制，后废府，成都仍为四川省治所所在地。成都市的正式建置是在 1928 年。当时建立成都市政府，把成都、华阳两县的城区部分合并为成都市，成、华两县只辖乡区。这一大变革，改变了 1000 多年来两县分治一城的格局，是成都城向近代化迈进的开始。中华人民共和国成立后，1950 年，成都为川西行署驻地，1952 年起成为四川省省会，并列为中国重点建设城市之一。1983 年 5 月，国务院决定，温江地区（除广汉、什邡两县外）并入成都市，实行市辖县的体制。1990 年以后，先后实行了区划调整和撤县建市、建区。成都市现面积 12390.6 平方千米，2003 年末全市户籍人口 1044.3 万人。现辖 10 区（锦江区、青羊区、金牛区、武侯区、成华区、高新区、龙泉驿区、青白江区、新都区、温江区）、4 市（都江堰市、彭州市、邛崃市、崇州市）、6 县（金堂县、双流县、郫县、大邑县、蒲江县、新津县）。

蜀酒文化源远流长。成都平原的新津宝墩、郫县古城、都江堰芒城等史前时期古城遗址，出土有陶尊、簋、罐等制作精美的陶质器具，其中不乏酒具，这是目前发现的时代最早的蜀酒文化实物遗存。晋代常璩《华阳国志·蜀志》记载说"九世有开明帝，始立宗庙，以酒曰醴，乐曰荆"，表明战国时期蜀地已生产名为醴的美酒。广汉三星堆、彭县青铜器窖藏、新都战国木椁墓等遗址还出土了大量尊、罍等地方色彩浓郁的商周时期青铜酒具，更是同时期蜀酒文化的实物证据。如果说先秦时期蜀酒文化的主题是为"国之大事，惟祀与戎"而服务，那么两汉及魏晋南北朝时期的蜀酒文化则主要以市井之间的世俗文化为表现形式。成都地区发现的汉代画像砖、画像石上有不少酿酒、卖酒内容的图案，凤凰山西汉木椁墓还出土了两件表面写有"甘酒"字样的陶罐。据文献记载，这个时期的名酒有"酴醾酒"、"清醾酒"、"郫筒酒"、"甘酒"等品种，司马相如与卓文君"才子佳人，当垆卖酒"的故事千古流传，梁代萧子显《美女篇》诗云："朝酤成都酒，瞑数河间钱",“成都酒"享誉全国。

隋唐五代两宋时期，蜀酒文化发展到前所未有的高峰阶段，其主体表现方式则升华为与文学艺术融为一体的精英文化形态。唐代李肇撰《唐国史补》所载“剑南之烧春"、宋代张能臣《酒名记》所载“锦江春"等蜀地佳酿成为进献朝廷的贡品，宋代成都酒业课税数目更是位居全国之冠。杜甫《戏题寄上汉中王三首》：“蜀酒浓无敌，江鱼美可求"；李商隐《杜工部蜀中离席》：“美酒成都堪送老，当垆仍是卓文君"；雍涛：“自到成都烧酒熟，不思身更入长安"；“歌从雍门学，酒是蜀城烧"。诗人们饱含激情的浓墨蘸写，是对蜀酒文化高度发达的形象写照。时至今日，四川白酒品牌中的“六朵金花"（宜宾五粮液、绵竹剑南春、成都全兴大曲、泸州老窖、古蔺郎酒、射洪沱牌大曲）誉满神州大地，川酒仍然雄踞中国白酒行业的半壁河山。数千年来一直是蜀地政治、经济、文化中心的成都，自然也成为传统悠久、内涵丰富的蜀酒文化的中心所在地。因此，在成都市区发现一处国内首见的古代大型白酒酿造作坊遗址——水井街酒坊遗址，是有其深厚的传统酒文化历史背景的。

成都历史上盛产名酒，堪称美酒的故乡，而且历代的城市文化具有浓郁的都市文化特征，这是它区别于中国其他名酒之乡的独有特征。

第二节　发掘经过及报告编写

一　发掘经过

水井街酒坊遗址位于四川省成都市锦江区水井街 15～23 号、府河与南河交汇点以东北（图 1-1；彩版一），地理坐标为东经 104°10′，北纬 30°42′，西距府河约 150 米，南距锦江约 350 米，东达金泉街，西南至黄伞巷，北抵水井街（图 1-2；彩版二、三）。原为四川省成都全兴酒厂的曲酒生产车间。遗址是在一个非常偶然的机会下被发现的。1998 年 8 月的一天，四川省成都全兴酒厂正在其下属的水井街曲酒生产车间进行厂房改建工程，施工人员在车间中部地带开挖到一定深度以后，出现了一处用砖石砌成的圆形遗迹现象，施工现场激起了一场不大不小的轰动，人们纷纷猜测其用途，有人说是早先的水井，也有人认为是灶坑，还有人觉得是石磨盘，争论场面十分热烈。这一发现引起了酒厂领导的高度重视，联想起自开工以来就从地下不断挖出陶瓷杯、碗、盘等器物的残片情况，厂方意识到可能挖出了与酿酒密切相关的古代文物遗存，遂立即停止施工，并上报省市文化（文物）主管部门进行考古勘探和发掘工作。

其时，四川省博物馆正在与全兴酒厂合作建设全兴酒文化陈列馆，首先入场的该馆业务人员，对遗址的分布范围及中心进行了详细调查。随后在成都全兴酒厂文化办的全力配合下，由四川省博物馆等单位进行了考古调查及试掘工作，以便确定遗址的分布中心和范围。当时参加人员有成都文物考古研究所的蒋成、黄晓枫，四川省文物考古研究所的戴堂才、李昭和、王鲁茂，四川省博物馆的范桂杰、毛运波。

1999 年 3 月 2 日至 4 月 12 日，经国家文物局批准后，成都文物考古研究所、四川省文物考古研究所联合在此开展了全面考古发掘工作。参加人员有成都文物考古研究所的蒋成、李明斌、陈

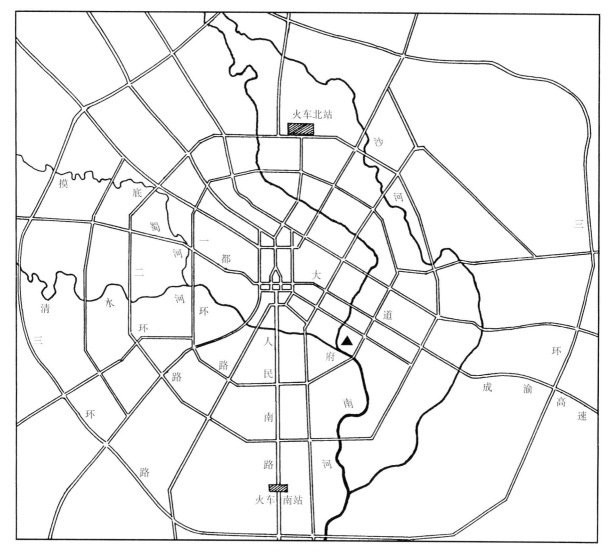

图1-1 水井坊遗址位置示意图

剑、李平、倪林忠、高攀、邓元波，四川省文物考古研究所的李昭和、王鲁茂，四川省博物馆的范桂杰、毛运波等。我们在前期调查试掘基础上，首先确定了本次发掘的学术目标：确定水井街酒坊遗址的起始年代，了解酿酒设施的平面布局及"前店后坊"的格局形式，并为四川全兴酒文化博物馆的陈列建设以及相关学术研究提供更为丰富的实物资料。

发掘过程可谓困难重重，此前国内尚未有过同类遗址的考古发掘。现场发掘的指导原则是以考古学理论与方法为基本依据对发掘的现象进行解释、分析，同时结合酿酒科技、历史学等相关学科的理论与方法作为补充。

发掘中，针对现场场地狭小、光照不足等不利条件，我们制定了见缝插针的小探沟发掘、为保护大面积遗迹而进行局部解剖、以绳线标明地层单位分界线等具体方法，均取得了良好的效果。

在遗址的试掘及正式发掘阶段，成都全兴酒厂文化办参加现场配合人员主要有利文骅、赖永明等。

本次发掘工作历时约一个半月。

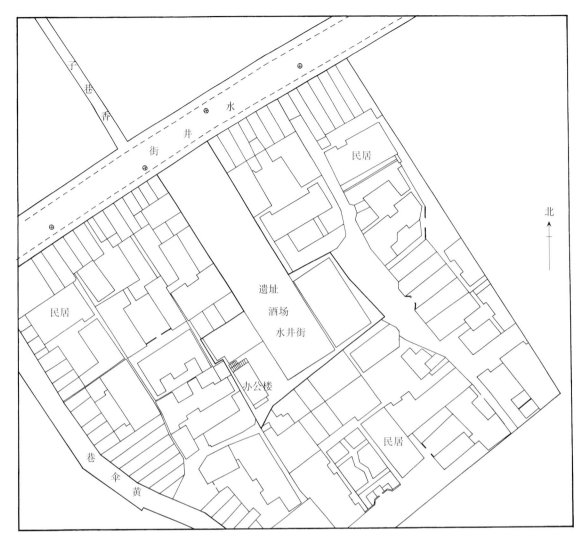

图 1-2　水井街酒坊遗址及附近街区示意图

为使水井街酒坊遗址的考古发掘成果深入化，准确划定遗址的分布范围，了解遗址所处地理环境的变迁状况，并为遗址的有效保护及合理利用创造适宜的周边环境条件，1999 年 9 月，成都文物考古研究所（成都市文物考古工作队）在遗址以西、相距不足 100 米的三友房地产公司水井街商住楼工地，先期入场进行文物调查和勘探工作。参加人员有陈剑、李平。在历时半个多月的工作中，开挖 2.5×10 米探沟 12 条，发掘面积约 300 平方米，钻探面积达 6000 平方米，发现有唐宋及明清时期的文化堆积，出土了少量的瓷器、陶器残片等遗物，其中的青花瓷杯、碗、蓝釉瓷小杯（俗称"牛眼杯"）、白釉瓷杯等酒具，与水井街酒坊遗址发掘出土的同类遗物特征一致，表明二者之间有密切的联系。

同时，在已经发现的水井街酒坊遗址范围之内，考古人员也针对发掘成果中确定遗址起始年代的证据略显不足等问题，进行了深入的补充发掘工作。参加人员有成都文物考古研究所的陈剑、成都全兴酒厂文化办的利文骅。例如：5 号酒窖（编号为 J5）底部的解剖结果表明，在其黄泥窖底（厚 25~30 厘米）之下，有一层结构相对疏松的深灰色填土（厚 32~38 厘米），填土之下又是一层窖底，表面呈灰白色，质地较坚硬。J5 四壁的内部结构上下有别，上半部采用未经烧制的土坯砖砌成，下部则为土圹加工而成，其间有明显的黏合痕迹。可见，J5 现有开口虽然与第二层晾堂 L2 表面处于同一水平线上，但其原来的开口应在窖壁上土坯砖与土圹相结合的部位，即与第三层晾堂 L3 表面处于同一水平线上。而且，J5 两层窖底之间的距离同于晾堂 L3 与 L2 之间的距离。这表明，酒窖窖口、窖底抬升的高度与晾堂抬升的高度同步。因此可以判定，酒窖 J5 与晾堂 L3 的始建年代相近。

2002 年 1 月 8 日，为配合水井街酒坊遗址博物馆的建设和遗址的有效保护工作的顺利进行，经四川成都全兴集团公司与四川省文物局、成都文物考古研究所、四川省文物考古研究所多方协商，水井街酒坊遗址的扩大考古工作正式展开。工作单位为成都文物考古研究所，现场负责人是陈剑，参加人员有杨兵、陈洪、邓元波。当天上午，到遗址现场布方，为便于下一步全面发掘，进行了统一布方。计划先进行全面勘探，再在勘探结果之上进行正式发掘。按市政府拨划的 9333 平方米土地建设水井街酒坊遗址博物馆的方案，勘探总面积达 9400 平方米（图 1－3）。以遗址中轴线（即通过酿酒蒸馏器设备基座中心的纵剖线）为基线，间隔 5～10 米，共布 4×9 米探沟 25 条，进行全面勘探。1 月 22 日又在遗址西部、南部又布 4×9 米探沟 10 条进行勘探。2 月 1 日，考古勘探工作结束。

此次勘探目的是为下一步博物馆建设做准备工作。在个别探沟内出土了青花瓷盘、杯、碗等器物，还发现有现代水井 2 口、房屋石结构门洞等遗迹。出土文物包括青花瓷碗、盘、青釉瓷碗、白釉瓷碗、黄釉瓷壶、褐釉瓷碗、陶马俑、黄釉瓷佛像、石象棋子等。这些遗物可作为水井街地区历来是休闲、游乐胜地的实物例证。

另外，勘探还发现，全兴酒厂曲酒车间以南约 15 米处地下为纯净的河沙堆积、卵石堆积，应是原有河道的位置所在（可能为清代以前南河河道，亦可能是成都古代抱城二江的交汇点所在）；勘探结果还表明车间以西约 10 米处有一条呈南北向的水沟（宽约 5 米），基本与香巷子相接；车间以东及东南还发现水井两口（使用时间较长），位于院落的天井之内。现在南河河床的位置已向南移近 100 米，根据水井的开口亦可推测原来成都地下水位较现在高许多。

水井街酒坊遗址由于地处城市繁华地区，历代人来人往，基建频繁，深挖改土活动较多，对遗址造成了较大的破坏。只是全兴酒厂车间范围内因为建房改土活动相对较少，又是遗址的中心分布区所在地，故而破坏活动也相对不多，遗址尚有局部保存。同时，明清时期，水井街酒坊的生产规模和经营规模均不会很大，因此，遗址的分布范围也不会很大，全兴酒厂曲酒车间的面积约 1700 平方米，遗址的主体范围大概即为此。故多数探沟无重要发现。

二　专家论证与社会反响

在 1999 年 5 月 25 日召开的水井街酒坊遗址考古工作汇报暨专家论证会上，来自四川大学、中国硅酸盐研究所、四川省社会科学院、四川省文化厅、四川省文物局、四川省博物馆、四川省文物考古研究所、成都市文化局、成都市文管会、成都文物考古研究所等单位的数十位专家学者听取现场汇报后，对水井街酒坊遗址考古成果给予了高度评价。

水井街酒坊遗址考古成果引起了国内学术界的高度重视。著名历史学家、国务院学位委员会成员、中国社会科学院历史研究所前所长、夏商周断代工程专家组组长李学勤教授在川讲学期间，抽空亲临现场参观，并提议对遗址中心及关键部位要进行重点保护，同时将此重大考古成果向社会各界予以广泛宣传，提高学术活动的社会效益。李学勤先生回到北京后，立即向其学界朋友、中国科学院自然科学史所的洪光住研究员详细介绍了水井街酒坊遗址的重大考古发现。因洪先生正在从事《中华酿造科技发展史》一书的撰写工作，故李学勤先生建议他到成都进行现场考察，以便在著作中反映出此项考古新成果。前来蓉城参加学术会议的国家文物局古建筑专家组组长罗哲文教授，考察了遗址现场之后，挥毫题词："成都水井街全兴酒坊遗址重大发现为历史文化名城增光添彩"。

四川省文化厅、成都市文化局于1999年6月28日至30日联合举办了"四川省成都水井街酒坊遗址考古发掘成果汇报会"。与会的有国家文物局考古专家组组长黄景略研究员、中国科学院自然科技史研究所洪光住研究员、中国社会科学院考古研究所杨虎研究员、中国白酒专业协会副会长及专家组组长沈怡方教授、专家组成员高月明先生、中国白酒专业协会常务副秘书长高景炎先生等白酒界专家以及中国文物学会、中国历史博物馆、文物出版社、四川大学、四川省社会科学院、四川美术学院、四川省酒科所、中国科学院成都生物研究所、省市文博系统和有关主管部门的专家学者、领导共50余人。全国考古界和白酒界权威学者汇集一堂，共同研讨水井街酒坊遗址考古成果。

1999年6月30日，成都市人民政府、四川省文化厅联合举办了"水井街酒坊遗址考古成果新闻发布会"，成都市人民政府副市长王忠康宣读了新闻通稿，正式向社会公布了遗址的考古成果。

1999年11月26日至12月2日，中国考古学会第十次年会在成都召开。在这次十年一遇的全国考古学界群英会上，水井街酒坊遗址考古成果被安排作小组及大会两次专题发言。会议期间，大会还组织全体与会代表到水井街酒坊遗址现场参观考察。国家文物局原局长张文彬及张柏副局长等领导，以及新当选的中国考古学会领导和来自全国考古学界的百余位专家学者，在听取了水井街酒坊遗址发掘负责人所作的详细汇报后，还亲临现场进行了实地考察。与会专家对水井街酒坊遗址的考古成果给予高度评价，纷纷挥毫题词留字。与会专家包括：时任中国考古学会名誉理事长、北京大学宿白教授，学会名誉理事、中国社会科学院考古研究所前所长 安志敏 教授，学会理事长、中国社会科学院考古研究所前所长 徐苹芳 研究员，学会副理事长、中国历史博物馆前馆长 俞伟超 教授、故宫博物院前院长张忠培教授、北京大学严文明教授，常务理事、国家文物局考古专家组组长黄景略研究员、北京大学 邹衡 教授、中国社会科学院考古研究所徐光冀研究员、中国科学院古脊椎动物古人类研究所 张森水 研究员等（彩版四、五）。专家们还就该遗址及其周边地区如何开展进一步的田野考古发掘与勘探等工作提出了具体指导意见。

水井街酒坊遗址的重大考古成果受到海内外新闻媒体的广泛关注。1999年7月5日，中央电视台的《新闻联播》中，对水井街酒坊遗址考古成果进行播报。中央电视台的《中国报道》、《东方时空》、《经济半小时》等栏目，还围绕水井街酒坊遗址重大考古成果从多角度进行了深度介绍。此外，香港凤凰卫视、四川电视台、四川有线电视台、成都电视台、成都有线电视台、成都经济电视台等电视台，四川人民广播电台、成都人民广播电台等电台，纷纷关注水井街酒坊遗址考古发现，除了及时地进行新闻报道外，还运用拍摄专题片等形式从多侧面予以综合报道。从中

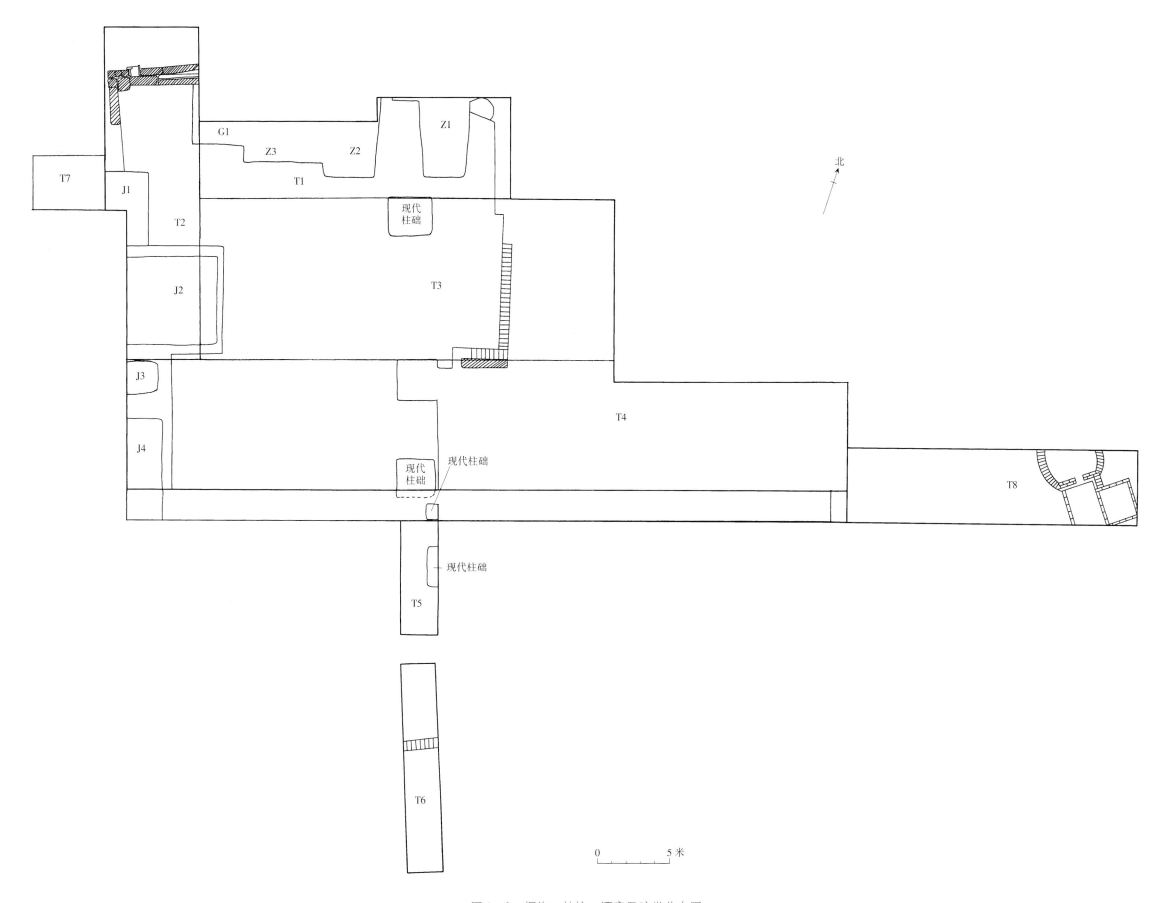

图 1-3　探沟、灶坑、酒窖及晾堂分布图

央到省市的各级各类报社，更是成为报道水井街酒坊遗址重大考古成果的主力军。《人民日报》、《光明日报》、新华社、《中国文化报》、香港《大公报》、《经济日报》、上海《文汇报》，以及本地的《四川日报》、《华西都市报》、《成都晚报》、《成都商报》等省市各家报纸，纷纷对水井街酒坊遗址重大考古成果进行各种形式的宣传报道。有的还使用连续跟踪采访、撰写长篇通讯等方式进行深度报道。《中国文物报》在1999年7月7日对水井街酒坊遗址考古发现以头版头条形式进行重点报道，并在同期第四版整版刊载专家笔谈意见。在短短的时间内，各类新闻媒介的广泛报道，使这项重大考古成果的社会效益得到了较大程度的体现。

为加大水井街酒坊遗址考古成果保护工作的力度，1999年年底，成都市人民政府成立了以时任市长王荣轩为指挥长，主管城建、文教卫生及旅游商贸的三位副市长为副指挥长的领导小组，负责指挥实施水井街附近旧城区（总面积达73333平方米）的规划、改建和开发工程。此项工程的核心便是水井街酒坊遗址的有效保护及合理利用工作，这也体现了成都市人民政府对水井街酒坊遗址重大考古成果的高度重视。

1999年10月和2000年1月，水井街酒坊遗址相继被成都市人民政府、四川省人民政府公布为文物保护单位。

2000年5月，水井街酒坊遗址入选1999年全国十大考古新发现。

2001年7月，水井街酒坊遗址被国务院公布为第五批全国重点文物保护单位。

2006年12月，水井街酒坊遗址与河北省徐水县刘伶醉烧锅遗址、江西省进贤县李渡烧酒作坊遗址、四川省泸州市泸州大曲老窖池群、四川省绵竹市剑南春天益老号酒坊遗址（总称中国白酒酿造古遗址）共同列入中国世界文化遗产预备名单重设目录。

目前，水井街酒坊遗址的总体保护规划方案已获国家文物局批准，遗址博物馆的规划、建设工作正在有序进行之中。

三　资料整理及报告编写

1999年下半年，水井街酒坊遗址发掘工作基本结束后，现场发掘人员陈剑、范桂杰、邓元波等即对出土遗物进行了初步整理，陈剑、李明斌、范桂杰执笔撰写了发掘简报，随后在《文物》2000年第3期发表。同时，遗址发掘报告的编写工作也全面展开，初步的文稿在本年度基本形成。

因诸种因素的制约，发掘报告的定稿和出版工作长时间处于停滞状态。

2008年，发掘报告的编写工作再度启动，蒋成、李昭和、陈剑对报告提纲及体例进行了多次讨论。除了陈剑对报告文稿进行了进一步统纂外，黄晓枫、易立参加了出土瓷器的整理及报告相关内容的编写工作，汤诗伟参加了厂房建筑部分的编写工作，于2008年年底形成了发掘报告的初稿。

本报告主要对1999年3~4月的正式考古发掘和同年9月的补充发掘资料进行全面报告，并使用了1998年调查和试掘的少量出土器物资料（编号为98CSQ北探：××号；98CSQ探沟：××号），不涉及遗址周边地区的考古勘探资料。

第二章 发掘区与文化堆积

　　水井街酒坊遗址已经发现的面积约1700平方米（图2-1；彩版六、七），但遗址范围内分布有密集的现代酒窖和办公用房，可供发掘的面积十分有限。1999年的发掘根据现场具体地势情况采用探沟发掘法，并对1998年试掘部分（探沟2条，编号为98CSQ北探、98CSQ探沟，共揭露面积105平方米）纳入统一布方的探沟内进行编号，发现的地层单位也予以统一编号。发掘所布探沟共计8条，编号为99CSQT1～T8（见图1-3）。

　　其中T1（99CSQT1～T8以下简称T1～T8）位于遗址北部，略呈东西向，方向70°，布方面积为10.7×2.5米，后在其北面局部进行扩方（面积为4.5×0.9米）。布方发掘目的在于确定酿酒设备遗迹的北部边界。南面接T3，西面接T2。

　　T2位于遗址的西部，略呈南北向，方向340°，规格为11×2.5米，后在其南面局部进行扩方

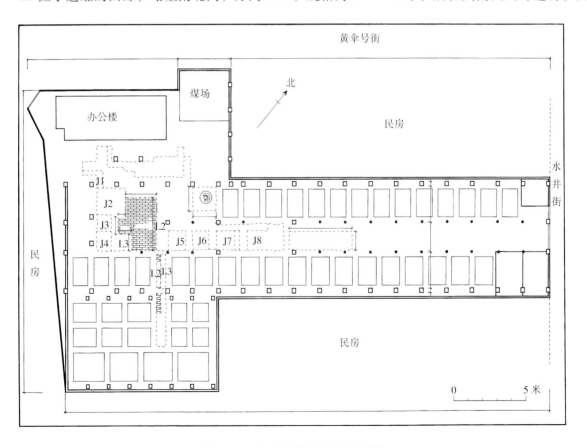

图2-1　水井街酒坊遗址平面图

（面积为 6.2×0.7 米）。东面接 T1 和 T3，南面接 T4，西面接 T7。

T3 位于遗址的中部，探沟内局部为 1998 年试掘的探沟 98CSQ 北探之所在。略呈东西向，方向 70°，布方面积为 14.3×5.4 米。南面接 T4，西面接 T2，北面接 T1。

T4 位于遗址的中部，探沟内局部为 1998 年试掘的探沟 98CSQ 探沟之所在。略呈东西向，方向 70°，布方面积为 24.6×3.6 米，后在其北面局部进行扩方（面积为 0.75×16.6 米），又在其南面进行扩方（面积为 1.05×24.6 米）。东面接 T8，南面接 T5，北面临 T2 和 T3。

T5 位于遗址的南部，发掘目的为寻找晾堂 L2、L3 的边界。略呈南北向，方向 340°，布方面积为 4.4×1.3 米。南面邻 T6，北面邻 T4。

T6 位于遗址的最南端，发掘目的仍然为寻找晾堂 L2、L3 的边界。略呈南北向，方向 340°，布方面积为 7×1.2 米。北面邻 T5。

T7 位于遗址的最西端，布方发掘目的在于确定酿酒设备遗迹的西部边界。略呈东西向，方向 70°，布方面积为 2.4×1.8 米。东面接 T2。

T8 位于遗址的最东端，布方发掘目的在于确定酿酒设备遗迹的东部边界，并寻找传统手工业作坊的"前店后坊"布局中的"前店"部分遗存。略呈东西向，方向 70°，布方面积为 2.5×10 米。西面接 T4。

总计揭露面积约 280 平方米（其中含上年度试掘面积 105 平方米）。

发现有近 20 余处不同时代的酒窖、晾堂、灶坑、蒸馏器基座、灰坑（沟）、路基（散水）、木柱及柱础、墙基等遗迹现象，并出土了大批瓷器、陶器残片、兽骨及其他遗物。发掘工作取得了较为丰硕成果。

根据酿酒设备遗迹分布的密集程度情况，可以将发掘区域划分为两个单元。

第一发掘单元：位于遗址的西部，已布探沟 T1～T7 进行发掘，发现了较为密集的酿酒设备遗迹现象，如酒窖、灶坑、晾堂、蒸馏设备基座等。

第二发掘单元：位于遗址的东部，目前仅布探沟 T8 进行了发掘，发现的酿酒设备遗迹现象较少，仅有灶坑 1 座。

以上两个单元的地层堆积情况略有差异。除 T8 外，T1～T7 各探沟的地层基本统一。

第一节 第一发掘单元的地层堆积

现以探沟 T1 南壁（图 2－2）和探沟 T4 北壁（图 2－3）为例，对第一发掘单元的地层堆积情况予以详细介绍。

第①层：即现代炉灶 Z1、Z2、晾堂 L1 及混凝土路面，厚度为 25～225 厘米。

该层下叠压有灰坑 H3、酒窖 J1、J2 及现代坑等遗迹单位。

第②层：黑色土，结构疏松，包含大量的碳渣等杂质，分布于探沟东、西两端，距地表深度为 20～30 厘米，厚度为 15～20 厘米。

该层下叠压有灰沟 G1，酒窖 J3、J4、J8 及现代坑等遗迹单位。

第③层：灰黑色土，结构较紧，包含有白灰泥块、瓦片、砖块、瓷片等物，主要分布于探沟

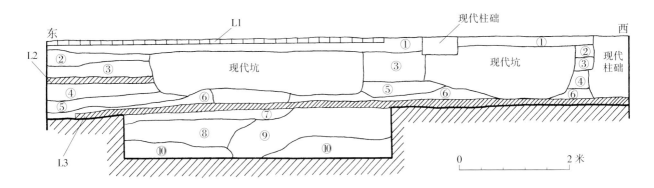

图 2-2　探沟 T1 南壁剖面图

南部，距地表深度为 30~50 厘米，厚度为 20~50 厘米。

　　该层下叠压有晾堂 L2 等遗迹单位。

　　第④层：灰黑色土，结构略疏松，包含有瓷片、白灰渣、瓦片等物，分布于探沟东、西两端，距地表深度为 75~85 厘米，厚度为 20~30 厘米。

　　该层下叠压有圆形酿酒设备基座及石条基础等遗迹单位。

　　第⑤层：灰白色土，夹杂大量碳渣，结构极疏松，包含有丰富的瓷片、陶片等物，主要分布于探沟东南及西南部，距地表深度为 100~115 厘米，厚度为 15~45 厘米。

　　第⑥层：深灰色土，结构较紧，略显黏性，包含有少量瓷片、陶片等物，主要分布于探沟南部和东部，距地表深度为 110~120 厘米，厚度为 5~15 厘米。

　　此层下叠压有晾堂 L3、灰坑 H4 等遗迹单位。

　　晾堂 L3 以下地层仅在 T1 的北部选点作部分解剖。

　　第⑦层：浅灰色土，结构略紧，夹杂少量碳渣，包含部分瓷片、陶片等物，此层在探沟中部有缺失，距地表深度为 135~140 厘米，厚度为 10~15 厘米。

　　第⑧层：浅黄色土，结构较疏松，含砂性重，包含少量瓷片、陶片、瓦片、井圈等物，分布于探沟东北部，距地表深度为 150~190 厘米，厚度为 15~50 厘米。

　　第⑨层：黄色土，结构紧密，略显砂性，包含少量瓷片、陶片等物，分布于探沟中部及西部，距地表深度为 155~185 厘米，厚度为 20~50 厘米。

　　第⑩层：浅青色土，结构较紧密，夹杂大量白色渣土块，包含少量瓷片、瓦片等物，此层在探沟中部有缺失，距地表深度为 170~195 厘米，厚度为 5~45 厘米。

　　第⑩层以下暂未做发掘。

　　发掘结果所反映出来的第一发掘单元的地层堆积整体分布情况：第①层、第②层、第③层、第④层、第⑤层分布于第一发掘单元的全部范围；而 T5、T7 内未发现第⑥层，故第⑥层则在第一发掘单元的南部和西部局部缺失；为了保护已揭露的酿酒设备遗迹，仅在 T1 内对晾堂 L3 以下地层堆积进行了局部的解剖，故第⑦层、第⑧层、第⑨层、第⑩层只在 T1 内分布。

　　探沟 T1~T7 内各地层单位关系联络图分别如下所示。

　　T1 内各地层单位之间的叠压打破关系如下：

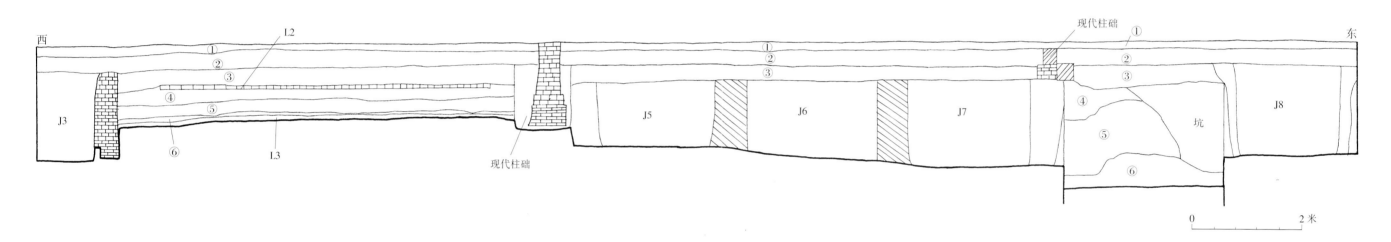

西　　东

L2

现代柱础

现代柱础

J3

J5　J6　J7

坑

J8

L3

0　　　　2 米

图 2－3　探沟 T4 北壁剖面图

```
          ┌───────Z3───────┐
①—H3—②—G1────L2—④—⑤—⑥—L3—H4—⑦—⑧—⑨—⑩
          └─③─┘
```

T2 内各地层单位之间的叠压打破关系如下：

```
①—J2—J1—②—G1—③—L2—④—⑤—⑥—L3
    └─现代坑─┘
```

T3 内各地层单位之间的叠压打破关系如下：

```
①—②—③—L2—④—圆形酿酒设备基座及石条基础—⑤—⑥—L3
```

T4 内各地层单位之间的叠压打破关系如下：

```
      ┌──J3──┐
①—②—┤├—J4—┤├—③—L2—④—⑤—⑥—L3
      └──J8──┘
```

T5 内各地层单位之间的叠压打破关系如下：

```
①—②—③—L2—④—⑤—L3
```

T6 内各地层单位之间的叠压打破关系如下：

```
①—②—③—L2—④—⑤—⑥—L3
```

T7 内各地层单位之间的叠压打破关系如下：

```
①—现代坑—②—③—④—⑤
```

第二节　第二发掘单元的地层堆积

探沟 T8 的地层与 T1～T7 略有不同，故未予统一。

现以 T8 北壁剖面为例做详细介绍（图 2-4）。

第①层：现代水泥及红砖结构路面，厚度为 15～20 厘米。

此层下叠压有炉灶 Z5 和三合土灰浆池等遗迹单位。

第②层：灰色土，结构略紧，包含有炭渣、瓦片等物，此层在探沟中部有缺失，距地表深度为 15～20 厘米，厚度为 15～20 厘米。

第③层：灰白色土，结构紧密，包含大量炭渣、瓦片及少量瓷片，分布于探沟西部及东南部，距地表深度为 30～35 厘米，厚度为 25～50 厘米。

此层下也叠压有三合土灰浆池等遗迹单位。

第③层以下地层仅在探沟西部进行发掘。

第④层：深黑色土，结构紧密，包含少量炭渣、瓦片、瓷片、陶片等物，距地表深度为 60～

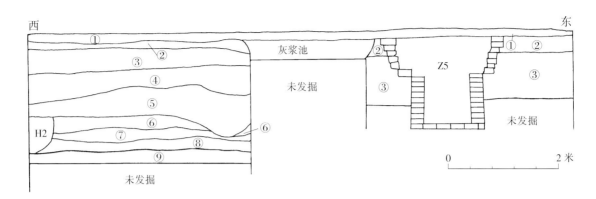

图 2 - 4　探沟 T8 北壁剖面图

70 厘米，厚度为 40 ~ 60 厘米。

此层下叠压有灰坑 H1 等遗迹单位。

第⑤层：浅黑褐色土，结构疏松，包含大量的瓦片及丰富的瓷片、釉陶片等物，距地表深度为 90 ~ 125 厘米，厚度为 25 ~ 105 厘米。

此层下叠压有灰坑 H2 等遗迹单位。

第⑥层：浅灰色土，结构紧密，包含丰富的瓷片、瓦片、陶片等物，距地表深度为 140 ~ 150 厘米，厚度 10 ~ 25 厘米。

第⑦层：青灰色土，结构紧密，沙性甚重，包含少量瓷片、陶片，距地表深度为 160 ~ 170 厘米，厚度 15 ~ 25 厘米。

第⑧层：灰黑色土，结构略紧，包含少量瓷片、陶片、瓦片等物，距地表深度为 180—195 厘米，厚度为 20 ~ 30 厘米。

第⑨层：浅灰色土，结构紧密，略呈沙性，包含少量瓷片、陶片、小卵石等物，距地表深度为 210 ~ 220 厘米，厚度为 10 ~ 15 厘米。

第⑨层以下暂未发掘。

T8 内各地层单位之间的叠压打破关系如下：

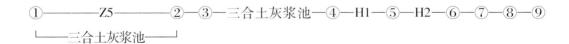

探沟 T8 与 T1 ~ T7 之间有一定距离，部分地层的土质土色不尽相同，且 T8 之内发现的酿酒设备遗迹仅有灶坑 Z5（开口于第①层下），统一地层时缺乏可资参照的中介遗迹现象，因此，比较 T8 和 T1 ~ T7 的地层堆积的年代只有通过分析其包含物的时代来进行。

根据出土遗物特征的初步比较，可知：

T8 的第①、②层与 T1 ~ T7 的第① ~ ③层时代相近；

T8 的第③ ~ ⑥层与 T1 ~ T7 的第④、⑤层时代相近；

T8 的第⑦层与 T1 ~ T7 的第⑥层时代相近；

T8 的第⑧、⑨层与 T1 ~ T7 的第⑦ ~ ⑩层时代相近。

第三章 遗迹现象

本次发掘共计揭露出晾堂 3 座（编号为 99CSQL1～L3）（本章以下行文均为简称）、酒窖 8 口（编号为 99CSQJ1～J8）、灶坑 5 座（编号为 99CSQZ1～Z5）、灰坑 4 个（编号为 99CSQH1～H4）、灰沟 1 条（编号 99CSQG1）、圆形酿酒设备基座、路面（散水）、石条墙基、木柱及柱础等遗迹（彩版八～一〇）。现就代表性遗迹按照酿酒设备遗迹和其他遗迹的分类作介绍。

第一节 酿酒设备遗迹

与酿酒过程密切相关的遗迹现象包括晾堂、酒窖、灶坑、圆形酿酒设备基座等。

一 晾堂

晾堂是酿酒生产过程中用于拌料、配料、堆积、前期发酵的场地[1]。此次发掘揭露的 3 座晾堂（L1～L3）基本依次重叠，建造材料包括青灰色方砖和三合土两种。晾堂表面长期经受酒糟中的酸性液体腐蚀，多呈现出凹凸不平的现象。

（一）晾堂 L1

分布于厂房范围内的中部，面积约 500 平方米，平面形状为不规则形，为砖砌及混凝土相结合形式。发掘之前仍然在使用之中。

L1 与各探沟的地层第①层大部分重合（彩版一一；彩版一二，1）。

（二）晾堂 L2

分布于探沟 T1～T6 内，位于第③层下、叠压于第④层之上，距地表深度为 50～60 厘米。晾堂的西、北、南、东南部边界均已揭露，东北部边界尚不明。推测其平面形状为曲尺形，南北长 10～21.5、东西宽 10～13 米，已发现面积近 250 平方米，表面较为平整。依据建材质地可将晾堂分为两部分，东部系三合土结构，面积较小，揭露部分东西宽约 6.75 米，厚度为 10～12 厘米。西部采用青灰色砖夹红砂石板东西向顺砌而成，面积较大，东西宽约 9.25 米，厚约 6 厘米。青砖规格统一，长、宽、高分别为 24、12、6 厘米。晾堂西部表面上有一条东西向的缝隙，表明晾堂

---

[1] 秦含章、张远芬主编：《中国大酒典》，红旗出版社，1998 年。

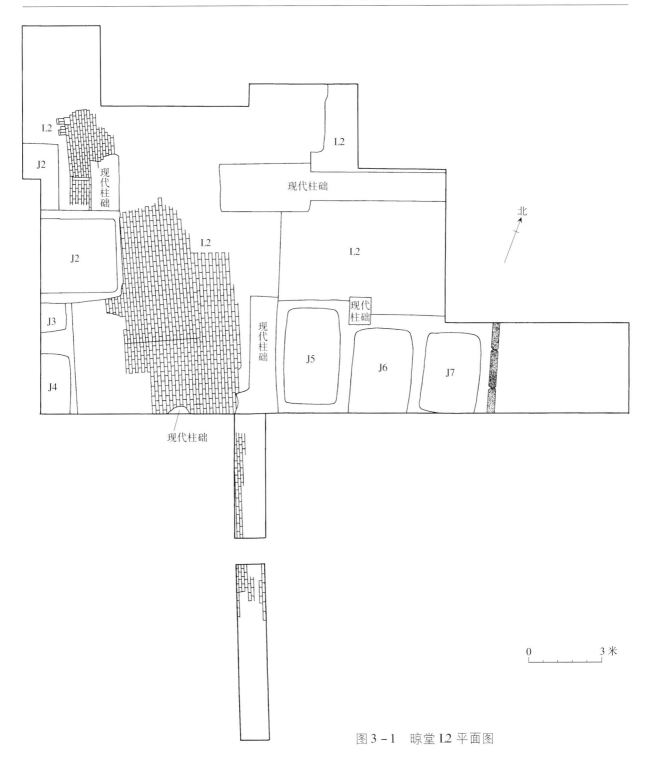

图 3-1　晾堂 L2 平面图

不是一次建成的，可能经过增修加宽（图 3-1；彩版一二，2；彩版一三、一四）。

（三）晾堂 L3

分布于探沟 T1～T6 内，位于第⑥层下，叠压于第⑦层之上，距地表深度为 155～160 厘米（图 3-2；彩版一五）。晾堂周围边界均已揭露，平面略呈长方形，南北长 9～21.5、东西宽 12～14 米，

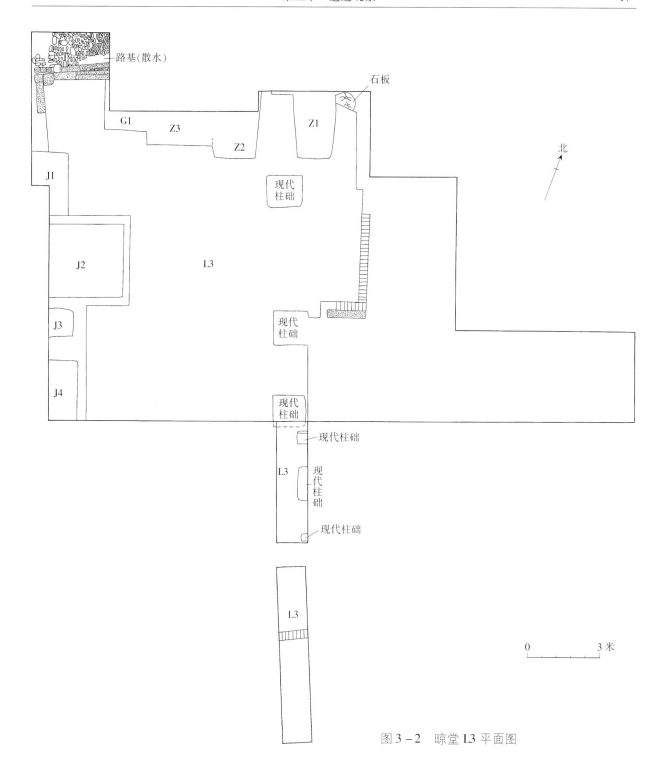

图 3-2　晾堂 L3 平面图

总面积 230.3 平方米。晾堂表面中部高、周边低，略呈缓坡状，四面坡度为 3~5°，以利于排水。除边界外，晾堂均系三合土结构，厚度为 11~15 厘米，从断面观察，三合土内夹杂少量瓦片、瓷片、陶片等物。其东、南面边界用青灰色砖纵向砌成（所用砖较晾堂 L2 用砖的规格大），北、西面边界采用红砂石条砌成，边界以外还用红砂石条砌成较高的护坎，防止酒糟渗水四处漫流。晾堂西北角有一处出水口，直通界外的盛水坑。西北转角处还有两两并列的四座红砂石墩，似为柱础，说明晾堂可能被建筑物遮盖。东北转角处为一半圆形红砂石板，其上可见人工刻划符号，不如其意（彩版一六，1）。晾堂北部发现有与之配套的砖石砌成的路面基础（或散水），未予全部揭露。

二　酒窖

在酿酒持续生产过程中，施加了曲药粉末的酒母（又称母糟）进行前期发酵演变和更长时间的后期发酵（使之脂化老熟）的场所即称为酒窖。一般位于地下，呈口大底小的斗状，窖口形状多系长方形，规格不一。本次发掘出的八口酒窖（J1~J8），内壁及底部均采用纯净的黄泥土填抹而成，窖泥厚度为8~25厘米不等，用料很考究，多系精心挑选的纯黄泥土。部分酒窖内壁插有密集的竹片，用来加固涂抹的窖泥层。J3~J6窖壁内部结构上下有别，上半部系用未经烧制的土坯砖砌成，下部则为土圹加工而成。从建造结构和相应配套设施等情况分析，个别酒窖可能经过增修、改造后长期使用。

（一）酒窖J1

位于T2南部，开口于第①层下，被现代坑和酒窖J2打破。平面呈方形，西部压于探沟的西壁之下，未做全面揭露，受场地局限，也未发掘到底。已揭露部分开口平面略呈曲尺形，南北长230、东西最大宽度约150厘米，四壁略斜内收，发掘深度约160厘米。内壁涂抹有较厚的黄泥层，厚度约25厘米。填土包含砖块、碳渣、瓷片等（图3-3、3-4）。

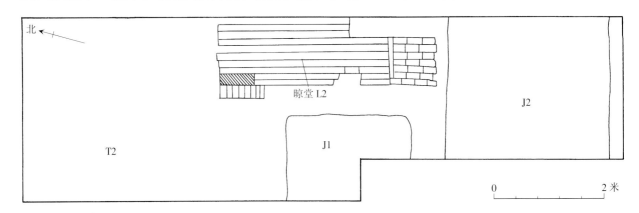

图3-3　酒窖J1、J2平面位置示意图

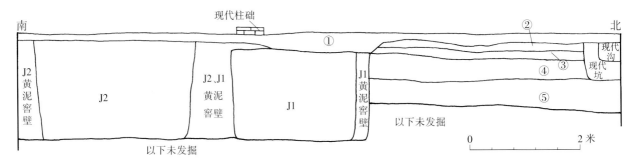

图3-4　酒窖J1、J2剖面图（T2西壁剖面）

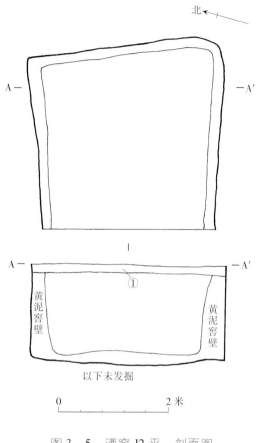

图 3 – 5　酒窖 J2 平、剖面图

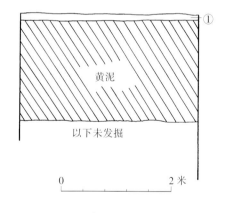

图 3 – 6　酒窖 J2 壁面解剖示意图

（二）酒窖 J2

位于 T2 南部，开口于第①层下，打破酒窖 J1。规模较大，被探沟西壁所叠压，未做全面揭露，受场地局限，也未发掘到底。已揭露部分开口平面略呈长方形，南北最大宽度 210、东西最大长度约 340 厘米，四壁略斜内收，发掘深度约 175 厘米。内壁涂抹有较厚的黄泥层，厚度 25～50 厘米。并插有密集的竹片（长度约 60 厘米），用来加固四壁黄泥窖泥层。填土包含砖块、碳渣、瓷片等（图 3 – 5、3 – 6）。

（三）酒窖 J3

位于探沟 T4 西北部，开口于第②层下，打破第③层。被探沟西壁所压，未做全面揭露，受场地局限，也未发掘到底。已揭露部分开口平面略呈长方形，东西长度 110、南北最大宽度 105 厘米，四壁略斜内收，发掘深度约 175 厘米。窖内填土为炭渣，无其他包含物（图 3 – 7；见彩版一三，1）。

（四）酒窖 J4

位于探沟 T4 西南部，开口于第②层下，打破第③层。被探沟西壁、南壁所压，未做全面发掘。已揭露部分的平面形状为长方形，开口平面南北长 340、东西宽 125 厘米，内壁涂抹有较厚的黄泥层，厚度约 30 厘米。四壁略斜内收为平底，窖口距地表深度 70 厘米，已发掘的窖底距地表深度 200 厘米，窖深 170 厘米。窖内填土为炭渣，无其他包含物（见图 3 – 7；见彩版一三，1）。

（五）酒窖 J5

位于探沟 T4 的中部，开口于第③层下，方向为 340°。开口平面形状呈长方形，窖口内框面南北长 380、东西宽 220 厘米，窖底南北长 360、东西宽 200 厘米，窖深 165 厘米，窖口、底距地表深度分别为 75、180 厘米。窖内四壁略斜，底内收，均用纯净的黄泥填抹而成，泥层底厚壁薄。

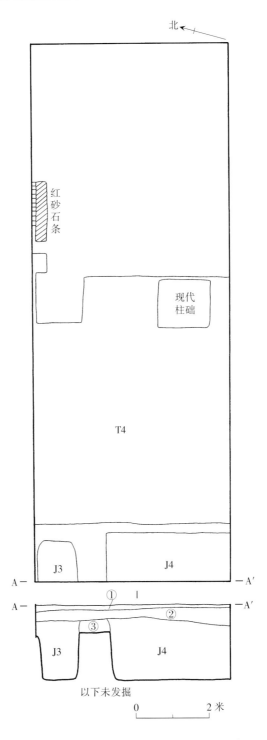

图 3 - 7　酒窖 J3、J4 平面、剖面位置示意图

　　从内剖面观察，窖壁内部结构上下有别，下部为土圹加工成，上半部则用土坯砖砌成，其间结合处有一层灰白色的黏合类物质。

　　窖内填土可分为三层：第一层为浅灰色土，结构疏松，包含瓦片、卵石、瓷片、砖块等物，厚度为80厘米；第二层灰黑色土，夹黄斑，结构较紧，包含少量瓦片、瓷片、砖块等物，厚度为30厘米；第三层为灰黑色土，结构紧密，包含瓷片、砖块、碳渣等物，厚度为40厘米。在窖底北

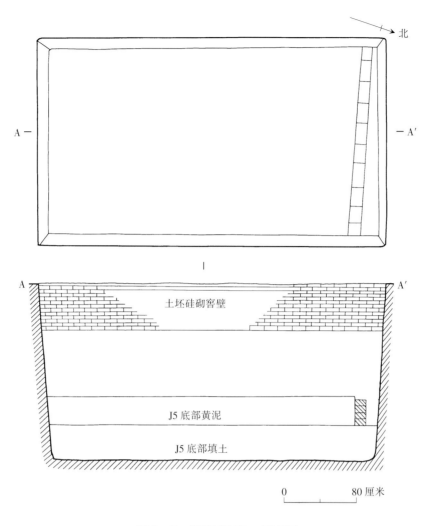

图 3 - 8　酒窖 J5 平、剖面图

壁内侧，发现一行与北壁平行的横砌红砖，共计三层，打破窖底所填黄泥，其用途可能与加固窖泥有关。

　　对窖底进行的局部解剖结果表明，窖底所填黄泥较为纯净，结构紧密，黏性极强，厚度为 25～30 厘米。泥层以下有一层深灰色填土，结构略微疏松，包含有瓷片、青砖、木块、酒糟等物，厚度为 32～38 厘米。填土以下又是一层窖底，表面呈灰白色，质地较为坚硬，其下未做继续发掘（图 3 - 8；彩版一六，2；彩版一七、一八）。

（六）酒窖 J6

　　位于 T4 中部，其西壁紧靠 J5，东壁紧靠 J7，开口于第③层之下，方向为 338°。平面亦呈长方形，窖口内框南北长 330、东西宽 240 厘米，窖底南北长 310、东西宽 220 厘米，窖深 150 厘米。窖内四壁略向下内收为平底，并填抹有纯黄泥土层。窖壁内部结构上下有别，上半部用未经烧制的土坯砖砌成，高约 50 厘米，下部则为土圹加工而成。窖内填土可分 2 层：第一层为灰色土，结构较疏松，包含砖块、碳渣、卵石、瓷片等物，厚度 130 厘米；第二层为灰黄色土，结构较紧，

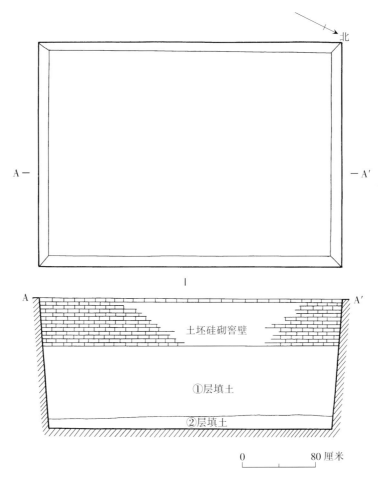

图 3 - 9　酒窖 J6 平、剖面图

包含砖块、石块、瓷片等物，厚度 20 厘米（图 3 - 9；彩版一九，1）。

虽然底部未做进一步解剖发掘，但其形制、结构推测与酒窖 J5 基本一致。

（七）酒窖 J7

位于 T4 东部，西壁紧靠 J6，开口于第③层下，方向为 335°。平面仍为长方形，窖口南北长 300、东西宽 230 厘米，窖底南北长 280、东西宽 210 厘米，窖口、底距地表深度分别为 75、230 厘米，窖深 155 厘米。窖内四壁略向下内收成平底，亦填抹纯黄泥土，窖壁采用泥土作成。窖内填土为灰色，结构疏松，包含有炭渣、砖块、石块、瓷片等物（图 3 - 10）。

虽然底部未做进一步解剖发掘，但其形制、结构推测与酒窖 J5、J6 基本一致。

（八）酒窖 J8

位于 T4 东部，开口于第②层下，打破第③层。规格较小，是发现的八座酒窖中最浅和最小的酒窖。窖口平面形状呈方形，边长 290 厘米；窖底为泥土底，平面形状亦呈方形，边长 230 厘米。窖内四壁略向下内收成平底，亦填抹纯黄泥土，壁面光滑略泛白色，四壁黄泥层厚度为 15～30 厘米。窖内填土为灰黑色，结构疏松，包含有炭渣、砖块、瓷片等物（图 3 - 11；彩版二〇）。

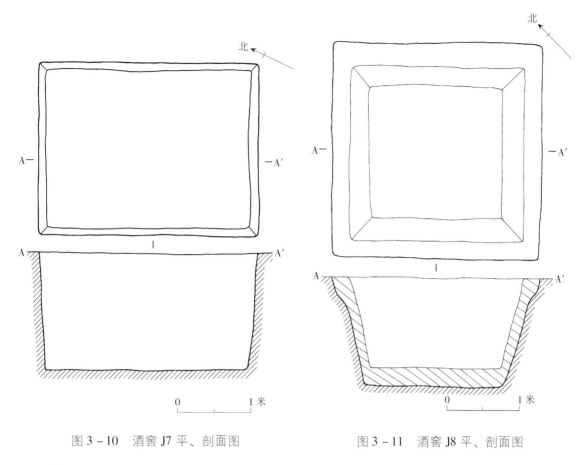

图 3 - 10　酒窖 J7 平、剖面图　　　　图 3 - 11　酒窖 J8 平、剖面图

三　灶坑

共发现 4 处（编号为 Z1 ~ Z3、Z5，Z4 现场销号），其中 Z1、Z2 平面为圆形，内用红砖垒砌，外敷水泥，共用一根烟囱。Z3、Z5 均用砖砌成。

（一）灶坑 Z1

位于探沟 T1 的北部偏中，发掘之前仍然在使用。规模较大，开口平面略呈圆形，内用红砖垒砌，外敷水泥，与 Z2 共用一根红砖砌成的方形烟囱（图 3 - 12）。

（二）灶坑 Z2

位于探沟 T1 的北部偏东，发掘之前仍然在使用。规模较大，开口平面略呈圆形，内用红砖垒砌，外敷水泥，与 Z1 共用一根烟囱。靠近烟囱的剖面可见明显的烟道（见图 3 - 12）。

（三）灶坑 Z3

位于 T1 西部，开口于 G1 下，打破晾堂 L3 及其以下地层。仅残存工作坑的底部，采用青灰色砖砌边，坑底则用砖及红砂石板铺成。残长 285、宽 150 厘米（图 3 - 13、3 - 14；彩版一九，2）。

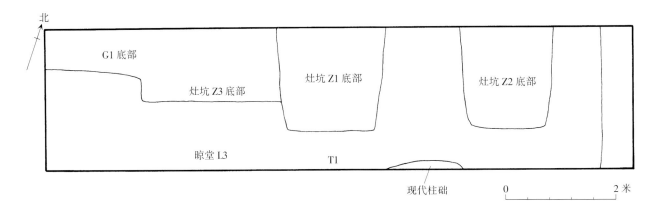

图 3 - 12 灰沟 G1、灶坑 Z1、Z2、Z3 平面位置示意图

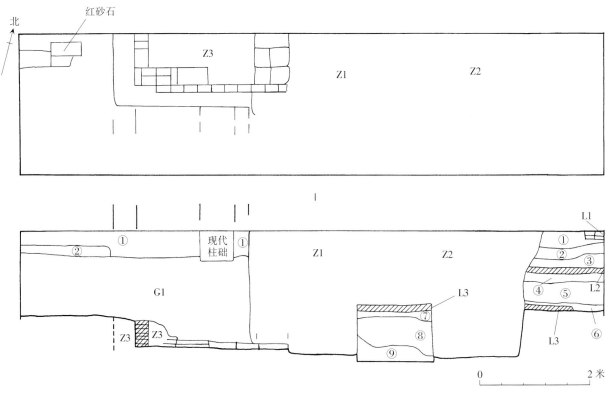

图 3 - 13 灶坑 Z3 平面、剖面位置示意图

(四) 灶坑 Z5

位于 T8 东部, 开口于第①层下, 已揭露出工作坑、火塘及贮藏坑组成部分, 火塘和贮藏坑平面为长方形, 工作坑则呈椭圆形。灶坑系青砖砌成, 炉箅为铁质, 用砖形制大小不一, 个别砖表面装饰有花纹 (图 3 - 15、3 - 16)。

四 圆形酿酒设备基座

位于探沟 T3 东部, 开口于第④层之下, 叠压于第⑤层之上。基座平面呈圆形, 直径 225 厘

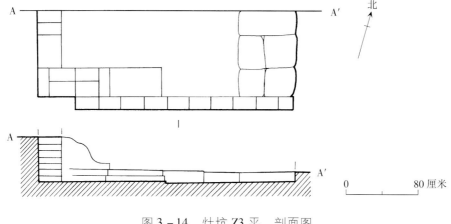

图 3 – 14　灶坑 Z3 平、剖面图

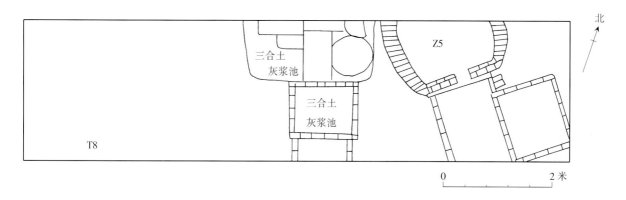

图 3 – 15　灶坑 Z5 及三合土灰浆池平面分布图

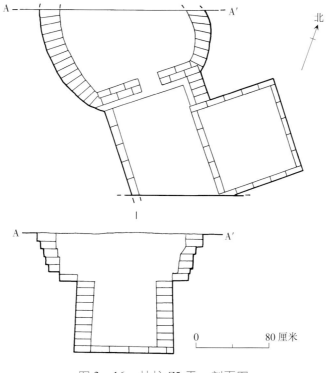

图 3 – 16　灶坑 Z5 平、剖面图

米，上部已被破坏，残高约40厘米。底部平铺环形石盘（其上琢制有均匀的纵向渠槽，似为废弃的磨盘或碾盘），盘上起砌两圈砖石结构的立壁，外壁厚约25、内壁厚约30厘米，壁间填以砖、石块及灰浆等物。立壁外表用白色灰浆抹光，基座内底平砌一圈呈向心状排列的青砖，直径约90厘米，砖与砖之间的缝隙填有白色灰浆。由解剖结果可知，基座系在第⑤层表面平地起建而成，底部石盘以下未挖圹（图3－17；彩版二一）。

在基座的西部、南部各发现一列排放整齐的红砂石条基础，呈垂直状联结，南面石条上还发现有木柱，据其走向和形状推测为墙壁基础。

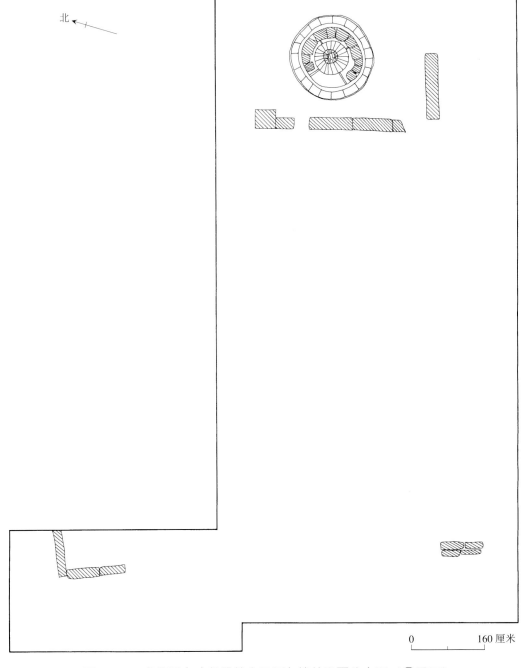

图3－17　蒸馏设备冷凝器基座及石条墙基平面分布图（④层下）

第二节 其他遗迹

除了发现上述酿酒设备遗迹以外，还发现有路基（散水）、灰坑、灰沟、柱础及厂房建筑等。

一 路基（散水）

位于探沟 T2 北部，开口于第⑥层下，紧靠晾堂 L3 的北部边界，与 L3 表面基本处于同一水平线。采用红砂石块夹青灰色砖铺设而成，仅做部分揭露，其表面较为平整，推测此遗迹可能为与晾堂 L3 相配套的路基。但根据 L3 西北角有红砂石柱础的情况，这处砖石结构的平面遗迹也可能为覆盖晾堂的建筑物檐下的散水。

二 灰坑

共计发现 4 个（编号 H1～H4），开口平面形状均为不规则形。

（一）灰坑 H1

位于探沟 T8 西南角，开口于第④层下，打破第⑤层。部分被探沟的西、南两壁所压。坑口距地表深度为 90～100、坑深 40～60 厘米。坑内填土呈灰黑色，结构疏松，包含有瓷片、陶片、兽骨及瓦片等物（图 3－18）。

（二）灰坑 H2

位于探沟 T8 西北部，开口于第⑤层下，打破第⑥、⑦、⑧、⑨层。部分被探沟的西、北两壁所压。坑口距地表深度为 145～150、坑深 60～70 厘米。坑内填土呈深灰色，结构略松，包含瓷片、陶片、卵石、瓦片等物（见图 3－18）。

（三）灰坑 H3

位于探沟 T1 内，开口于第①层下。

（四）灰坑 H4

位于探沟 T1 的东部，开口于第⑥层下，打破⑦层、⑧层。出土瓷片等遗物（图 3－19）。

三 灰沟 G1

位于探沟 T1 的西北部和 T2 的东北部，开口于第②层下，并被探沟 T1 的北壁所叠压。打破③层、晾堂 L2、④层、⑤层、⑥层、灶坑 Z3 及晾堂 L3。平面为长条形，其东部被灶坑 Z1 打破。沟内填土呈灰黑色，结构略松，包含瓷片、陶片、砖块、卵石、瓦片等遗物（图3－20）。

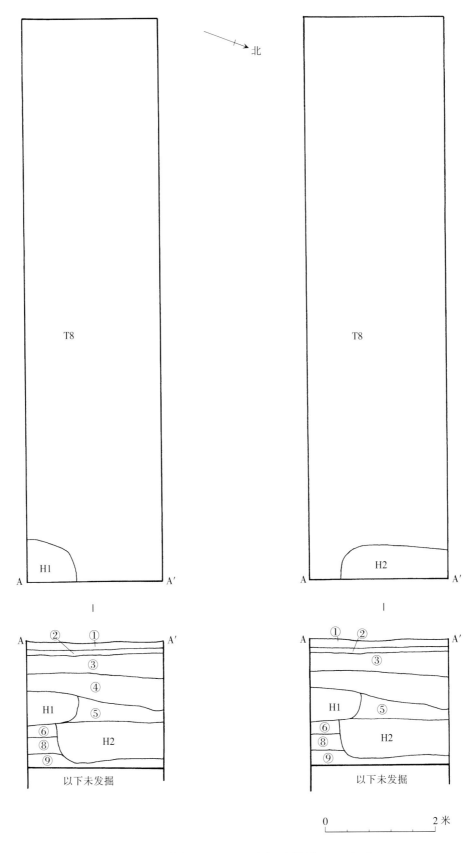

图 3 - 18　灰坑 H1、H2 平面、剖面位置示意图

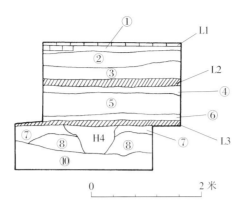

图 3 - 19　灰坑 H4 剖面位置示意图（T1 东壁剖面）

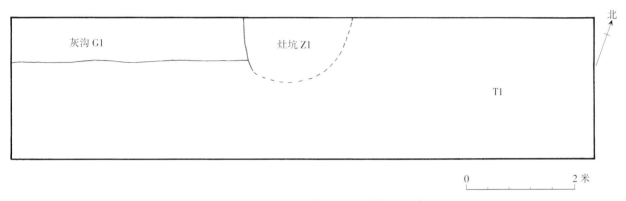

图 3 - 20　灰沟 G1、灶坑 Z1 平面位置示意图

四　柱础

在遗址范围内还发现多处柱础遗迹，可以分为两类。

第一类为砖及卵石结构基础，数量较多，上小底大，与厂房内目前仍然在使用的大量木柱的柱础结构相同，年代应为民国时期。

第二类为枕木结构基础，目前仅在遗址的东部发现 2 处，编号分别为 1 号、2 号枕木柱础。均采用直径 10～15 厘米的圆木并列摆放为一排，再填抹石灰浆进行防潮和加固处理，其上再堆砌石块并砌砖块以放置柱体。

1 号枕木柱础位于探沟 T8 的西南部，被另一处砖及卵石结构柱础打破，开口于第②层（此处缺失第③层）下，打破第④、⑤层。底部现存 5 根枕木，直径 10～15 厘米。残存宽度约 80 厘米（图 3 - 21）。

2 号枕木柱础位于探沟 T4 的东南部，开口于第③层下，打破第④、⑤层。底部现存 9 根枕木，直径 10～15 厘米，枕木之上堆砌石块、瓦块，其上再用红砖砌成柱础。宽度 125 厘米（图 3 - 22；彩版二二，1）。

这类枕木基础建筑技术在成都地区明清时期的其他建筑中可以找到渊源。世界文化遗产都江堰水利工程中鱼嘴是渠首第一主体工程，十分重要，但古代由于建材和技术关系，常毁常修。追求鱼嘴的永固，是古代水利匠师们的理想，曾为此做过许多努力和几百年的争论，一次次地探索

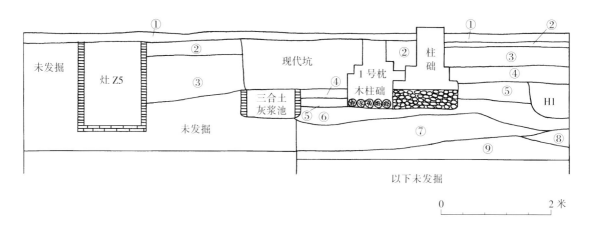

图 3-21 1号枕木柱础、灶坑 Z5 及三合土灰浆池剖面分布图

一次次地总结经验。明嘉靖二十九年（1550 年），提督水利按察司金事施千详大修鱼嘴，"乃淘江至底，密植柏桩三百余株，实筑以土，与桩平，铺柏木于桩，乃漫石板，石皆长几丈，厚二尺，后溶铁为锭，以锭联之，乃铸铁板为底，作牛模其上……凡用铁六万七千斤而二牛成，屹然堰口中流，以当二江汹涌之势。复立铁桩三株于牛之下流，以固鱼嘴之石，嘴下照常仍置竹笼、竹卷护持之"[1]。如此建造鱼嘴及其基础，可算是近代建材水泥钢筋出现之前，古代水利营建最牢固的打造基础方法。这套"打桩基础"技术，后人运用到别处营建上。如成都万里桥（俗称老南门大桥），史载最早为李冰所建，后世屡废屡建，明末清初战乱毁坏，康熙五年（1666 年）修复。1994 年春因改善交通将其撤除，新建钢筋水泥大桥，旧桥撤除时发掘出的桥墩基础，即是"淘至江底，密植柏桩"。其树桩是直径 10～15 厘米的柏木树、溪木树。树桩间距 24～30 厘米，1 平方米约有 9 根桩，木桩间，被泥土（夹细卵石）夯实，至木桩平；上面横铺长木，其长木，如铁路枕木状，但长 5～8 米，厚 40～50 厘米，每条重三、四百斤；在横木上压两层大石条（板）。在此基础上，始建桥墩。这座跨度达 81、宽 18 米的大型古桥居然如铁轨般整体建筑在数百根 10 米长的枕木上[2]。水井街酒坊遗址出现的枕木结构柱础也应是这种技术借鉴运用的结果。

参照类似的都江堰水利工程中鱼嘴和成都万里桥（老南门大桥）的枕木结构基础的年代判定，水井街酒坊遗址第二类枕木结构柱础的年代应早于第一类砖砌柱础，上限可以达明代，下限应不晚于清代。

五 厂房建筑

水井街酒坊遗址的上方现存厂房建筑建于民国时期，是水井坊文化遗产中不可或缺的一部分，是酿酒过程的重要载体，是酒坊功能一直延续至今的重要证明。

厂房坐南朝北，因适应街道而略偏东北方。平面呈 T 字形，北面为短边，长约 8 米，南面为长边，长约 40 米，南北通长 65 米（图 3-23；彩版二三）。

---

[1] ［明］陈鎏：《铁牛记》，见［清］常明、杨芳灿：《四川通志·堤堰》，巴蜀书社，1984 年。

[2] 李映发：《都江堰科学技术的传播与发展》，《四川水利》2005 年 6 期。记者余斌、通讯员蒋光耘：《考古新发现：大桥架在枕木上》，《人民日报》1995 年 4 月 22 日。

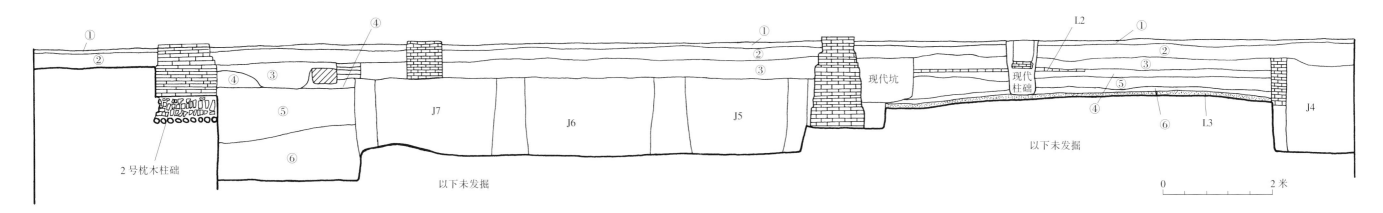

内部标注文字（从左到右、从上到下）：

①
②
④
④
③
⑤
⑥
2 号枕木柱础

④
J7
J6
J5
以下未发掘

现代坑
①
②
③
L2
现代柱础
①
②
③
⑤
④
⑥
L3
J4
以下未发掘

0   2 米

图 3 - 22   2 号枕木柱础、酒窖 J4 ~ J7 剖面位置图

　　厂房内部构架和基本形态保存基本完好，大出檐、冷摊瓦、桁架结构，具有典型的民国时期川西厂房建筑特征，与其周围民居从外形上保持和谐（彩版二五）。厂房根据酿酒工艺要求而设计，很好地满足了传统酿酒工艺的场地与空间要求。在建成后长达半个世纪的岁月中，虽然经过历次的维修和改造，但在总体上依然保持了传统的风格，成为水井街酒坊遗址不可缺少的一部分。

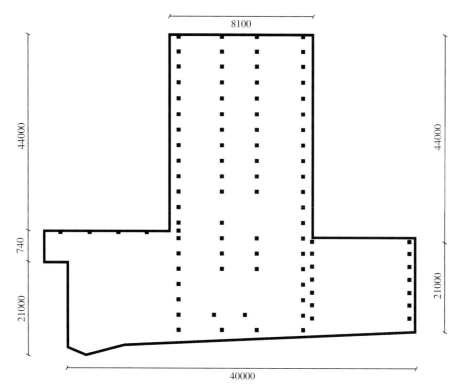

图3-23 水井坊遗址厂房建筑平面图

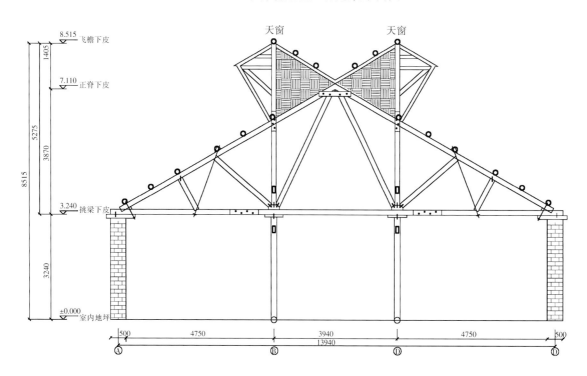

图3-24 水井坊遗址厂房建筑东—西剖面图

厂房为木桁架结构，沿墙砖柱，内部木柱，四周以非承重砖墙围合。屋顶为两面坡，由北至南于轴线东西两侧交错开天窗，以通风和采光。屋檐高度为3.3米，屋脊高度为7.9米（图3-24、3-25；彩版二二，2；彩版二四）。

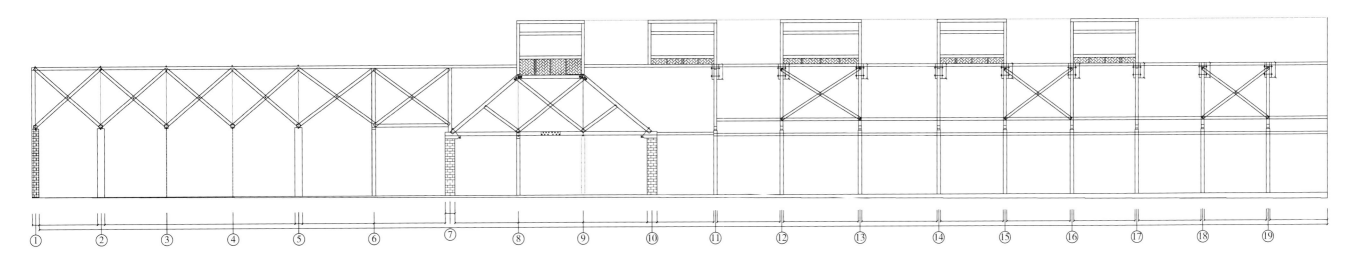

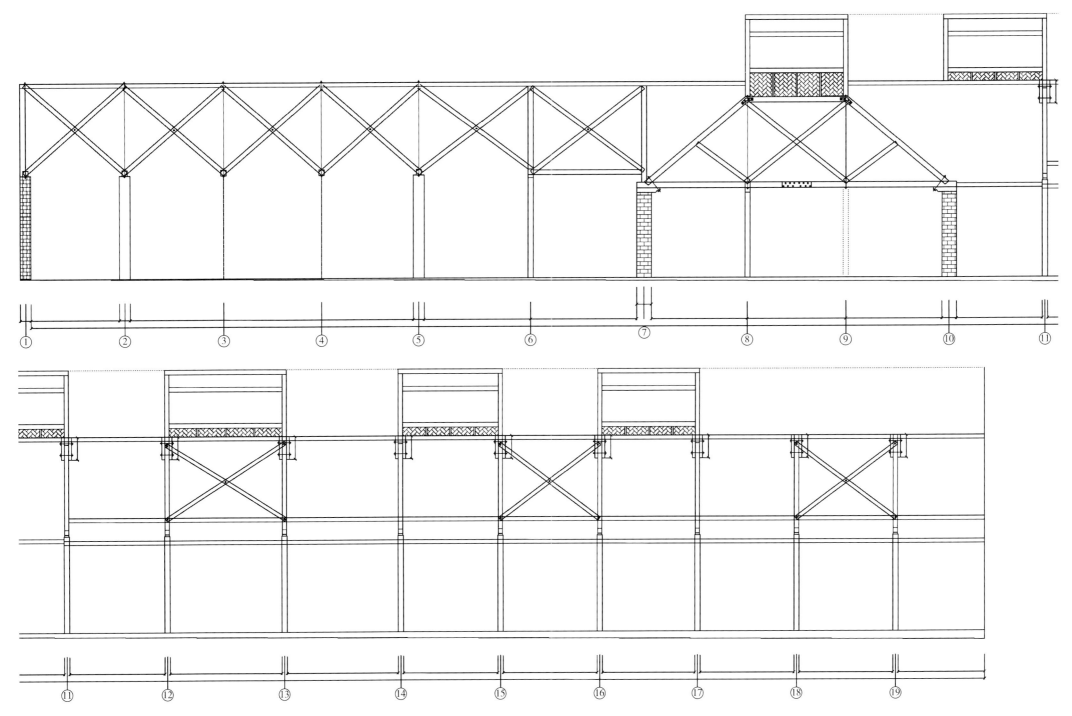

图 3 - 25　水井街酒坊遗址厂房建筑南—北剖面示意图

第四章　出土遗物

遗址发掘出土及采集的遗物主要是瓷器和陶器，并有石器、铁器以及兽骨、竹签、酒糟等。陶瓷器从产地上看分别属于成都平原的琉璃厂窑、磁峰窑和江西的景德镇窑、浙江的龙泉窑等窑口的产品，也有一些窑口不明的瓷器产品。从产品形态上分青瓷、白瓷、黑瓷以及釉上彩瓷、釉下彩瓷、颜色瓷等品种。青瓷的产品形态最丰富，釉色繁多，包含了一些酱釉瓷、褐釉瓷产品，主要是本地窑口的产品，有一些龙泉窑的青瓷，以及少量景德镇的仿龙泉青瓷；釉上彩瓷主要是粉彩瓷，颜色瓷则只见蓝釉瓷，为景德镇的民窑产品；青花瓷是出土瓷器中数量最多的瓷器品种，可分为精细白瓷胎和粗瓷胎两类，其中精细白瓷胎类的青花瓷器均为景德镇窑的产品，而粗瓷胎类的青花瓷器胎、釉颜色灰暗，其窑口不明，可能是本地民间窑场产品。陶器为本地产品，数量较少，出土的陶片中大多胎壁较厚，多为红胎，部分陶器表面施釉，另有少量砖、瓦、瓦当等建筑构件和支钉等窑具。石器为石臼、石碾、石盛酒器等生产工具。铁器有铁锹。

出土的可复原陶瓷器逾百件，主要为餐饮器皿和日用器具，可辨器形有碗、盘、钵、盆、杯、碟、勺、灯盏、罐、缸、壶等，其中以碗、杯等餐饮器具中的酒具最为丰富。

现依据瓷器和陶器的不同质地分类介绍出土器物。

第一节　瓷　器

瓷器是出土遗物中数量最多的一类，为描述方便依据其所属窑口分别介绍，其中窑口不明的瓷器全归入"不明窑口"一项。

一　景德镇窑产品

遗址中出土的景德镇窑陶瓷器产品多为民窑生产，大多胎土洁白、质地坚硬，釉面光洁度较高而色彩较为鲜明，也有少量胎质显粗糙、烧结程度较低、釉面偏灰粘连窑渣的次档货。釉色品种较为丰富，以青花瓷占大宗，另有部分白釉、青白釉及少量的粉彩、仿龙泉青釉、外青釉内白釉、蓝釉等瓷器品种。器形主要包括碗、盘、碟、盏、杯、高足杯、瓶、器盖等，均属于日常生活用器皿。景德镇窑的产品中青花瓷器的器表装饰大量使用笔绘技法，个别青白瓷器上采用了刻花、划花的装饰技法。

以下按照釉色品种分别描述。

（一）青花瓷器

遗址出土的景德镇青花瓷器大多胎色洁白、胎质坚硬，也有少部分胎土略疏松，色偏黄或偏灰。青花瓷器的釉面可分为青白、灰白、淡黄、豆青等几种，极少见莹白色。青料基本呈蓝色调，明暗、浓淡不一。

各类青花瓷器表面的纹饰图案多分为主题纹饰和辅助纹饰两类，主题纹样包括了花卉植物、人物故事、鸟兽虫鱼、文字、山水人家等各种题材，有缠枝花卉、仰莲瓣、松竹石、垂钓图、婴戏图、圆圈状云气纹、吉祥文字、梵文、月华锦、月下梅、十字杵、行螺、鸟兽龙鱼等图案，又以折枝和缠枝花卉纹、卷叶纹、"岁寒三友"（松、竹、梅）等植物类图案最为丰富。主题图案一般位于器物外腹及内壁。

辅助纹饰则常见弦纹、重十字菱格纹、卷云纹、回字纹、几何纹等，多饰于内、外侧口沿及内底等处。

少数青花瓷器内底或外底还有题款，包括："永乐年制"、"永乐年造"、"成化年制"、"大明年造"、"同治年制"等年号内容（其中"永乐"、"成化"等年号款的青花瓷器多系后代民窑的伪托款制品）；"锦（江）春"、"兴"、"刘"、"英"、"益"、"天号陈"、"玉堂片造"等名号内容；"永保长寿"、"福"、"佳器"、"吉"、"古"、"富贵佳器"、"玉堂佳器"、"（状）元（及）第"等吉语内容。

青花瓷器的器形有碗、大碗、盘、大盘、碟、盏、盅、杯、高足杯、器盖、匙等。以下按器形分型式介绍。

1. 碗

可复原共计19件，均为圆口圈足碗，依据口部和腹部特征分作四型。

A型　侈口弧腹碗。共计12件。下腹较圆而丰满。依据大小的变化分为二亚型。

Aa型　9件。形体略大。依据足部的变化分为三式。

Ⅰ式　1件。圆涡状圈足。

标本99CSQJ5②:101，涩足底，足端单面斜削，外墙微内倾。灰白色胎，白釉偏青，青花呈色较暗。外壁主题纹饰绘缠枝莲叶纹，口沿内、外侧各绘一周单弦纹，内底亦绘弦纹一周，内书一草书"福"字。口径15、足径5.4、高7厘米（图4-1-1；彩版二六，1）

Ⅱ式　7件。圈足较高，足墙显厚，多挖足过肩。有的圈足底部未施釉，为涩足底。

标本99CSQT4③:19，足底略凸，足端单面斜削，外墙微内倾，挖足过肩。白胎，白釉偏灰，青花呈色较淡。外壁绘一组缠枝莲叶主题纹饰，外壁辅助纹饰有两组，一组在近足部，为一周双层仰莲瓣纹，一组在外壁口沿下，为一周结带纹；内壁绘一组缠枝菊纹，辅助纹饰位于口沿内侧，为一周重十字菱格，内底两周弦纹内饰团状莲瓣纹，莲瓣内绘涡纹。口径15、足径5、高6.5厘米（图4-1-2，彩版二六，2）。

标本99CSQJ5①:2，足底平挂釉，足端单面斜削，外墙内倾，挖足过肩。白胎，灰白釉，青花呈色暗，聚积处起黑斑。外壁主题纹饰绘海水波浪，口沿内侧一周重十字菱格纹，内底两圈弦纹内绘一"S"形卷云纹。口径16、足径6.3、高7.3厘米（图4-1-3；彩版二六，3）。

图 4-1　景德镇窑青花 Aa 型瓷碗

1. Ⅰ式（99CSQJ5②：101）　　2. Ⅱ式（99CSQT4③：19）　　3. Ⅱ式（99CSQJ5①：2）　　4. Ⅱ式（99CSQT4③：11）

标本99CSQT4③：11，涩足底平，足端单面斜削，外墙垂直。灰白胎，白釉偏灰，青花呈色较暗。外壁主体绘缠枝莲叶，口沿外侧一周斜线纹，内侧一周弦纹，内底两周弦纹内饰折枝团花。口径14、足径5.6、高7.2厘米（图4-1-4；彩版二七，1）。

标本99CSQT4③：10，涩足底平，挖足过肩，足端单面斜削，外墙内倾。灰白胎，青白釉，青花呈色较暗。外壁主体绘圆圈状云气组合，口沿内外侧各饰一周弦纹，内底两圈弦纹内纹饰残不可辨认。口径14、足径4.2、高6.2厘米（图4-2-1；彩版二七，2）。

标本99CSQ采：8，圈足残，外墙内倾。白胎，青白釉，青花呈色较浓，聚积处泛黑，檀香口。外壁主题纹饰绘"铁索云"（亦称"云堂手"），下绕几圈弦纹，内底两圈弦纹内绘月华锦。口径14、残高6.2厘米（图4-2-2）。

标本99CSQ采：7，足底平，足端单面斜削，足墙较直。灰白胎，青白釉，青花色调浓淡不一，局部有晕散。外壁主题纹饰绘缠枝莲叶纹，其下绕一周尖体仰莲瓣，口沿外侧一周斜线组合的三角形几何纹。内侧口沿下一周重十字菱格纹，内壁绘莲塘水草荷叶纹，器内底饰一团状莲瓣，填以涡状云气纹。口径15、足径5.8、高6厘米（图4-2-3；彩版二七，3）。

标本99CSQT4③：16，足底平，足端平切，外墙略内倾。白胎，白釉偏青，青花呈色较淡。外壁绘托缠枝莲叶，近足部饰辅助纹饰仰莲瓣一周，口沿下一周斜线纹。内壁主题纹饰绘莲塘水草荷叶纹，口沿下饰一周斜线纹，内底两圈弦纹内饰一团状莲瓣，莲瓣内填绘涡状云气纹。口径15、足径5.8、高5.8厘米（图4-2-4）。

Ⅲ式　1件。圈足略浅而薄，多挖足过肩。足底均施釉。

标本99CSQT8⑥：8，足底平，挖足过肩，足端单面斜削，外墙内倾。白胎，白釉偏青，青花呈色浓暗，聚积处起黑斑。外壁主题纹饰绘缠枝莲叶，口沿下有两周弦纹；内壁内底的主题纹饰残不可辨，弦纹外绕一周尖体莲瓣，口沿下有一周重十字菱格纹。口径14.4、足径4.8、高7厘米（图4-3-1；彩版二八，1）。

Ab型　共计3件。形体略小。依据圈足的大小分为2式。

Ⅰ式　2件，圈足略大。

标本99CSQJ2：1，足底平，挖足过肩，足端单面斜削，足墙内倾。白胎，青白釉，青花呈色较浓，聚积处泛黑。外壁主题纹饰绘缠枝莲、菊纹，口沿外侧一周卷云纹；内壁口沿下绘一周重十字菱格纹，内壁绘花卉草叶，主题纹饰位于内底，于两圈弦纹内绘结带十字杵。口径15、足径5.2、高5.5厘米（图4-3-2；彩版二八，2）。

标本98CSQ北探：4，足底平，挖足过肩，足端单面斜削，露胎处带火石红色，外墙垂直。白胎，青白釉，青花较浓，色调暗。外壁主题纹饰绘松竹梅岁寒三友图，内壁及内底绘数只折枝花叶。口径12.6、足径4.6、高6厘米（图4-3-3；彩版二九，1）。

Ⅱ式　1件。圈足略小。

标本99CSQT4③：25，侈口，器壁薄，足底平，足端单面斜削，外墙内倾。白胎，白釉偏青，青花较浓，色调明亮。主题纹饰蟠螭纹分别绘于外壁及内底弦纹内，内底为团形蟠螭穿云图案，口沿内、外侧及外壁近足部各饰一周弦纹，圈足内书"玉堂佳器"双行四字款。口径12.8、足径4.4、高5.9厘米（图4-3-4；彩版二九，2）。

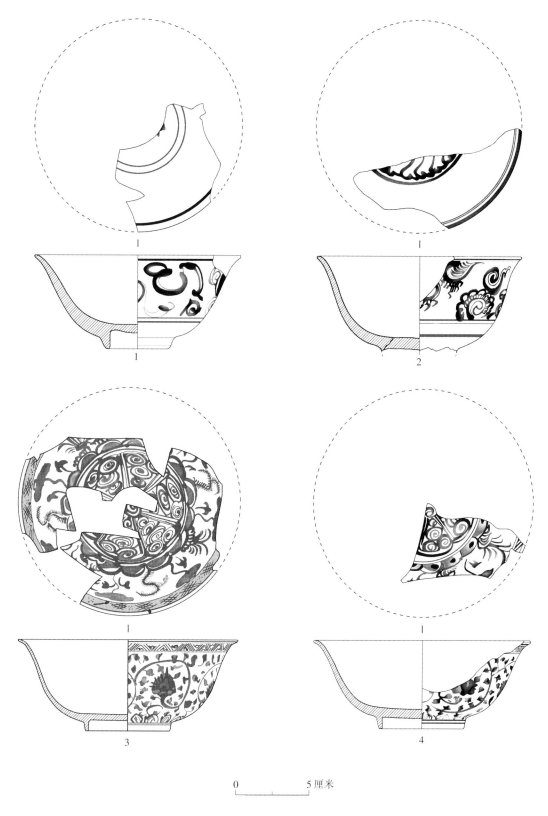

图 4 - 2　景德镇窑青花 Aa 型 II 式瓷碗

1. 99CSQT4③：10　2. 99CSQ 采：8　3. 99CSQ 采：7　4. 99CSQT4③：16

图 4 - 3　景德镇窑青花 A 型瓷碗

1. Aa 型Ⅲ式（99CSQT8⑥：8）　 2. Ab 型Ⅰ式（99CSQJ2：1）　 3. Ab 型Ⅰ式（98CSQ 北探：4）
4. Ab 型Ⅱ式（99CSQT4③：25）

B 型　侈口斜弧腹碗。共计 5 件。依据口部和腹部的变化分为三亚型。

Ba 型　3 件。侈口，下腹部略显圆弧。圈足较小，器形略小。

标本 99CSQT8⑤：8，足底平，圈足内墙较深，高于外墙。白胎，白釉偏青，青花呈色较淡。外壁主体一周变体仰莲瓣托梵文，口沿外侧有一周卷叶，内侧绘两周弦纹，内底一圈弦纹内绘一尖瓣团花。口径 12.8、足径 4、高 5 厘米（图 4-4-1；彩版三〇，1）。

0　　　　　　5 厘米

图 4-4　景德镇窑青花瓷碗

1. Ba 型（99CSQT8⑤：8）　2. Ba 型（99CSQJ6：3）　3. Ba 型（98CSQ 探坑：1）　4. C 型（99CSQJ2：2）
5. D 型 I 式（99CSQT8⑤：3）　6. D 型 II 式（99CSQT2⑤：3）

标本99CSQJ6：3，足底平，外墙内倾。白胎，青白釉，青花色调浓暗。外壁主题纹饰绘游鱼纹，釉下可见细线划花，口沿内、外各饰一圈弦纹，内底两周弦纹。口径14、足径3.8、高4.5厘米（图4-4-2，彩版三一，1）。

标本98CSQ探坑：1，足底平，挂釉，足端单面斜削，露胎处带火石红色，外墙内倾。白胎，青白釉，青花呈色暗淡。外壁主题纹饰绘缠枝莲叶，口沿内侧一周重十字菱格纹，内底两圈弦纹。口径11、足径4.3、高3.2厘米（图4-4-3）。

Bb型　1件。侈口近平，腹部较斜直而深。圈足较大，器形略大。

标本99CSQ采：9，侈口，口沿近平。足底平，挂釉，足端平切，足墙内倾。白胎，釉色青灰，青花呈色淡。外壁绘简笔草叶，口沿内、外各绘两周弦纹，内底两圈弦纹内绘月下梅图案。口径15.4、足径6、高5.7厘米（图4-5-1）。

Bc型　1件。束口，腹部较斜而略浅。

标本99CSQT3②：2，圆唇敞口，沿下束口形成折沿。足底平，无釉，足端两面斜削，外墙内倾。灰白胎，青白釉，青花色调较淡。外壁绘卷草叶纹，口沿内、外各饰两圈弦纹，内底纹饰残不可辨。口径15、足径6.2、高5.7厘米（图4-5-2）。

C型　敞口弧腹碗。1件。腹部略浅。

标本99CSQJ2：2，尖唇。圈足较大而浅。足底平，挂釉，足端单面斜削，外墙内倾。白胎，白釉偏青，青花呈色淡。主题纹饰缠枝莲叶纹分别位于碗的内、外壁，口沿内、外侧各绘弦纹数道。口径14.6、足径5.4、高6.1厘米（图4-4-4；彩版三一，2）。

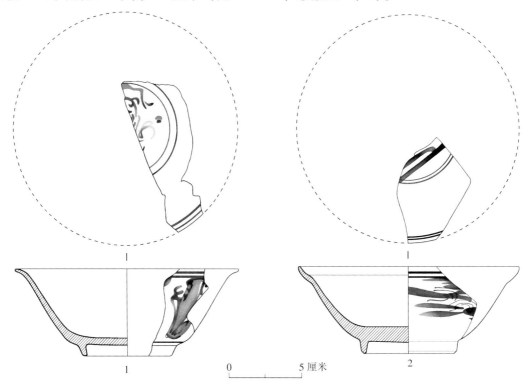

0　　　　　　5厘米

图4-5　景德镇窑青花B型瓷碗

1. Bb型（99CSQ采：9）　　2. Bc型（99CSQT3②：2）

D 型 敞口深直腹碗。共计 2 件。依据腹部的变化分为二式。

Ⅰ式 1 件。腹部较直。

标本 99CSQT8⑤：3，圆唇。足底平，挂釉，挖足过肩，足端单面斜削，露胎处带火石红色，外墙外倾。灰胎，青白釉，青花色调暗。外壁主题纹饰绘简笔缠枝莲叶，口沿内、外侧各绘两圈弦纹，内底两圈弦纹内点青。口径 11、足径 5.8、高 6.4 厘米（图 4 - 4 - 5；彩版三〇，2）。

Ⅱ式 1 件。腹部略斜。

标本 99CSQT2⑤：3，尖唇。圈足较高。足底平，挂釉，足端单面斜削，外墙垂直。白胎，白釉偏青，青花呈色明亮。通体仅外壁绘青花简笔原野图，纹饰简洁。口径 10.6、足径 3.6、高 6 厘米（图 4 - 4 - 6；彩版三二，1）。

2. 大碗

1 件。撇口、弧腹、圈足大碗。

标本 98CSQ 北探：5，足底平，挂釉，挖足过肩，圈足外墙较直而略外倾。白胎，白釉泛灰黄色，釉面光洁密布细开片，青花呈灰蓝色，有明显的蓝黑色斑点。外壁口沿下有两周弦纹，主题纹饰位于腹部，绘缠枝牡丹花叶纹，下绕一周尖体仰莲瓣，内壁口沿绘菱形格十字纹，内壁装饰六朵折枝牡丹花叶，内底三圈弦纹内绘一团形缠枝莲叶。口径 22.8、足径 8.8、高 9.3 厘米（图 4 - 6；彩版三二，2）。

3. 盘

共计 26 件。大多数为圆口圈足盘，有少量花口圈足盘和圆口卧足盘。依据口部和足部的特征分三型。

A 型 圆口盘圈足。共计 21 件。依据腹部和口部的不同分为三亚型。

Aa 型 共计 11 件。侈口。依据唇部的变化分为三式。

Ⅰ式 3 件。圆唇略尖，侈口。

标本 99CSQJ5②：3，足底平，挂釉，足端单面斜削，露胎处带火石红色，外墙内倾。灰白胎，白釉泛青黄色，青花呈色较暗。外壁口沿下一周弦纹，主题纹饰为缠枝莲叶纹。内壁口沿下一周重十字菱格纹，内底两圈弦纹内绘一株折枝牡丹。口径 13、足径 7、高 3.2 厘米。（图 4 - 7 - 1；彩版三三，1）。

标本 99CSQ 采：13，涩足底，足端单面斜削，露胎处带火石红色，外墙略内倾。灰白胎，青白釉，釉面匀净光洁，密布细小开片，青花浓淡不一，色调偏暗。外壁主体绘缠枝莲叶，口沿内侧一周重十字菱格纹，内底两周弦纹内纹饰残不可辨。口径 17、足径 10.6、高 3.6 厘米（图 4 - 7 - 2）。

标本 99CSQT3④：8，足底平，挂釉，足端单面斜削，露胎处带火石红色，外墙内倾。白胎，青白釉，青花呈色较浓发暗。外壁绘简笔缠枝莲叶，内壁及内底弦纹内各绘几朵团状花叶，口沿内、外各绘数道弦纹。口径 14.8、足径 9.6、高 3.4 厘米（图 4 - 7 - 3；彩版三三，2）。

Ⅱ式 4 件。尖唇，侈口略外卷。

标本 98CSQ 北探：8，侈口微撇。檀香口。足底平，挂釉，足端单面斜削，露胎处带火石红色，外墙内倾。白胎，青白釉，青花色调较淡，呈晕散状。内底两圈弦纹内绘卷草叶纹。口径 10.2、足径 8.8、高 2.7 厘米（图 4 - 7 - 4；彩版三四，1）。

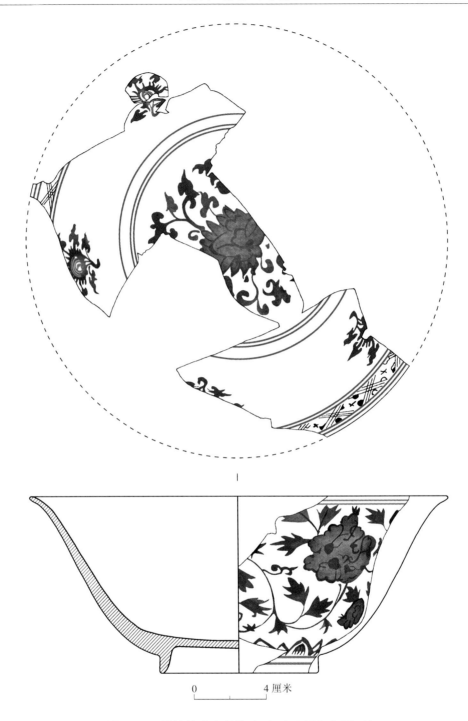

图 4 - 6　景德镇窑青花瓷大碗（98CSQ 北探：5）

　　标本 99CSQT4③：9，足底略拱，挂釉，足端单面斜削，露胎处带火石红色，外墙内倾。白胎，青白釉，青花呈色较暗，局部晕散。外壁主题纹饰绘缠枝莲叶，口沿及近足部各有一道弦纹，内壁主题纹饰为结带十字杵纹，绘于两圈弦纹内，内壁口沿下有一周连续的回字纹。口径 14、足径 8.2、高 2.8 厘米（图 4 - 8 - 1；彩版三四，2）。

　　标本 99CSQJ6：5，足端露胎处带火石红色，外墙内倾较甚。白胎，青白釉，青花呈色暗。外壁主题纹饰绘缠枝莲叶纹，口沿内侧有一周连续的回纹，内底两圈弦纹。口径 12、足径 7.8、高

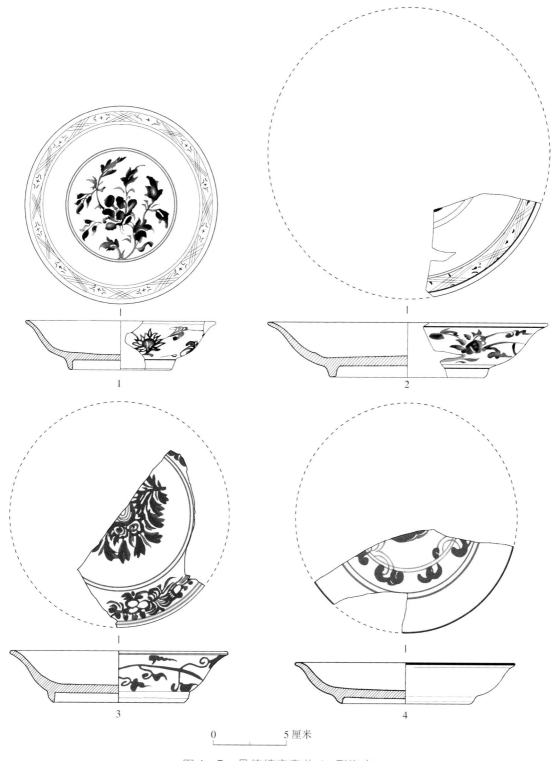

0 ⊢—⊢—⊢—⊢—⊢ 5厘米

图4-7　景德镇窑青花 Aa 型瓷盘

1. Ⅰ式（99CSQJ5②:3）　2. Ⅰ式（99CSQ 采:13）　3. Ⅰ式（99CSQT3④:8）　4. Ⅱ式（98CSQ 北探:8）

2.3 厘米（图4-8-2）。

标本 99CSQ 采:16，略折沿。圈足外墙内倾较甚。白胎，青白釉，青花呈色较暗，聚积处起黑斑。外壁主题纹饰绘缠枝莲叶纹，口沿外侧有弦纹，内壁主题纹饰位于内底，纹饰残不可辨，

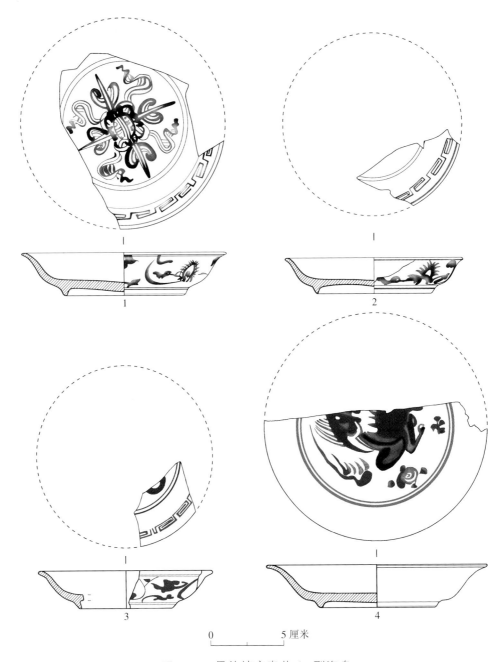

图 4 - 8　景德镇窑青花 Aa 型瓷盘

1. Ⅱ式（99CSQT4③∶9）　2. Ⅱ式（99CSQJ6∶5）　3. Ⅱ式（99CSQ 采∶16）　4. Ⅲ式（98CSQ 北探∶6）

内壁口沿下有一周连续的回字纹。口径 12、足径 6.4、高 3 厘米（图 4 - 8 - 3）。

　　Ⅲ式　5 件。侈口近平，形体略大。

　　标本 98CSQ 北探∶6，圆唇。檀香口。足底平，挂釉，足端两面斜削，外墙内倾较甚。白胎，灰白釉偏青，青花呈色较暗发黑。内底两圈弦纹内绘麒麟杂宝纹。口径 15、足径 7.8、高 2.8 厘米（图 4 - 8 - 4；彩版三三，3）。

　　标本 99CSQT4③∶17，圆唇，檀香口。足底平，挂釉，足端单面斜削，露胎处带火石红色，外墙内倾。白胎，白釉偏青，青花呈色较淡。内底两圈弦纹内绘麒麟杂宝纹。口径 16、足径 8.6、

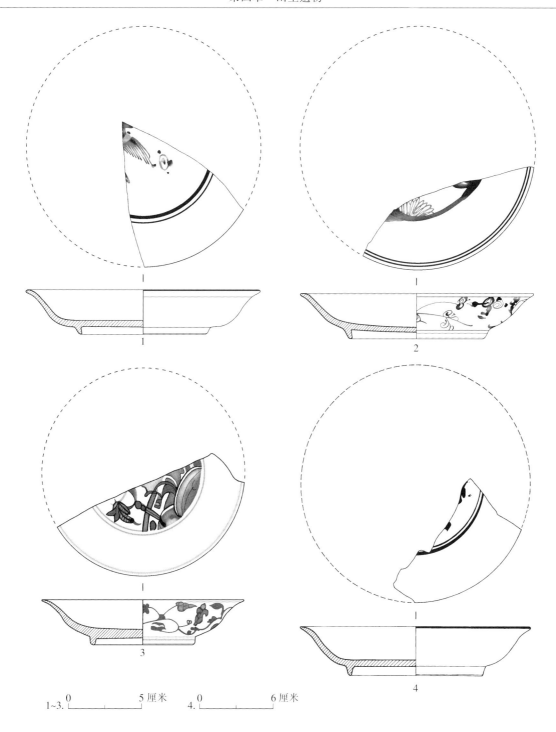

图 4 - 9　景德镇窑青花 Aa 型 Ⅲ 式瓷盘

1. 99CSQT4③：17　2. 98CSQ 北探：7　3. 99CSQT8⑥：4　4. 99CSQJ5②：9

高 3.9 厘米（图 4 - 9 - 1）。

　　标本 98CSQ 北探：7，圆唇略折呈斜平沿状。足底平，挂釉，足端单面斜削，露胎处带火石红色，外墙内倾。白胎，青白釉，青花呈色浓淡不一。外壁主题纹饰绘简笔缠枝莲叶，口沿内、外各绘一道弦纹，内底两圈弦纹内纹饰残不可辨。口径 16、足径 9.2、高 3 厘米（图 4 - 9 - 2）。

　　标本 99CSQT8⑥：4，尖唇。足底平，挂釉，足端两面斜削，露胎处带火石红色，外墙内倾。

白胎，釉面呈淡黄色，青花色调暗，聚积处起黑斑。外壁绘缠枝莲叶，内底两周弦纹内饰庭院树石纹。口径13.6、足径6.6、高5厘米（图4-9-3；彩版三四，3）。

标本99CSQJ5②：9，尖唇，檀香口。足端单面斜削，外墙内倾。白胎，青白釉，青花呈色较淡。器内底两圈弦纹内纹饰残不可辨。口径15.8、足径9.2、高3.2厘米（图4-9-4）。

Ⅳ式　1件。侈口近平，形体略小。

标本99CSQT6⑤：4，足底平，挂釉，有放射状跳刀痕，足端单面斜削，壁外墙内倾。白胎，白釉偏青，釉面光亮，青花呈色较淡。口沿外侧有一周弦纹，口沿内壁绘一周重十字菱格纹，内底一圈弦纹内绘蟠螭纹。口径12.8、足径6.8、高2.3厘米（图4-10-1；彩版三五，1）。

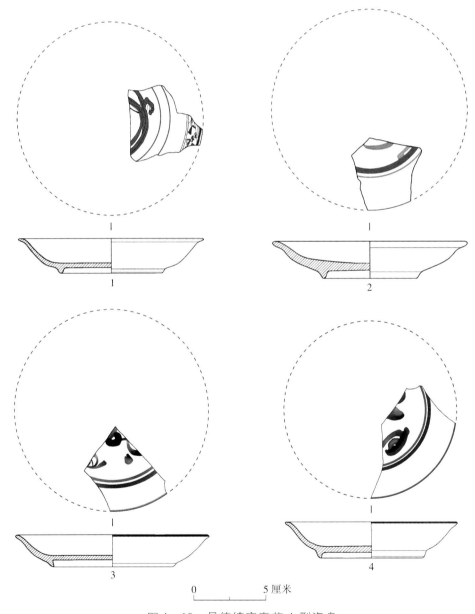

0　　　　　5厘米

图4-10　景德镇窑青花A型瓷盘

1. Aa型Ⅳ式（99CSQT6⑤：4）　2. Ab型Ⅰ式（99CSQT8⑥：10）　3. Ab型Ⅰ式（99CSQT4③：35）
4. Ab型Ⅰ式（99CSQT4③：23）

Ab 型　共计 8 件。敞口略侈。依据腹部的变化分为 2 式。

Ⅰ式　7 件。弧腹略圆，形体略小。

标本 99CSQT8⑥：10，圆唇。檀香口，足底平，挂釉，足端单面斜削，外墙内倾较甚。白胎，青白釉，青花呈色浓淡不一。内底两圈弦纹内纹饰残不可辨。口径 13.2、足径 6.2、高 2.5 厘米（图 4-10-2）。

标本 99CSQT4③：35，圆唇，檀香口。足底平，挂釉，足端单面斜削，露胎处带火石红色，外墙内倾较甚。白胎，青白釉，青花呈色浓淡不一。内底两周弦纹内绘缠枝花卉纹饰。口径 13.3、足径 8.3、高 2.1 厘米（图 4-10-3）。

标本 99CSQT4③：23，唇略尖，檀香口。足底平，挂釉，足端单面斜削，露胎处带火石红色，外墙内倾较甚。白胎，青白釉，青花呈色浓发暗。内底两圈弦纹较宽，弦纹内主题纹饰残不可辨。口径 11.8、足径 7、高 2.4 厘米（图 4-10-4）。

标本 99CSQT4③：26，尖唇。足底微下凸，挂釉，足端平，外侧斜切，露胎处带火石红色，外墙内倾。内壁近底处有一圈凸棱。白胎，青白釉，青花呈色较暗，聚积处泛黑色。外壁主题纹饰绘缠枝莲叶，内底两圈弦纹内绘结带舞狮纹，口沿内、外壁各绘一道弦纹。口径 13.4、足径 8、高 2.7 厘米（图 4-11-1；彩版三五，2）。

标本 99CSQT4③：36，尖唇，檀香口。圈足较浅，足端露胎处带火石红色，外墙内倾。白胎，青白釉，青花呈色较淡。内底纹饰残，可辨为麒麟杂宝图。口径 13.5、足径 8.2、高 2.6 厘米（图 4-11-2；彩版三六，1）。

标本 99CSQJ5②：4，圆唇略尖，檀香口。足底平，挂釉，挖足过肩，足端单面斜削，外墙内倾。白胎，白釉偏青，青花呈色偏暗。内底两周弦纹内饰麒麟杂宝纹。口径 13.8、足径 9.4、高 3.2 厘米（图 4-12-1）。

标本 99CSQT4③：22，圆唇，檀香口。圈足较浅。足底平，挂釉，足端单面斜削，露胎处带火石红色，外墙内倾。白胎，白釉偏青，青花呈色较淡。内底两圈弦纹内绘麒麟杂宝纹。口径 11.8、足径 6.8、高 1.1 厘米（图 4-11-3）。

Ⅱ式　1 件。腹部较平直。

标本 99CSQT2③：2，尖唇。足端圆钝，外墙微内倾，圈足较高。白胎，青白釉，青花呈色较浓发黑。内、外壁均绘缠枝花叶纹，口沿内、外壁各绘一周弦纹。口径 13.4、足径 6.8、高 2.4 厘米（图 4-11-4）。

Ac 型　1 件。敞口弧腹盘。

标本 99CSQT8⑥：6，足底平挂釉，足端呈"泥鳅背"状，露胎处带火石红色，足墙内倾。白胎，白釉偏青，青花色调发亮。外壁主题纹饰绘缠枝菊纹，内壁口沿下有一周云气纹，内底两圈弦纹内绘海水崖涛图案，纹样采用先勾画轮廓之后上色的单线平涂法描绘。口径 15.6、足径 9、高 2.8 厘米（图 4-12-2；彩版三六，2）。

B 型　1 件。圆口卧足盘。

标本 99CSQ 采：15，直口微敛，圆弧腹。外壁腹部与足部交接处刮釉一周。白胎，白釉偏青色，青花浓淡不一，色调较暗。外壁主题纹饰绘简笔草叶纹，口沿内、外壁各饰一圈弦纹，内底

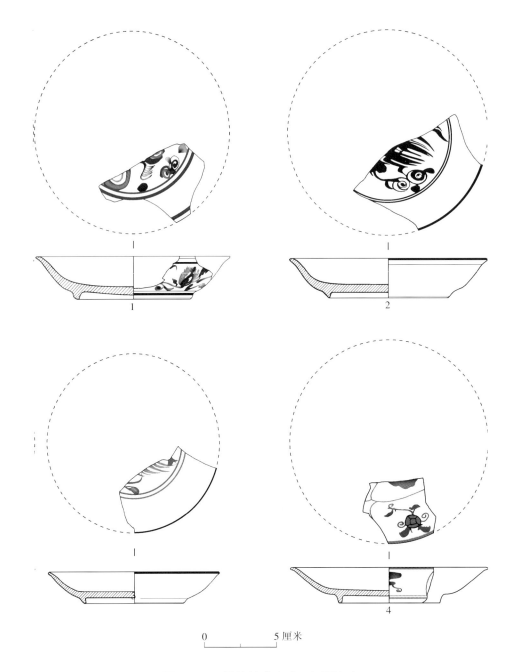

0　　　　　　5厘米

图 4 - 11　景德镇窑青花 Ab 型瓷盘

1. Ⅰ式（99CSQT4③：26）　2. Ⅰ式（99CSQT4③：36）　3. Ⅰ式（99CSQT4③：22）　4. Ⅱ式（99CSQT2③：2）

两圈弦纹内纹饰残不可辨。口径 12、足径 4.7、高 3.2 厘米（图 4 - 12 - 3；彩版三六，3）。

C 型　花口圈足盘。共 2 件。依据腹部的变化分为二亚型。

Ca 型　1 件。弧腹盘。

标本 99CSQ 采：1，尖唇，敞口。内底略凸，外底平，挂釉，挖足过肩，足端似"泥鳅背"，外墙微内倾。白胎，白釉偏青，青花呈色较浓发亮。外壁饰三株简笔草叶，一侧有锔补痕。内底两圈弦纹内绘一只展翅的凤鸟，其外绕一周渔樵耕读、山水人家图案，口沿外侧有两周弦纹，口

图 4－12　景德镇窑青花瓷盘、大盘

1. Ab 型 I 式盘（99CSQJ5②：4）　　2. Ac 型盘（99CSQT8⑥：6）　　3. B 型盘（99CSQ 采：15）　　4. A 型大盘（99CSQJ6：2）

沿内侧绘一周圆圈状图案，圈足外底内带一方框字款。口径 18、足径 9.8、高 2.7 厘米（图 4－13；彩版三七）。

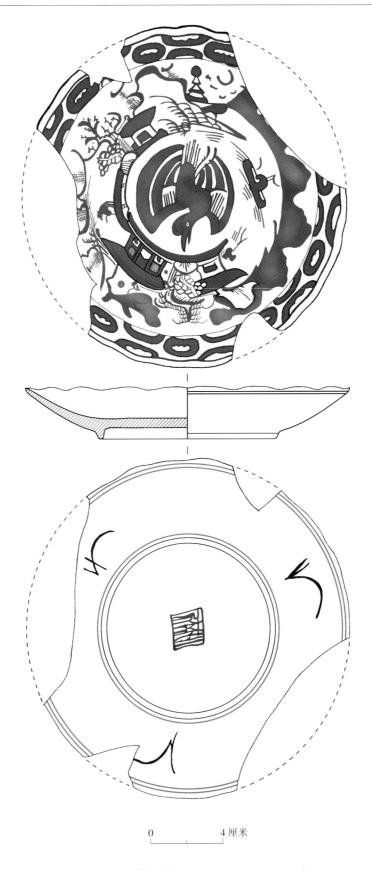

图 4 - 13　景德镇窑青花 Ca 型瓷盘（99CSQ 采∶1）

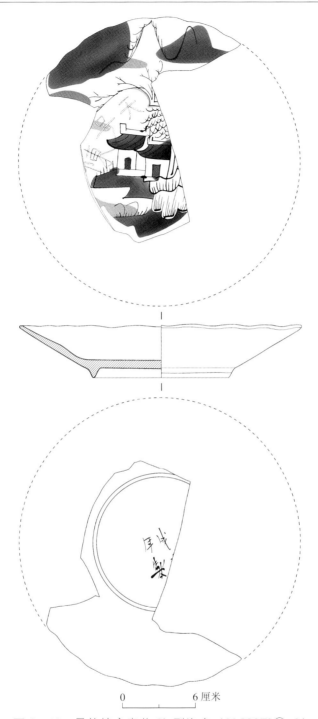

0 　　　　　　6 厘米

图 4-14　景德镇窑青花 Cb 型瓷盘（99CSQT2②∶2）

Cb 型　1 件。斜直腹盘。

标本 99CSQT2②∶2，敞口。圈足略高，足底平，挂釉，足端两面斜削，外墙内倾。灰白胎，豆青釉，青花呈色较暗，局部有晕散。内壁绘山峦人家图案，内底一侧钻刻"天号陈"款识，圈足内书"成化年制"四字款，当系后世的伪托款。口径 22、足径 11、高 4.2 厘米（4-14；彩版三八，1）。

4. 大盘

共计 2 件。均为圆口圈足大盘。依据腹部的不同分为二型。

　　A 型　1 件。斜弧腹大盘。

　　标本 99CSQJ6：2，敞口微侈，唇较薄，圆唇略尖。圈足外墙较高。足底微凸，挂釉，足端两面斜削，带火石红色，外墙内倾。灰白胎，白釉偏青，青花呈色较暗，聚积处泛黑。外壁及内底弦纹内均绘缠枝莲叶纹，口沿内壁一周连续的回字纹。口径 19、足径 11、高 4.5 厘米（图 4 - 12 - 4；彩版三八，2）。

　　B 型　1 件。弧腹大盘。

　　标本 98CSQ 北探：18，敞口，厚圆唇。圈足略浅，挖足过肩。足底平，挂釉，足端呈"泥鳅背"状，外墙垂直。盘的中部留有一条锔补痕。白胎，白釉偏青，青花色调明亮。内、外壁均描绘四爪云龙纹。口径 26、足径 16.5、高 6.1 厘米（图 4 - 15；彩版三八，3）。

0　　　　　　4 厘米

图 4 - 15　景德镇窑青花 B 型瓷大盘（98CSQ 北探：18）

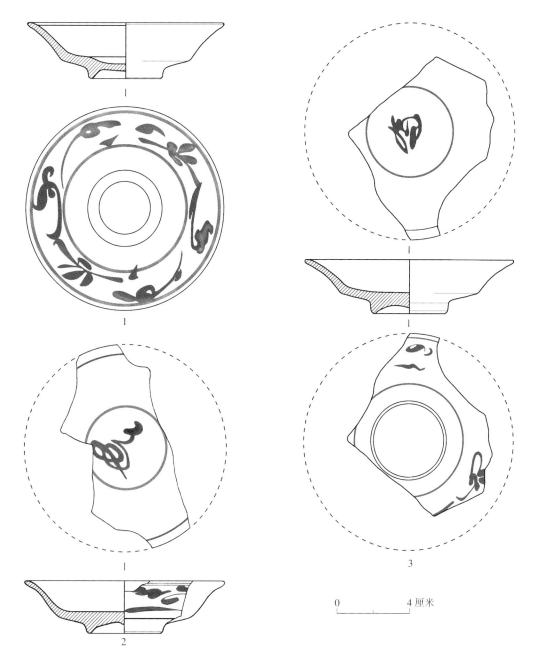

图 4 - 16　景德镇窑青花 A 型瓷碟
1. 98CSQ 北探：9　2. 99CSQT8④：4　3. 99CSQH8：1

5. 碟

形态与盘较为接近，但形体较小。共计 13 件，均为圈足碟。按口部、腹部特征分为四型。

A 型　3 件。侈口折腹碟。

标本 98CSQ 北探：9，圆唇略尖。内底略下凹。涩足底，足端单面斜削，外墙微内倾。白胎，灰白釉，釉面光洁，密布细开片，青花呈色偏暗。外壁绘简笔花叶纹，口沿内、外壁各有一周弦纹，内底绘一圈弦纹。口径 10.8、足径 4.3、高 3 厘米（图 4 - 16 - 1；彩版三九，1）。

标本 99CSQT8④：4，圆唇。圆涡状涩足底，带鸡心突，足端单面斜削，外墙垂直。白胎，白釉偏青，釉面有棕眼，青花呈色暗。外壁绘简笔缠枝莲叶，口沿内、外壁各有一周弦纹，内底一圈弦纹内草书"福"字。口径11、足径3.9、高2.8厘米（图4-16-2；彩版四〇，1）。

标本99CSQH8：1，圆唇略尖。圆涡状涩足底，带鸡心突，足端单面斜削，外墙垂直。白胎，白釉偏青，釉面粘连窑渣，青花呈色暗。外壁绘简笔花叶纹，口沿内、外壁各有一周弦纹，内底一圈弦纹内草书"福"字。口径11.8、足径4、高2.9厘米（图4-16-3；彩版四〇，2）。

B型　2件。侈口弧腹碟。依据腹部的变化分为二亚型。

Ba型　1件。腹部较斜。

标本99CSQT4③：27，足底平，挂釉，足端平切，外墙内倾。白胎，釉面发淡黄色，青花色调偏暗，呈晕散状。外壁主题纹饰绘缠枝莲叶纹，内底两圈弦纹内绘结带十字杵。口径11.8、足径7、高2.4厘米（图4-17-1）。

Bb型　1件。腹部略圆弧。

标本99CSQJ6：1，足底平，外底中心略有突起，挂釉，足端单面斜削，露胎处带火石红色，外墙内倾。白胎，青白釉，青花呈色发色较为浓艳。外壁主题纹饰绘缠枝莲叶纹，内壁绘数枝折枝花叶纹，内底青花双圈内绘折枝牡丹花叶纹，口沿内、外壁各有一周弦纹。口径12、足径7.8、高2.4厘米（图4-17-2；彩版三九，2）。

C型2件。敞口弧腹碟。依据腹部的深浅变化分为二式。

Ⅰ式　1件。腹部较浅。

标本99CSQT8⑥：5，圆唇略尖。足底平，挂釉，足端单面斜削。白胎，白釉偏青，口沿外壁有积釉痕。器内底饰一周弦纹。口径10、足径5.8、高2.3厘米（图4-17-4；彩版四〇，3）。

Ⅱ式　1件。腹部略深。

标本99CSQT8⑤：2，尖唇。足底平，挂釉，足端单面斜削带火石红色。白胎，青白釉，青花呈色较亮。外壁近口沿处绘数朵简笔花叶，内壁口沿下书两周梵文，内底两周弦纹内饰一梵文，圈足底两圈弦纹内带一方框款。口径11、足径6.9、高3厘米（图4-17-3；彩版四一，1）。

D型　6件。敞口斜直腹碟。依据下腹的不同二亚型。

Da型　2件。下腹直。腹部的深浅变化分为二式。

Ⅰ式　1件。浅腹。

标本99CSQT2⑤：1，足底平而厚，挂釉，挖足过肩，足端圆钝而略薄，外墙微内倾。白胎，白釉偏青，青花呈色淡雅明亮，略有晕散。内壁绘缠枝花叶和蝴蝶纹，纹饰繁茂，花叶纹采用双勾填绘的形式，外壁饰简笔花叶和弦纹，纹样线条纤细。口径8.8、足径4.4、高2.4厘米（图4-18-1；彩版四一，2）。

Ⅱ式　1件。腹略深。

标本99CSQ采：33，足底平，挂釉，足端圆钝，外墙垂直。白胎，白釉偏青，青花呈色淡雅明亮。内壁绘繁茂的缠枝花叶和蝴蝶纹，外壁饰简笔花叶和弦纹，纹样线条纤细，圈足外底心有一方框篆书款。口径9、足径4、高2.8厘米（图4-18-2；彩版四二）。

Db型　4件。下腹略弧。

标本99CSQ采：34，足底平，外底心略内凹，挂釉，足端外侧单面斜削。白胎，青白釉，青花

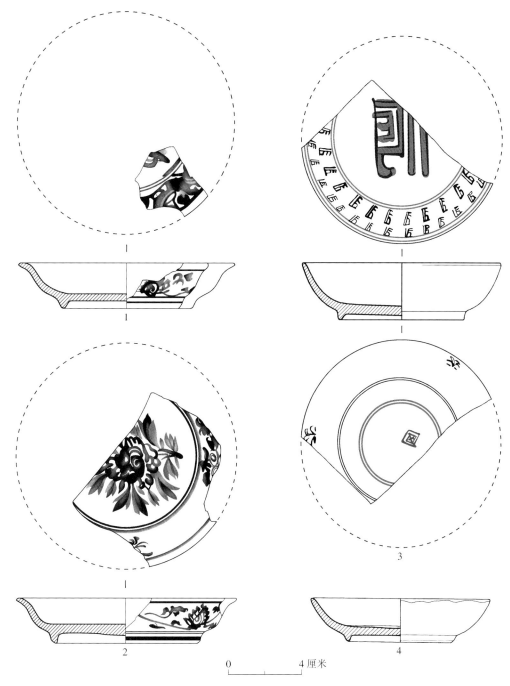

0　　　　　　4厘米

图 4 - 17　景德镇窑青花瓷碟

1. Ba 型（99CSQT4③∶27）　　2. Bb 型（99CSQJ6∶1）　　3. C 型 Ⅱ式（99CSQT8⑤∶2）　　4. C 型 Ⅰ式（99CSQT8⑥∶5）

发紫色，浓淡不一。器内底绘饰一团花，外绕一周简笔缠枝花叶，外壁绘简笔草叶纹，圈足底双圈弦纹内带一方框款。口径8.2、足径4、高3.3厘米（图4-18-3）。

标本99CSQT4③∶3，圆唇。圈足略浅，足底较平，挂釉，足端圆钝，外墙略内倾。白胎，青白釉，青花色泽较亮泛紫色。内壁饰一周缠枝花叶，内底饰一火轮形团花图案，圈足外底绘有两周弦纹，内有一印记图案。口径6.6、足径5、高3.3厘米（图4-18-4；彩版四三）。

标本99CSQT6⑤∶1，尖唇微圆。圈足浅，足底平。涩足底，足端两面斜削，外墙内倾。白

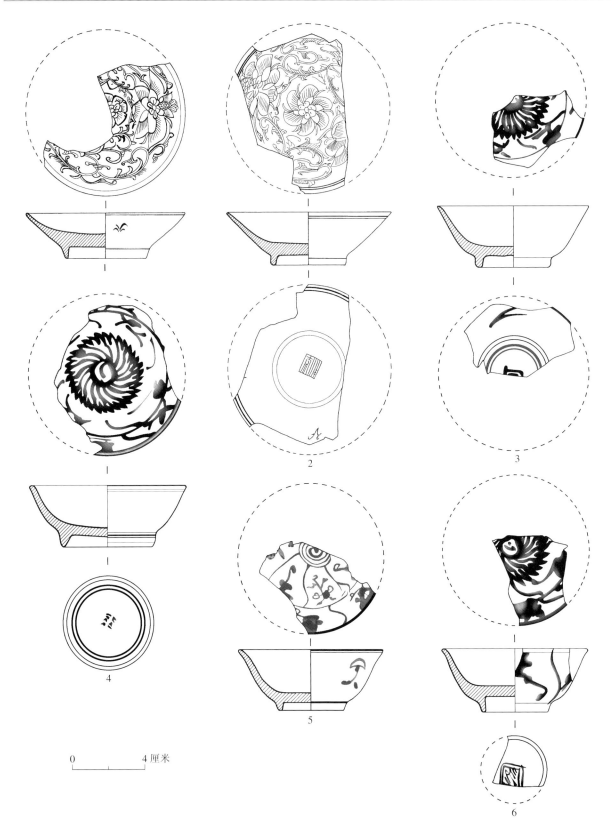

图 4 – 18　景德镇窑青花 D 型瓷碟

1. Da 型 I 式（99CSQT2⑤：1）　　2. Da 型 II 式（99CSQ 采：33）　　3. Db 型（99CSQ 采：34）　　4. Db 型（99CSQT4③：3）
5. Db 型（99CSQT6⑤：1）　　6. Db 型（99CSQT6⑤：3）

胎，青白釉，青花较亮泛紫色。外壁点缀几朵简笔花卉，内底绘螺旋状花纹，外绕两周放射状花叶图案。口径8、足径3.5、高3.2厘米（图4－18－5；彩版四四，1）。

标本99CSQT6⑤：3，圆唇。圈足较高，挖足过肩。足底平，挂釉，足端圆钝，外墙内倾。白胎，青白釉，青花较亮泛紫色，局部晕散。内、外壁均绘缠枝花叶纹，内底饰一火轮形团花，圈足外底有一方框款。口径8、足径3.6、高4厘米（图4－18－6；彩版四四，2）。

6. 盅

共计12件。均为圈足盅。依据口部和腹部特征分三型。

A型　1件。撇口深弧腹盅。

标本99CSQT8⑤：5，尖唇。腹深而较直，下腹圆弧。圈足较高，足端单面斜削，外墙内倾较甚，足墙较薄。足底平，挂釉。白胎，青白釉，青花呈色浓淡不一，聚积处起黑斑。外壁主题纹饰绘缠枝灵芝纹，内底两圈弦纹内绘折枝花卉，口沿内壁有一周梵文。口径8.1、足径3.6、高5.3厘米（图4－19－1；彩版四五，1）。

B型　2件。敞口斜折腹盅。斜腹较深，下腹部转折，小圈足。

标本98CSQ北探：12，尖唇。圈足较高，挖足过肩。足底平，挂釉，足端圆钝，足墙垂直，外侧略斜切。白胎，白釉偏青，青花呈色明亮。外壁主题纹饰为缠枝卷草叶纹，采用双勾平涂的方法描绘，口沿外壁有两周弦纹。口径10、足径3.5、高5.8厘米（图4－19－2）。

标本99CSQT4③：1，足底平，挂釉，足端圆钝，外墙垂直。白胎，白釉偏青，青花呈色明亮。外壁饰缠枝卷草托蝙蝠图案，间以三个双"喜"字，取"喜福双至"之寓意。口径10.1、足径3.7、高5.7厘米（图4－19－3；彩版四五，2）。

C型　4件。敞口斜弧腹盅。依据腹部的变化分为二式。

Ⅰ式　1件。腹较直，形体略小。

标本99CSQT8④：41，敞口较直，尖唇略圆。圈足较高。足底平，挂釉，足端单面斜削，露胎处带火石红色。灰白胎，青白釉，青花呈色暗。外壁绘简笔缠枝莲叶，内底两周弦纹内点月牙青。口径8.8、足径4.6、高5.2厘米（图4－19－4；彩版四六）。

Ⅱ式　3件。腹略斜直，形体略大。

标本99CSQ采：36，尖唇。圈足较浅，足底平，挂釉，足端单面斜削，外墙略内倾。内底略下凹。白胎，青白釉，青花色调较浓。外壁绘上下两层缠枝花叶，以一道弦纹间隔。内底两圈弦纹内绘一株卷叶花卉纹。口径9.6、足径3.6、高5.1厘米（图4－19－5；彩版四七）。

标本98CSQ北探：16，尖唇。圈足略高，足底略下凹，挂釉，足端圆，足墙垂直。白胎，青白釉，青花较亮泛紫色。外壁绘简笔缠枝花叶，纹饰由一圈弦纹分为上下两层。内底两圈弦纹内纹饰残，类游鱼纹。口径10、足径4.8、高5.3厘米（图4－19－6；彩版四八）。

标本99CSQ采：2，尖唇微圆。足底平，挂釉，足端圆钝。白胎，青白釉，青花较亮泛紫色。外壁绘简笔缠枝花叶，器内底饰团花，外绕缠枝花叶图，圈足弦纹内带一方框"福"字款。口径10、足径5、高5厘米（图4－20－1；彩版四九）。

D型　5件。侈口斜腹盅。口微侈，腹部略弧。依据口腹部和下腹部的不同分为二亚型。

Da型　3件。口沿下略有转折，下腹圆折较明显。依据足部的变化分为三式。

图 4-19 景德镇窑青花瓷盅

1. A 型（99CSQT8⑤：5）   2. B 型（98CSQ 北探：12）   3. B 型（99CSQT4③：1）   4. C 型 I 式（99CSQT8④：41）
5. C 型 II 式（99CSQ 采：36）   6. C 型 II 式（98CSQ 北探：16）

　　I 式　1 件。圈足小而略矮，足墙厚。器壁较厚。

　　标本 99CSQ 采：14，唇较厚，尖唇略圆。内底略下凹。涩足底，足端单面斜削，外墙内倾。灰
白胎，灰白釉泛黄，青花呈色灰暗。外壁主题纹饰绘简笔缠枝莲叶纹，口沿内、外壁各有一周

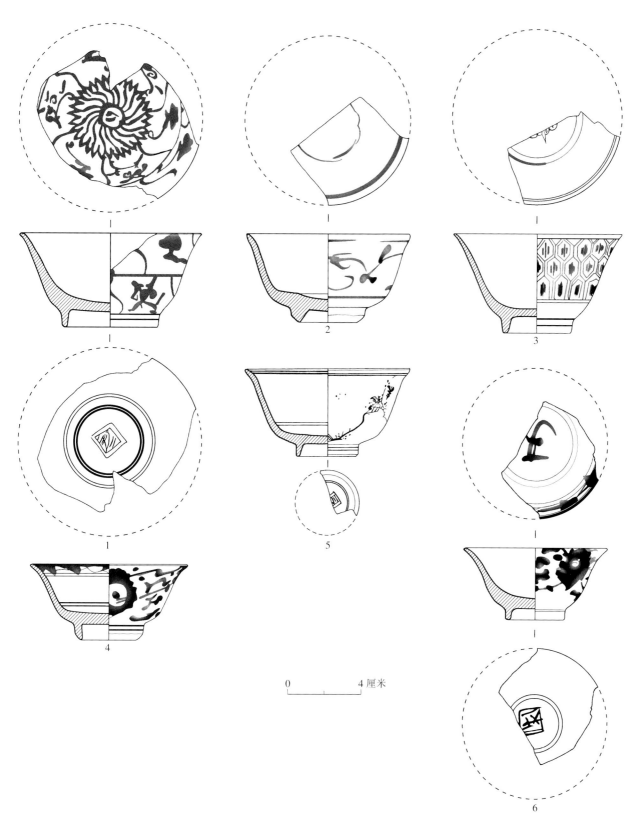

图 4 - 20　景德镇窑青花瓷盅

1. C 型Ⅱ式（99CSQ 采：2）　　2. Da 型Ⅰ式（99CSQ 采：14）　　3. Da 型Ⅱ式（99CSQT4③：21）　　4. Db 型（98CSQ 北探：10）
5. Da 型Ⅲ式（99CSQT4③：2）　　6. Db 型（99CSQT8②：10）

弦纹，内底绘一圈弦纹。口径9、足径4、高4.7厘米（图4-20-2；彩版五〇，1）。

Ⅱ式　1件。圈足略高，足墙较薄。

标本99CSQT4③:21，尖唇。圈足较高，足底平，挂釉，足端平切，外墙微内倾。白胎，白釉偏青，青花呈晕散状，聚积处起黑斑。外壁绘三层重叠的龟背锦纹，内底青花双圈内纹样残不可辨，口沿内、外各有一道弦纹。口径9.4、足径3.8、高5.2厘米（图4-20-3；彩版五〇，2）。

Ⅲ式　1件。圈足外墙较直。

标本99CSQT4③:2，尖唇。足底平，挂釉，挖足过肩，足端圆钝，外墙外倾。白胎，白釉偏青，青花色调较亮。外壁描绘折枝梅，口沿内、外各有两周弦纹，内底绘两圈弦纹，圈足弦纹内带一方框款。口径9、足径3.4、高4.7厘米（图4-20-5；彩版五一，1）。

Db型　2件。腹部斜弧，形体较小。

标本99CSQT8②:10，尖唇。足端单面斜削，外墙垂直。白胎，青白釉，青花较亮泛紫色，聚积处起黑斑。外壁绘简笔缠枝莲叶，口沿内侧染青，内底两圈弦纹内书一字类梵文，圈足外底带一方框款。口径8、足径3.1、高3.8厘米（图4-20-6；彩版五二）。

标本98CSQ北探:10，尖唇，侈口外撇。圈足较高，足底平，挂釉，足端圆钝，外侧斜削，外墙微内倾。白胎，青白釉，青花较亮而泛紫色，聚积处起黑斑。外壁绘简笔缠枝莲叶纹，口沿内侧点青，内底两圈弦纹内书一字符，圈足外底带一方框字款。口径6、足径3.2、高4厘米（图4-20-4；彩版五一，2）。

7. 杯

形态与盏较为接近，但形体较小。共计12件。均为圆口圈足小杯。依据形体大小和口部差异分作四型。

A型　3件。敞口小杯。依据腹部的变化分为二亚型。

Aa型　2件。腹部略斜。依据足部的变化分为二式。

Ⅰ式　1件。小圈足。

标本99CSQT3④:6，足端圆钝，外墙垂直而中部略束。白胎，白釉偏青，青花色调较亮。外壁绘团花枝叶纹，口沿外侧饰一周弦纹。口径3.4、足径1.6、高2.6厘米（图4-21-1；彩版五三，1）。

Ⅱ式　1件。斜削式玉璧足。

标本99CSQT8③:6，足端外高里低，足底无釉，外墙略内倾。白胎，白釉偏青，青花色调较亮。外壁饰上下两周连续的梵文。口径5.1、足径2.1、高2.7厘米（图4-21-2；彩版五三，2）。

Ab型　1件。腹部较斜直。

标本99CSQT4③:18，涩足底，足端单面斜削，外墙略外倾。白胎，白釉微青，青花色调较亮。外壁绘游鱼水藻纹。口径4、足径1.7、高2.5厘米（图4-21-5；彩版五四，1）。

B型　2件。敞口斜弧腹杯，形体略大。尖唇，圈足。

标本99CSQT8③:4，足底平，挂釉，足端单面斜削，露胎处带火石红色，外墙垂直。白胎，青白釉，青花呈色较暗。外壁绘简笔草叶，口沿内、外各有两周弦纹，内底绘两圈弦纹。口径

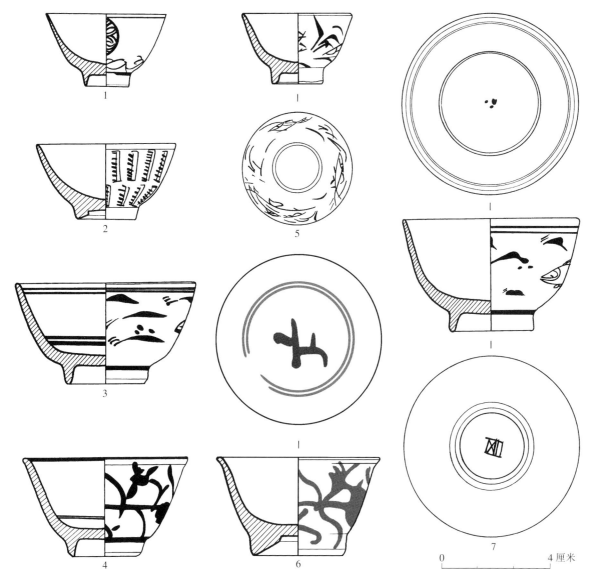

图 4 – 21 景德镇窑青花瓷杯

1. Aa 型I式（99CSQT3④:6） 2. Aa 型II式（99CSQT8③:6） 3. B 型（99CSQT8③:4） 4. C 型II式（99CSQ 采:31）
5. Ab 型（99CSQT4③:18） 6. C 型I式（99CSQT3④:9） 7. B 型（99CSQ 采:35）

6.5、足径2.8、高3.6厘米（图4–21–3）。

标本99CSQ 采:35，足底平，挂釉，足端圆钝，外墙微外倾。白胎，白釉微青，青花呈色偏淡。外壁绘游鱼水藻纹，口沿内、外各饰两周弦纹，内底两周弦纹内饰三点青，圈足外底有一方框花押款。口径6.4、足径3.2、高4厘米（图4–21–7；彩版五四，2）。

C 型4件。敞口微侈，形体略大。依据足部的变化分为二式。

I式 1件。斜削式玉璧足。

标本99CSQT3④:9，足圈宽，足端外高里低，无釉，外墙垂直，整个足底制作规整。白胎，白釉偏青，青花较亮泛紫色。外壁绘简笔缠枝花叶纹，内底两周弦纹内书一字符。口径6、足径3.4、高3.5厘米（图4–21–6；彩版五五，1）。

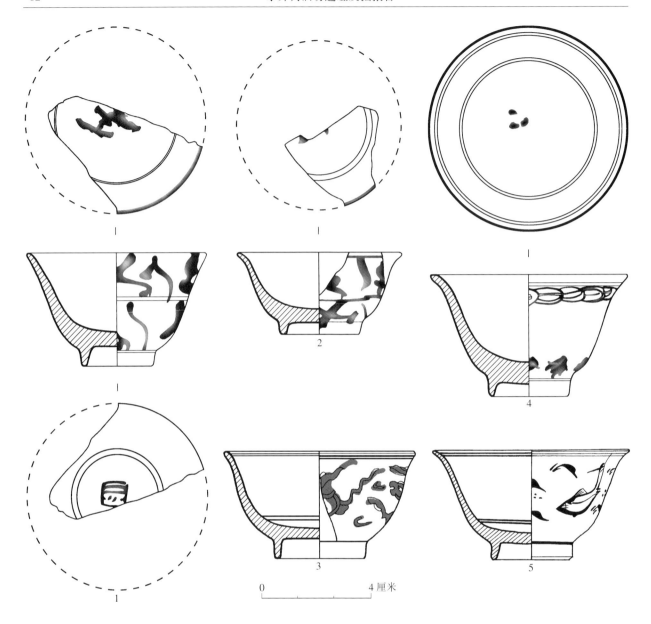

图 4-22　景德镇窑青花瓷杯

1. C 型Ⅱ式（99CSQ 采：32）　　2. C 型Ⅱ式（99CSQT2③：11）　　3. D 型Ⅰ式（99CSQT8⑤：7）　　4. D 型Ⅰ式（99CSQT1②：2）
5. D 型Ⅱ式（99CSQT8③：5）

　　Ⅱ式　3 件。小圈足。

　　标本 99CSQ 采：32，足底平，挂釉，足端单面斜削，外墙垂直而内墙略斜。白胎，白釉偏青，青花较亮泛紫色。外壁绘简笔缠枝花叶，纹饰以一道弦纹分割为上下两组，内底弦纹内纹样残不可辨。外底中部有一方形花押款。口径 6.6、足径 4、高 2.5 厘米（图 4-22-1；彩版五五，2）。

　　标本 99CSQ 采：31，足底平，挂釉，足端单面斜削，外墙略内倾。白胎，白釉偏青，青花较亮泛紫色。外壁绘简笔缠枝花叶，内底饰两圈弦纹。口径 6、足径 2.8、高 3.5 厘米（图 4-21-4；彩版五六，1）。

　　标本 99CSQT2③：11，圈足较浅，涩足底，足端单面斜削，外墙垂直。白胎，白釉偏青，青花

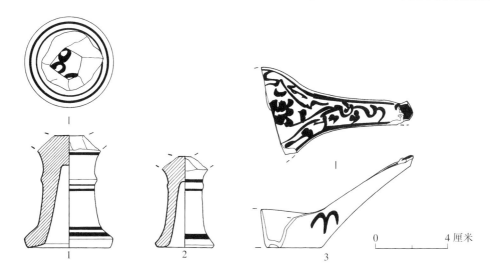

图 4 - 23　景德镇窑青花瓷高足杯、匙

1. 高足杯 (99CSQT8⑥:21)　2. 高足杯 (99CSQT8④:11)　3. 青花匙 (99CSQ 采:4)

较亮泛紫色。外壁绘简笔缠枝花叶，内底弦纹内纹样残不可辨。口径6、足径3、高2.4厘米（图4 - 22 - 2）。

D型 3件。侈口，形体略大。依据腹部的变化分为二式。

Ⅰ式 2件。腹部略弧。

标本99CSQT8⑤:7，足底平，挂釉，足端圆钝，圈足足墙垂直。白胎，白釉微青，青花色调较亮。外壁主题纹饰绘蟠螭纹，口沿内、外各有两周弦纹，内底饰弦纹两圈。口径7、足径3.4、高3.8厘米（图4 - 22 - 3；彩版五六，2）。

标本99CSQT8③:5，足底平，挂釉，足端圆钝，圈足略外撇。白胎，白釉偏青，青花色调较亮。外壁绘游鱼水藻纹，口沿内、外各两周弦纹，内底饰两圈弦纹。口径7.2、足径2.8、高3.9厘米（图4 - 22 - 5；彩版五六，3）。

Ⅱ式 1件。腹部较斜直。

标本99CSQT1②:2，檀香口。足底平，外底心略有鸡心状突起，挂釉，足端圆钝，外墙垂直。白胎，白釉偏青灰色，青花呈色较暗。外壁近足部绘一周变体仰莲瓣纹，口沿两周弦纹下绕一周连续的花带纹，口沿内亦有两周弦纹，内底弦纹内饰三点青。口径7.2、足径2.8、高4.3厘米（图4 - 22 - 4；彩版五六，4）。

8. 高足杯

共计2件。采集的标本中杯身均缺失，仅剩足柄，通体均为喇叭式，中部带一节突。

标本99CSQT8⑥:21，涩足底，柄部中空无釉，内底可见接釉痕。白胎，青白釉，青花呈色淡，局部晕散。柄部装饰几周弦纹，杯底纹样残不可辨。足径4.8、残高6厘米（图4 - 23 - 1）。

标本99CSQT8④:11，涩足底，柄部中空无釉，内底可见接釉痕。白胎，青白釉，青花呈色较暗。柄部装饰几周弦纹。足径3.2、残高4.8厘米（图4 - 23 - 2）。

9. 盏

共计2件。均为圆唇，侈口，斜腹，圈足盏，形体较小。依据足部的差别分为二式。

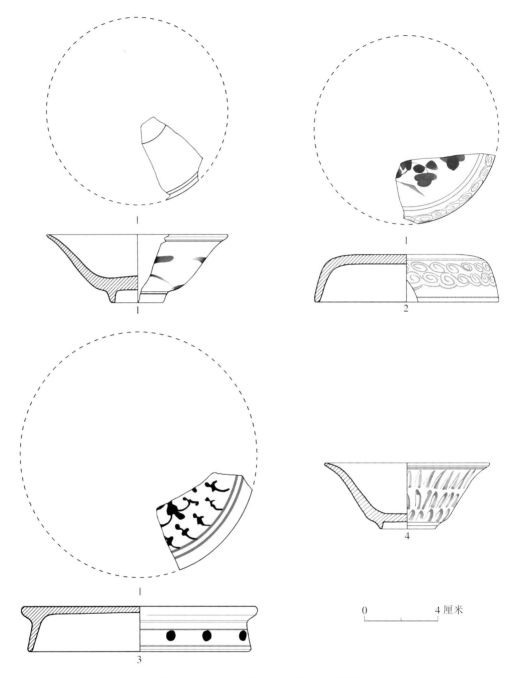

图 4 – 24　景德镇窑青花瓷盏、器盖

1. I式盏（99CSQT3②：3）　2. B 型器盖（99CSQT2⑤：4）　3. A 型器盖（99CSQ 采：3）　4. II式盏（99CSQT4③：31）

Ⅰ式　1 件。圈足略高。

标本 99CSQT3②：3，下腹圆弧。内底略上凸。足端单面斜削，外墙内倾。白胎，青灰釉，青花呈色暗。外壁绘简笔草叶，口沿内、外各饰两周弦纹。口径 10、足径 2.8、高 3.6 厘米（图 4 – 24 – 1）。

Ⅱ式　1 件。圈足较浅。

标本 99CSQT4③：31，下腹略折。足底平，足端单面斜削，露胎处带火石红色，外墙内倾较甚。白胎，白釉偏青灰色，青花呈色较淡。外壁主题纹饰为三周梵文，书写较为潦草，口沿外侧饰两周弦纹。口径9、足径3、高3.5厘米（图4-24-4；彩版五七，1）。

10. 器盖

共计2件。均为平顶盖。依据盖顶形状的不同分二型。

A型 1件。平顶有沿盖。

标本99CSQ采：3，盖顶平面大。盖沿凸出。沿下内束，盖口微外撇。涩口。白胎，白釉偏青，青花色调明亮。盖顶面两周弦纹内饰简笔草叶，口部一周弦纹内点青。口径12.1、盖顶直径13、高2.4厘米（图4-24-3）。

B型 1件。平顶盖。

标本99CSQT2⑤：4，盖顶平，盖顶与盖沿之间呈圆弧折。盖口微外敞。涩口。白胎，釉面莹白，青花色调明亮。盖侧面饰两周圆圈形的卷云纹，顶面绘花卉纹样，残。口径10、高2.5厘米（图4-24-2；彩版五七，2）。

11. 匙

1件。沟槽状细长把，椭圆形匙身，平底。

标本99CSQ采：4，白胎，青白釉，青花呈色暗，聚积处起黑斑。器内表绘缠枝花叶，外表两侧各点缀一处简笔草叶图案。残长约8厘米（图4-23-3）。

12. 瓷器残片

遗址发掘中出土了大量青花瓷片，其中包含了不少器物的足底，大多为碗、碟、盘类器物的足底。

（1）完整器底（足）

A型 涩足底。圈足小而较浅。

标本99CSQT8⑥：20，折腹碟底足。圆涡状涩足底，正中带一鸡心突，足端单面斜削，外墙外倾。灰白胎，白釉偏灰，且略泛青黄。内底刮釉一周形成"涩圈"，其外有不太清晰的青花单圈。青花色调暗。器内底草书一"明"字款。足径3.8、残高1.3厘米（彩版五七，3）。

标本99CSQ采：47，碗底足。圆涡状涩足底，正中带鸡心突，足端单面斜削，足墙厚，外墙内倾。白胎，白釉偏青色，青花色调较鲜明，聚积处起黑斑。内底两周弦纹内草书"福"字款。足径3.6、残高2.5厘米（彩版五七，4）。

B型 圆涡状涩足底。

标本99CSQ采：38，碗底足。圆涡状涩足底，正中带鸡心突，足端单面斜削，足墙厚，外墙内倾。白胎，胎体较厚，白釉偏青，青花呈色淡。内底两周弦纹内草书"福"字款。足径4.8、残高3.7厘米（彩版五八，1）。

标本99CSQT4③：6，碗底足。足底略呈圆涡状涩足底，足端单面斜削，外墙微内倾。灰白胎，白釉偏灰，青花色调暗。内底草书"福"字款。足径5.2、残高2.3厘米（彩版五八，2）。

标本99CSQT8⑤：21，碗底足。圆涡状涩足底，底面粘连窑渣，正中带一规整的鸡心突，足端单面斜削，外倾。灰白胎，青白釉，青花色调暗。器内底一周弦纹内草书一"福"字款。足径6.6、残高2.5厘米（彩版五八，3）。

C 型 涩足底。圈足较大。

标本99CSQT8⑦：2，碗底足。圈足，足底平，无釉，足端单面斜削，外墙内倾较甚。灰白胎，釉色青白，青花呈色暗。器内底草书一"福"字款。足径4.8、残高3厘米（彩版五九，1）。

标本99CSQ采：40，碗底足。圈足，足底平，无釉，有一周明显的跳刀痕，足端平切，外墙内倾较甚。灰白胎，胎体较厚，釉色青白，釉层较为肥厚，有不少缩釉的痕迹。青花呈色较暗。内底两周弦纹内书一梵文。足径6.2、残高3.9厘米（彩版五九，2）。

标本99CSQT8⑥：18，碗底足。足底平，无釉，露胎处带浅橙红色。足端单面斜削，不甚规整，有少量窑渣粘连。外墙较直。米黄色胎，胎质显疏松。青白釉偏灰，釉面有不少缩釉痕迹，可见大小开片。青花色调暗。器内底饰一株简笔草叶图案。足径5.2、圈足深0.9、残高4.6厘米。

D 型 圈足，足圈略深而较厚。挖足过肩。

标本99CSQ采：45，碗底足。圈足，足底平，挂釉，底心带一鸡心突起，鸡心不太规整。足端单面斜削，露胎处带火石红色，外墙内倾。灰白胎，青白釉，青花呈色较淡。内底两周弦纹内绘月下梅纹。足径5.4、足圈深1.4、残高3.2厘米（彩版五九，3）。

标本99CSQJ7：6，碗底足。圈足，足底平，挂釉，足端单面斜削，露胎处带火石红色，外墙内倾较甚。灰白胎，白釉微青，釉面有密集而细小的开片纹。青花色调暗，聚积处起黑斑。内底一周弦纹内绘月华锦纹。足径5.2、足圈深1.3、残高3.1厘米（彩版六〇，1）。

标本99CSQJ7：10，碗底足。圈足，足底平，挂釉较薄，足端单面斜削带火石红色，外墙内倾。灰白胎，白釉偏青，青花呈色浓艳。内底两周弦纹内绘一株简笔折枝花叶。足径5.6、足圈深1.2、残高3.6厘米（彩版六〇，2）。

E 型 圈足，足圈略深而较薄。挖足过肩。

标本99CSQ采：39，碗底足。圈足，足底平，挂釉，足端单面斜削，外墙微内倾。白胎，青白釉，青花呈色略暗，聚积处起黑斑。内底两周弦纹内绘结带十字杵，花纹造型呈团形。足径4.9、足圈深1.2、残高3.1厘米（彩版六〇，3）。

标本99CSQ采：50，碗底足。圈足，足底中部微凸挂釉，足端单面斜削，足墙较薄，外墙内倾。白胎，釉色青白，釉面光洁。青花色调略暗。外壁绘缠枝莲叶，纹饰细密。内壁饰一周草叶，器内底弦纹内饰结带十字杵。足径4.9、足圈深0.9、残高3.3厘米（彩版六一，1）。

F 型 圈足，足圈略小而薄。

标本99CSQT4③：15，碗底残片。圈足，足底平，挂釉，足墙薄，足端单面斜削，外墙内倾。白胎，白釉偏青色，釉面有不太明显的开片纹。青花呈色明亮较淡。外壁主题纹饰为四组围栏花卉，内底弦纹内以"染地留白"技法绘行螺纹。足圈外侧绘三道较宽的弦纹。足径4.3、足圈深1、残高5.6厘米（彩版六一，2）。

G 型 圈足，足圈小而浅。大多挖足过肩。

标本99CSQ采：46，碗底足。圈足，内底呈馒头形，挖足过肩，足底平，挂釉，足端圆钝，外墙微内倾。白胎，白釉，青花色调较暗。内底两周弦纹内以"单线平涂"技法绘一株折枝花叶，可辩圈足底书"上品□（佳）器"四字款。足径4.2、足圈深0.7、残高1.6厘米（彩版六一，3）。

标本 99CSQ 采：44，碗底足。圈足，足底平，挂釉，足端圆钝，外墙垂直，挖足过肩。白胎，白釉，青花呈色明亮浓艳。内底两周弦纹内以"单线平涂"技法绘牡丹折枝花叶图案，圈足底书"玉堂佳器"四字款。足径3.9、足圈深0.6、残高2.1厘米（彩版六二，1）。

标本 99CSQT4③：5，碗底足。圈足，足底面微拱，挂釉，足端单面斜削，外墙外倾，挖足过肩。白胎，白釉偏青色，青花呈色明亮。器内底一周弦纹内以"单线平涂"技法绘蟠螭纹，圈足底书"富贵佳器"四字款。足径4.6、圈足深0.7、残高2.2厘米（彩版六二，2）。

标本 99CSQT8④：1，碗底足。圈足，足底平，挂釉，足端圆钝，外墙内倾，挖足过肩。白胎，白釉微青，青花色调较暗。内底书"状元□（及）第"四字款，圈足底书"富贵佳器"四字款。足径4.4、圈足深0.6、残高2.6厘米（彩版六二，3）。

标本 99CSQT8⑤：23，碗底足。足底满釉，足端单面斜削，露胎处带浅橙红色，外墙垂直，器底足微拱起呈馒头状，挖足过肩。白胎，白釉偏青，青花色调较暗。内底两周弦纹内以"单线平涂"技法绘蟠螭纹，圈足内书"□（玉）堂佳器"四字款。足径4.8、圈足深0.7、残高2.4厘米（彩版六三，1）。

标本 99CSQT4③：8，碗底足。圈足，足底平，挂釉，足墙残缺。白胎，白釉微青，青花色调明亮。内底一周弦纹内以"单线平涂"技法绘蟠螭纹，圈足底书"佳器"款。足径4.3、圈足深0.6、残高2.2厘米（彩版六三，2）。

标本 99CSQ 采：48，碗、杯类底足。圈足，足墙残缺，足底平，挂釉。灰白胎，白釉微青，青花色调较暗。内底弦纹内以"单线平涂"技法绘海涛山石图案，圈足底书"大明年造"四字款。足径约3.1、残高1厘米（彩版六三，3）。

标本 99CSQ 采：55，碗底足。圈足，足底面微凹挂釉，足端无釉，带浅橙红色，外墙略内倾。白胎，白釉偏青，青花色调灰暗，内底两周弦纹内绘团形花卉图案，圈足外底草书"天下太平"四字款。足径4.4、足圈深0.9、残高2.3厘米（彩版六四，1）。

H 型　圈足，略厚。挖足过肩较甚。

标本 99CSQJ7：1，碗底足。圈足，足底面微凸，挂釉，足端单面斜削，外墙垂直。灰白胎，白釉偏灰，釉面较明亮，青花呈色略显暗沉。内底绘荷塘水鸟纹，多层设色，浓淡有致。圈足底两周弦纹内带一方框"刘"字款。外壁近足部后刻"王之"二字。足径5.3、足圈深0.8、残高2.4厘米（彩版六四，2）。

I 型　小圈足，足墙厚，挖足过肩。

标本 99CSQT8③：1，碗、杯类底足。圈足规整，足底平，挂釉，足端单面斜削，外墙略外倾。白胎，白釉偏青色，青花呈色暗。器内底一点青，圈足外底两周弦纹内书一"元"字款。足径3.8、足圈深1.1、残高2.6厘米（彩版六四，3）。

J 型　卧足。

标本 99CSQJ7：5，碗盘类底足。卧足圈底一周无釉，露胎处略带浅橙红色。灰白胎，白釉偏青灰色，青花色调暗。内底两周弦纹内书一"寿"字，其间加绘一寿星形象。足径3.7、圈足深0.5、残高1.4厘米（彩版六五，1）。

K 型　小圈足，足墙垂直而略厚。

标本 99CSQ 采：101，圈足规整，足圈上露胎处呈白色。白胎，白釉，釉面光洁，青花成色鲜艳，略带蓝紫。内底青花双圈内绘卷叶花草纹。外底青花双圈内有两行四个"＊"形款。外壁为分组的卷叶花草纹。足径4、圈足深0.8、残高2.8厘米（见附录四测试样本23）。

标本 99CSQ 临：103，圈足规整，足圈无釉处呈白色。白胎，釉色泛青，釉面光洁，青花成色略暗。内底青花双圈内绘卷叶花草纹。外底青花双圈内书方框形款。外壁为分组的卷叶花草纹。足径4.4、圈足深0.7、残高3.1厘米（见附录四测试样本26）。

L 型　大圈足。圈足外墙内倾较甚。

标本 99CSQJ5②：5，盘底足。圈足足端略尖，足底平，挂釉，足端单面斜削，外墙内倾。白色胎泛黄，白釉偏青，青花发色浓淡不一，呈色略暗。内底与底、腹交界处各有一组青花双圈，其内书一"吉"字款。足径8.9、圈足深0.5、残高1.2厘米（彩版六五，2）。

标本 99CSQ 采：41，盘底足。圈足较规整，足底平，满釉，釉面有不少缩釉形成的小孔。足端单面斜削，露胎处带火石红色，外墙内倾。白胎，白釉偏青，青花呈色浓淡不一发暗。内底两周弦纹内绘仕女、花卉图。外壁绘缠枝莲纹。足径9.5、圈足深0.6、残高1.8厘米（彩版六五，3）。

标本 99CSQ 采：42，盘底足。圈足足端平切，足底平，满釉，有较多针眼。灰白胎，釉色青白，青花发色浓淡不一，呈色略暗，聚积处起黑斑。内底两周弦纹内绘麒麟杂宝纹。足径13.2、足圈深0.5、残高2.3厘米（彩版六六，1）。

M 型　大圈足，足墙垂直，足圈较高。

标本 99CSQ 采：59，盘类底足。圈足，足底平，满釉。白釉，釉面光洁。青花色调偏暗。内底中心绘一螺旋圆圈状花蕊，外绕一周缠枝花叶，圈足外底两周弦纹内饰一方框画押，一侧后刻"锦春"二字。足径8.6、足圈深1.2、残高1.4厘米（彩版六六，2）。

N 型　大圈足，足圈极浅。

标本 99CSQT4③：141，盘底足。矮圈足，足底平挂釉，足端单面斜削，外墙内倾。白胎，灰白釉，青花色调明亮。内底以"单线平涂"技法绘人物纹，圈足内带一方框"福"字款。足径8.5、足圈深0.3、残高1.5厘米（彩版六六，3）。

O 型　大圈足，足墙略内倾。足圈较浅。

标本 99CSQT3④：3，盘足底。圈足足端圆滑，足墙略厚。足底平，满釉。白胎，白釉略泛青，青花呈色浓艳，积聚处起黑斑。内底一周连瓣内绘卷叶花草纹，外面是分组的缠枝卷叶花草纹。外底青花双圈内有一方框花押款，残不可辨。足径9.6、足圈深0.4、残高1.9厘米。

（2）器底残片

标本 99CSQT4③：13，盘类器底残片。足底平，挂釉。灰白胎，白釉微青，青花色调较亮。内底主体绘一只螃蟹，寓意"铁甲将军"，外底两周弦纹内书"永保长寿"四字款（彩版六七，1）。

标本 99CSQJ5②：12，器底残片。白胎，白釉偏青色，青花呈色较亮，浓淡不一。内底主体绘一只螃蟹，寓意"铁甲将军"，外底两周弦纹内书"大明年造"四字款（彩版六七，2）。

标本 99CSQ 采：51，盘类器底残片。白胎，胎体略厚，白釉偏青，青花色调较亮。内底饰一只蝴蝶，外底中部书方框形"大清乾隆年制"六字款（彩版六八，1）。

标本 99CSQ 采：52，器底残片。白胎，胎体略厚，白釉偏青，青花色调较亮。内底绘云龙图案，云纹采用"单线平涂"技法，外底中央饰一方框画押，内带一"英"字款，外底器表残留有铜补钻孔痕（彩版六八，2）。

（二）青白釉瓷器

数量不多，可辨器形有碗、盘、碟三种。胎白致密者占绝大多数，釉色有青白、淡青等，器表多素面，仅个别作品上见有印花痕迹。

1. 碗

共计 2 件。均为侈口圈足碗，按腹部特征分为二型。

A 型　1 件。圆弧腹碗。

标本 99CSQJ5②：10，圆唇，下腹丰满略垂，呈圆折。内底略下凹。圆涡形圈足，带鸡心突，足底施釉。足端无釉，切削较为平整，外墙略内倾。白胎，青白釉略泛黄，釉面密布长条形、较为细小的开片。通体素面无纹。口径 11.9、足径 4.6、高 5.8 厘米（图 4 – 25 – 1；彩版六九，1）。

B 型　1 件。深弧腹碗。

标本 99CSQT8⑥：7，尖唇，足底平，施釉，足端无釉，平切，露胎处略呈浅橙红色。足墙内倾。白胎，釉色青白，釉面光洁，密布细小开片，有少量小黑点。通体素面无纹。口径 14、足径 5.2、高 6.9 厘米（图 4 – 25 – 2；彩版六九，2）。

2. 盘

共计 5 件。均为圆口圈足盘。依据腹部的不同分为二型。

A 型　3 件。折腹盘。

标本 99CSQJ5①：1，撇口，尖唇。涩足底，不太平整，略呈圆涡状，底心带鸡心突。足墙单面斜削，外墙略内倾。白胎泛灰黄色，胎体较薄，胎质略显疏松。青白釉偏青黄色，釉面散布一些橙色斑块，密布极细开片。通体素面无纹。口径 14.9、足径 4.9、高 3.5 厘米（图 4 – 25 – 3；彩版七〇，1）。

标本 99CSQT4③：14，撇口，尖唇。圆涡状涩足底，外底心较平，底部粘连窑渣。足端平切，修整较为光滑。外墙垂直。白胎，胎体致密而厚重。青白釉，釉色青白，积釉处呈青绿色。釉面光洁，有少量黑褐色小斑点。釉下隐见印花，纹样不可辨。口径 14、足径 4.2、高 5.6 厘米（图 4 – 25 – 4；彩版七〇，2）。

标本 99CSQ 采：24，撇口，尖唇。圆涡状涩足底，带明显鸡心突，底部粘连石英砂，足端单面斜削，外墙垂直。白胎，胎质致密而显得厚重。青白釉略泛灰，釉面光洁，有少量黑褐色小斑点，釉层均匀。通体素面无纹。口径 13.4、足径 4.3、高 5.2 厘米（图 4 – 25 – 5）。

B 型　弧腹盘。2 件。

标本 99CSQ 采：5，撇口近平，尖唇。足底平，施釉，足端窄尖，外墙略内倾。白胎，胎壁薄。青白釉，釉面有小黑点，密布细开片。通体素面无纹。口径 20.5、足径 12、高 4 厘米（图 4 – 25 – 7）。

标本 99CSQ 采：105，撇口，尖圆唇。足底平，无釉，足端窄尖，修切工整，无釉处呈橙色。足圈内侧斜切。外墙垂直。白胎，胎壁薄。青白釉，釉面光洁，有少量小黑点，密布细开片。通

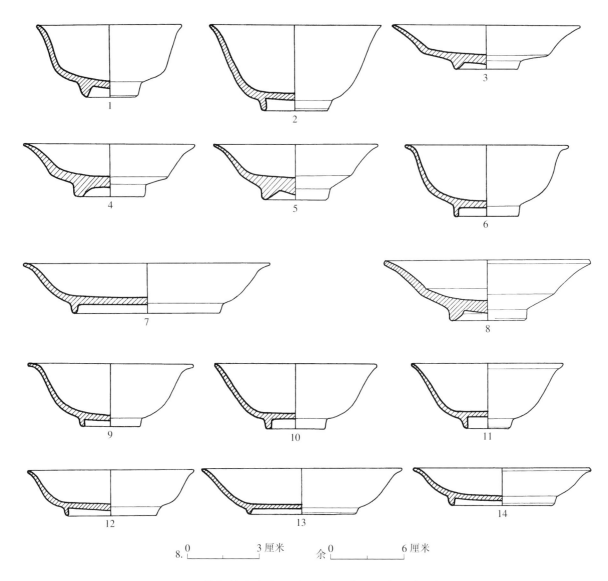

图 4 - 25　景德镇窑青白瓷碗、盘、碟及白釉瓷碗、杯、盘

1. A 型青白瓷碗（99CSQJ5②：10）　2. B 型青白瓷碗（99CSQT8⑥：7）　3. A 型青白瓷盘（99CSQJ5①：1）

4. A 型青白瓷盘（99CSQT4③：14）　5. A 型青白瓷盘（99CSQ 采：24）　6. A 型白瓷碗（99CSQJ5②：11）

7. B 型青白瓷盘（99CSQ 采：5）　8. 青白瓷碟（98CSQ 北探：14）　9. A 型白瓷碗（99CSQJ5②：2）

10. B 型白瓷碗（99CSQT4③：32）　11. Aa 型白瓷杯（99CSQT4③：46）　12. A 型 I 式白瓷盘（98CSQ 北探：11）

13. A 型 II 式白瓷盘（99CSQH1：1）　14. A 型 II 式白瓷盘（99CSQT4③：7）

体素面无纹。口径 16.5、足径 10、高 4 厘米（见附录四测试样本 34）。

3. 碟

1 件。敞口微侈，圆唇，斜折腹，圈足。

标本 98CSQ 北探：14，圆涡状涩足底，较为平整。外底带鸡心突，足端双面斜削，外墙垂直。白胎，青白釉略泛灰，积釉处釉色较为青绿。釉面光洁，有黑褐色小斑点，密布细开片。通体素面无纹。口径 11.2、足径 4.2、高 3.2 厘米（图 4 - 25 - 8；彩版七一，1）。

（三）白釉瓷器

数量较少，可辨器形有碗、盘、杯、器盖四种。胎体多轻薄，仅菱花口盘较为厚重。胎体细致而洁白，白度较高。釉色多显卵白色，呈失透状。通体素面无纹者居多，仅少数有模印花纹或用青花料书单字款。

1. 碗

共计 3 件。均为弧腹、圈足碗，依据口部的差异分为二型。

A 型　2 件。撇口碗。

标本 99CSQJ5②：11，圆唇略尖，撇口近平。下腹较丰。足底平，满釉。足端内侧无釉。挖足过肩，足端圆钝，足墙垂直。白胎，胎体略厚。白釉略显青灰，釉面光洁，有少量黑褐色小斑点和缩釉孔。通体素面无纹。口径 13.4、足径 5.4、高 5.6 厘米（图 4 - 25 - 6；彩版七一，2）。

标本 99CSQJ5②：2，尖圆唇。内底心略下凹，中心有一鸡心状突起。足外底心略拱起，满釉。足端平切，无釉，露胎处带浅橙红色，外墙内倾。圈足上有少量窑渣粘连。白胎，胎体较薄。白釉略泛青黄，釉面光洁，外壁有少量黑褐色小斑点和针眼。通体素面无纹。口径 13.6、足径 4.9、高 5 厘米（图 4 - 25 - 9；彩版七二，1）。

B 型　1 件。侈口碗。

标本 99CSQT4③：32，尖唇。弧腹较浅而略缓。足底平，满釉，足端平切无釉，外墙内倾。白胎，釉色乳白，釉面光洁、滋润平整，仅外壁圈足处有极小针眼。通体素面无纹。口径 13、足径 4.8、高 5.2 厘米（图 4 - 25 - 10；彩版七二，2）。

2. 盘

共计 4 件。均为圈足盘，依据口部的不同分为二型。

A 型　3 件。圆口盘，均侈口弧腹。依据腹部的变化分为二式。

Ⅰ式　1 件。腹略深而鼓。

标本 98CSQ 北探：11，尖唇略圆，内底心略下凹。足底平，施釉稀薄，中心有一团积釉痕。足墙较薄，足端修整圆滑，无釉。外墙内倾。白胎，白釉微泛青，釉面光洁、滋润，有细密的开片，可见少量黑褐色小斑点。通体素面无纹。口径 13.8、足径 7.4、高 3.5 厘米（图 4 - 25 - 12；彩版七三，1）。

Ⅱ式　2 件。弧腹浅而略斜。

标本 99CSQH1：1，尖唇略圆，侈口近平。足底平，满釉。足墙较薄。足端单面斜削，修整较圆滑，无釉。外墙略内倾。白胎，白釉偏灰，釉面有少量黑褐色小斑点。通体素面无纹。口径 16.4、足径 4.2、高 3.6 厘米（图 4 - 25 - 13）。

标本 99CSQT4③：7，圆唇，侈口近平。足底平，满釉。足端单面斜削，修整圆滑，无釉，露胎处带浅橙红色。外墙略内倾。白胎，白釉，呈鹅蛋青色，釉面呈失透状，有少量棕眼和黑褐色小斑点。口径 14.4、足径 8.2、高 3 厘米（图 4 - 25 - 14；彩版七三，2）。

B 型　1 件。菱花口盘。

标本 99CSQ 采：6，圆唇，敞口，口沿下略内折。腹中部折收。圈足较高，足底平，施釉。足端斜削呈尖状，无釉，露胎处带浅橙红色。外墙略内倾。白胎，白釉略泛青，口沿处泛乳黄色，釉面呈失透状，较为光洁，有少量黑褐色斑点。腹部折棱下内、外壁均模印一周菊花瓣纹。口径20、足径11.2、高3.5厘米（图4－26－1；彩版七三，3）。

3. 杯

共计4件。均为圈足杯，按口沿、腹部特征分二型。

A型　3件。侈口弧腹杯。下腹较丰满。依据唇部的不同分为二亚型。

Aa型　2件。尖唇，侈口。

标本99CSQT4③：46，尖唇。足底平，满釉。足端修整圆滑，无釉。外墙内倾。白胎，白釉略偏青灰，釉面光洁、滋润。通体素面无纹。口径12.4、足径4、高5.2厘米（图4－25－11；彩版七一，3）。

标本99CSQT4③：29，腹部较深。足底平，满釉。足圈极薄，足端无釉。足墙内倾。内底刮釉一周形成"涩圈"，圈足外底心以青花料书一"政"字。白胎，胎体轻薄，釉色莹白略带灰色调，釉面光洁，呈凝脂状。口径6.4、足径2.2、高3.4厘米（图4－26－2；彩版七二，3）。

Ab型　1件。尖圆唇，侈口微撇。

标本99CSQT8⑤：6，腹部略浅。足底平，满釉。足端无釉。足墙内倾。白胎，胎体轻薄，釉色莹白，釉面有细小的棕眼和缩釉痕迹。圈足外底心以青花料书一"正"字款。口径6.4、足径2.3、高3厘米（图4－26－4；彩版七四，1）。

B型　1件。敞口斜腹杯。

标本99CSQT6⑤：2，尖唇。圈足略高，足底微凸，满釉。足端无釉，呈淡黄色，外墙垂直。白胎，胎体轻薄，白釉偏青，呈鹅蛋青色，釉面光洁、滋润。口径5.4、足径2.2、高3.2厘米（图4－26－5；彩版七四，2）。

4. 器盖

共计2件。依据盖顶的形状分二型。

A型　1件。蘑菇顶盖。

标本99CSQT2⑤：31，通体似蘑菇形。盖顶面圆拱，顶上有一小圆穿孔。子口直。白胎略灰，白釉偏灰，盖顶和内顶施釉，釉面光洁、滋润。盖沿下无釉，露灰白色胎。通体素面无纹。顶径6.8、子口径5.2、高2.6厘米（图4－27－1；彩版七五，1）。

B型　1件。平顶盖。

标本99CSQT4③：32，通体呈碟形。平顶，顶下凹，宽沿，沿呈外高内低的平斜状。白胎，胎体薄，白釉偏青灰色，仅盖顶施釉。通体素面无纹。顶径6、口径9、高1.2厘米（图4－27－4）。

（四）青釉瓷器

共计3件，为仿龙泉青釉瓷器，器形为盘、碗，青釉呈色不一。

1. 盘

按其形体大小和口、腹部的特征可分作三型。

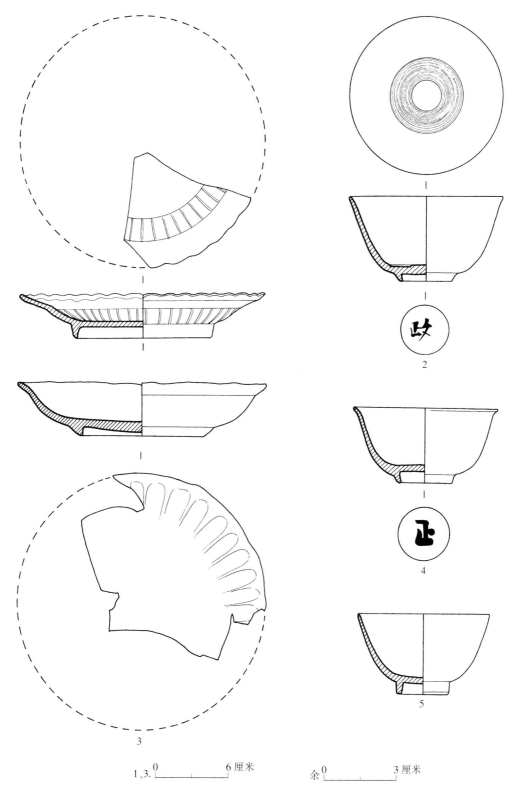

图 4 – 26　景德镇窑白釉瓷盘、杯及青釉盘

1. B 型白瓷盘（99CSQ 采：6）　　2. Aa 型白瓷杯（99CSQT4③：29）　　3. A 型青釉瓷盘（99CSQT8⑧：1）
4. Ab 型白瓷杯（99CSQT8⑤：6）　　5. B 型白瓷杯（99CSQT6⑤：2）

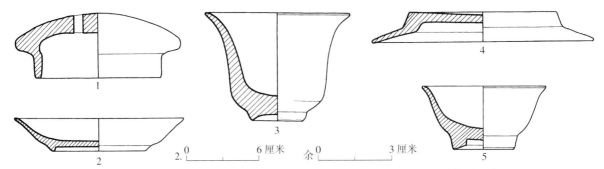

图 4-27　景德镇窑白瓷器盖、青釉盘、外青釉内白釉瓷杯、蓝釉瓷杯

1. 景德镇窑白瓷 A 型器盖（99CSQT2⑤：31）　 2. 景德镇窑青釉 B 型瓷盘（99CSQT4③：33）
3. 景德镇窑外青釉内白釉瓷杯（99CSQT4③：47）　 4. 景德镇窑白瓷 B 型器盖（99CSQT4③：32）
5. 景德镇窑蓝釉瓷杯（99CSQT4③：209）

A 型　1 件。菱花口浅弧腹大盘。

标本 99CSQT8⑧：1，口沿外撇，唇部较厚，圈足，体型较大而厚重。足底平，挂一层稀薄的青白釉，足端单面斜削，修整较为平整，无釉，足端露胎处呈淡黄色。外墙内倾较甚。白胎略泛黄，青釉略泛青黄，釉面呈失透状，可见少量黑褐色小斑点，并有较多的针眼，足底的釉面可见较多的棕眼，外壁的釉面有少量大的开片。内壁有一周隐约的模印菊瓣纹。口径 10.6、足径 9.8、高 2.3 厘米（图 4-26-3；彩版七五，2）。

B 型　1 件。撇口浅弧腹盘。

标本 99CSQT4③：33，形体较小。圆口、尖圆唇、圈足。足底平，施青白釉，足端较窄，无釉，足端修整圆钝，露胎处带橙红色。外墙内倾较甚。白胎，釉色青翠，釉面光洁而滋润。口沿上施一圈酱色釉，呈檀香口。通体素面无纹。口径 14、足径 7.6、高 2.6 厘米（图 4-27-2）。

2. 碗

2 件。均为碗足底残片。

标本 99CSQT2⑥：3，弧腹，圈足。足底平，足端圆滑，无釉。挖足过肩，圈足外墙垂直。白胎略泛灰，除外底施青白釉，通体施梅子青色釉。釉面光洁、滋润、明亮。外底青花书写一方框画押款。内底一侧后刻一"益"字。足径 4.6、圈足深 0.9、残高 3.1 厘米（彩版七二，4）。

标本 99CSQ 采：104。小圈足。足底平，施青白釉。足端圆滑，无釉。圈足外墙内倾。白胎，胎质洁白细腻。外壁施青色釉，略呈湖水绿色，釉层半透明，肥厚，可见细小密集的气泡。内壁施白釉，釉色略泛青白色。釉面光洁、滋润、明亮。外底青花书写一方框画押款。足径 4.6、圈足深 0.9、残高 3.1 厘米（彩版七二，5）。

（五）外青釉内白釉瓷器

出土数量极少，可辨器形者仅 1 件，为撇口、深腹、圈足杯。

标本 99CSQT4③：47，浅圆涡状涩足底，足端带浅橙红色，外墙内倾较甚。白胎，胎体较轻薄，外壁施淡青釉，器内白釉偏青，釉面光洁，外壁近足部粘有石英砂粒。通体素面无纹。口径 6、足径 2.1、高 4.3 厘米（图 4-27-3；彩版七五，3）。

（六）蓝釉瓷器

可辨器形者仅 1 件，系撇口、弧腹、玉璧足小杯。

标本 99CSQT4③：209，单面斜削式玉璧足，足端外高里低，无釉，外墙微内倾。白胎，胎体轻薄，外壁施深蓝色釉，内壁为白釉，釉色略偏青。通体素面无纹。口径 5.1、足径 2.4、高 2.5 厘米（图 4－26－5；彩版七五，4）。

（七）粉彩瓷器

可复原器共计 3 件，包括碗和瓶两种器形。胎质洁白紧密，有莹白釉及白釉偏灰青两种色调，釉上用彩以红、绿、黄、粉、蓝、褐、黑等色搭配，纹饰题材有诗词、折枝梅、人物故事等。彩绘剥落现象较明显。

1. 碗

共计 2 件。均为敞口、弧腹、圈足碗，按腹部的不同分为二型。

A 型 1 件。斜弧腹碗。形体较大。

标本 99CSQT2②：1，圆唇略尖，敞口微侈，口沿上施酱釉，呈檀香口。弧腹略斜直，足底平，施釉，中心有一方框画押款。挖足过肩，足端平而光滑，无釉，呈极浅的橙色。圈足外墙垂直。白胎，白釉偏青灰色，釉上以褐、绿、红、粉等色彩绘四组折枝花卉图案。残留折枝梅和折枝菊，折枝梅图案右侧题书"冬枚白"、"又一朵"等字样，器外壁还残留有锔补痕。口径 20、足径 .78、高 7.8 厘米（图 4－28－1；彩版七六，1）。

B 型 1 件。深弧腹碗。形体较小。

标本 99CSQ 采：10，弧腹，下腹丰满。足底平，挂釉，足端圆滑，无釉，露胎处呈白色。外墙垂直，足墙较薄。白胎，白釉偏青灰色，釉上以粉、绿二色绘牡丹花卉图案。口径 12.6、足径 3.6、高 5.9 厘米（图 4－28－3）。

2. 注壶

1 件。口部以下缺失，内壁口沿下有一斜平沿。

标本 99CSQ 采：11，白胎，胎体轻薄，莹白釉，釉面光洁，局部可见棕眼。釉上以红、绿、黄、蓝、粉、黑等彩描绘"红楼梦人物故事"图，笔法纤细。口径 6.1、残高 4.2 厘米（彩版七六，2）。

3. 器底

标本 99CSQT8②：2，碗底足。圈足小，足底心微凸，挂釉，足端圆钝光滑，无釉。外墙垂直。白胎，白釉微青，碗外壁以赭、黄、孔雀绿等色彩装饰纹样，圈足底中部釉下红彩方框内书一繁体"义"字。足径 3.4、足圈深 0.7、残高 2.2 厘米（彩版七七，1）。

标本 99CSQ 采：54，盘底足。圈足，足墙矮，足端单面斜削，光滑，无釉，呈白色。外墙内倾。白胎，白釉略偏青色，器内底釉上以粉、赭、黄、绿、孔雀绿等色绘寿桃、折枝花草图案，圈足外底中心一红色印章式花样。足径 10、残高 1.6 厘米（彩版七七，2）。

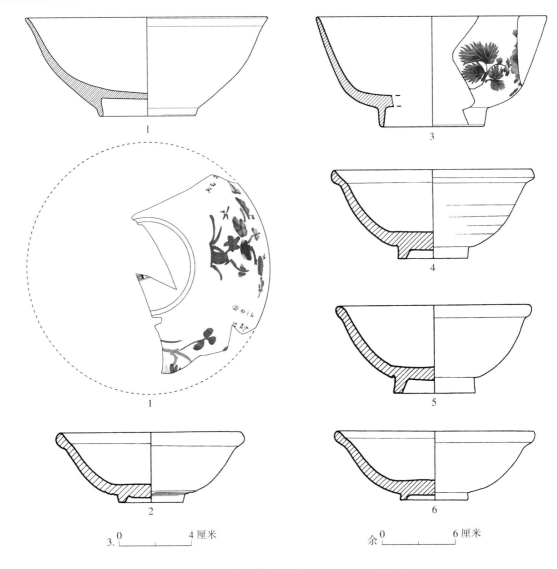

图 4－28　景德镇窑粉彩瓷碗、龙泉窑瓷碗

1. 景德镇窑粉彩 A 型碗（99CSQT2②：1）　2. 龙泉窑 Ba 型碗（98CSQ 北探：2）　3. 景德镇窑粉彩 B 型碗（99CSQ 采：10）
4. 龙泉窑 A 型碗（99CSQT4③：1）　5. 龙泉窑 A 型碗（99CSQT4③：4）　6. 龙泉窑 Bb 型碗（99CSQT4③：2）

（八）酱釉瓷器

仅有器底残片 1 件。

标本 99CSQ 采：37，碗底足。圈足，足底平，施青白色釉。足端单面斜削，无釉，呈白色。外墙微内倾。白胎，胎质细腻。酱黄釉，釉面光洁。圈足外底以青花料书"大明年造"四字款，排列不太整齐。足径 4、足圈深 0.6、残高 1.2 厘米（彩版七八，1）。

（九）孔雀蓝釉瓷器

1 件。小杯。

标本 99CSQT6⑤：6，敞口，尖唇，斜直腹，平底。底较厚。浅黄色胎，较疏松。内壁及外壁上半部施孔雀蓝釉，釉面较为光亮，有开片。口径2.7、足径2.2、高1.3厘米（彩版七八，2）。

（一〇）绿釉瓷器

共计3件。均为器底圈足残片。

标本99CSQT4③：20，碗底足。圈足，足底平，施釉。足端圆钝、光滑，足墙垂直。白胎，外壁施浅绿色釉，釉面有细线刻划的卷草叶纹，内壁施透明釉，圈足内带一青花方框款，框内文字不可辨。足径3.6、足圈深0.7、残高3.8厘米（见附录四测试样本31）。

标本99CSQT4③：24，碗底足。圈足，挖足过肩，足底平，施釉。足端圆钝而光滑，无釉，呈白色。外墙微外倾。白胎，外壁施绿釉，釉面有细线刻划的卷草叶纹，呈团形分布，釉上有彩绘花纹，残不可辨。器内施透明釉，圈足外底带一青花方框款，残。足径3.9、足圈深0.8、残高2.5厘米（彩版七八，3）。

标本99CSQ采：56，碗底足。圈足，挖足过肩，足底面微拱，施釉。足端圆钝而光滑，无釉，呈白色。外墙垂直。白胎，外壁施草绿色釉，釉面有细线刻划的卷草叶纹，釉上可见彩绘的花草叶纹。器内施透明釉。足径3.5、足圈深0.8、残高2.4厘米（彩版七八，4）。

二 龙泉窑产品

出土数量不多，器形有碗、盘、碟、盏、高足碗等几种。胎体偏厚，胎质较粗，多呈灰色。胎质较为坚致，火候高。釉层多较薄，有的器表施釉不均或有垂釉现象，釉色因烧造氛围的不同而出现青绿、淡绿、灰绿、翠青等。碗、盘、碟类一般采用垫烧法，内底及圈足无釉处呈红褐或铁锈色。通体大多素面无纹，仅个别盘、高足碗内底可见模印或划花纹饰的痕迹。

（一）碗

共计5件。均为凸圆唇、敞口、弧腹、圈足，依据腹部和足部的差异分作二型。

A型 2件。弧腹圈足碗。

标本99CSQT4③：1，圆唇外侧呈凸棱形。圈足略小，足圈及足底均无釉，呈红褐色，足底粗糙，不平整。足端平齐，圈足内侧斜切。足墙厚，足墙垂直。灰胎，灰绿色釉，内底心刮釉，无釉处呈铁锈红色。釉面光洁，釉层较薄，可见不少黑褐色小斑点。外壁可见圈形的刮削痕迹。通体素面无纹。口径16.4、足径5.6、高7厘米（图4-28-4；彩版七九，1）。

标本99CSQT4③：4，圆唇浑圆。圈足略高，涩足底，呈鸡心形突起，未修饰平整。足端平切，粘釉，有的地方呈铁锈色。足墙厚，内侧斜切，外墙垂直。器壁较厚。灰胎，绿釉略泛灰色，釉面光洁，有少量黑色小斑点。内底心无釉，无釉处泛铁锈色。器表可见刮削痕迹，但未修饰平整。通体素面无纹。口径16、足径6.8、高7厘米（图4-28-5；彩版七九，2）。

B型 3件。浅弧腹较矮圈足碗。依据腹部的变化分为二亚型。

Ba型 1件。腹部较圆弧。

标本98CSQ北探：2，圆唇，外壁唇下略折。圈足较小，足圈及足底无涩足底无釉，足底凸起，不平整，呈铁灰色。足端平切，有明显的旋削痕。足墙较厚，内侧斜削，外墙垂直。外底近足墙处有一周切削痕。外壁近圈足处有三道细弦纹。灰胎，胎体厚重。灰釉略带绿色，釉面不太均匀，可见棕眼、缩釉小孔等。内底有窑渣粘连。通体素面无纹。口径15、足径5.5、高5.6厘米（图4-28-2）。

Bb型　2件。腹部较斜直。

标本99CSQT4③：2，凸圆唇。圈足略浅，涩足底足底有螺旋纹，不平整。足端平切，足墙略厚，外墙垂直。内底略上凸，底心无釉，呈浅黄色和铁锈色。外壁下部及圈足均无釉，呈铁灰色和铁锈色。灰胎，胎体厚重。淡绿色釉，釉面略呈失透状，可见灰褐色小斑点。外壁可见切削修整痕迹，但表面不甚平整。通体素面无纹。口径16.4、足径5.6、高5.3厘米（图4-28-6）。

标本99CSQT4③：3，凸圆唇。圈足略深，涩足底，足端平切，足底略突起，不平整。足墙略薄，外墙垂直。外壁下部和圈足均无釉，呈暗红色。灰胎，胎体厚重。灰釉带绿色，釉面可见不少灰褐色小斑点。内底心无釉，呈暗红色。内底及外壁釉面上均有一周不规则的酱色。通体素面无纹。口径16、足径5.8、高5.8厘米（图4-29-1）。

（二）大盘

共计2件。均为圆口圈足盘。依据口部的不同分为二型。

A型　1件。敞口盘。

标本99CSQT4③：12，圆唇，浅弧腹，矮圈足。足底平，外底心无釉，呈红褐色。足端平切，略成圆弧形。足墙厚，外墙略内倾。灰胎，胎体厚重。釉色青绿，釉面匀净光洁，釉层较薄。盘内底刻划一周弦纹，底心有模印纹饰，模糊不可辨。外壁残留切削修整的痕迹，不甚平整。口径23、足径12、高5.9厘米（图4-29-5）。

B型　1件。直口盘。

标本99CSQT8⑥：2，圆唇，直口微敛，圈足略高。足底平，底心无釉，呈红褐色。足端平切，足墙厚，外墙垂直。灰胎，胎质较细，釉色青绿，釉面匀净光洁。通体素面无纹。口径21.6、足径13、高4.6厘米（图4-29-6）。

（三）盘

共计5件。均为圈足盘。依据口部和腹部的不同分为二型。

A型　4件。圆口斜弧腹盘。口沿较宽，略折，斜弧腹较浅。依据足部的不同分为二亚型

Aa型　1件。大圈足盘。

标本99CSQT8⑥：21，圆唇，唇部较厚而突起。圈足较大，足圈内很浅。足墙较厚，外墙略外倾。足端平切。圈足底一圈无釉，呈铁锈红色。灰白色胎，胎体厚重。梅子青釉，略带青黄。釉层略厚，呈失透状，釉面光洁，可见少量黑褐色小斑点。内底刮釉一圈，无釉处呈铁锈红色。通体素面无纹。口径12.5、足径6.9、高3.2厘米（图4-29-2；彩版七九，3）。

Ab型　3件。小圈足盘。

标本99CSQT4③：34，圆唇微凸。内壁呈斜折腹状，外壁为浅弧腹。足底平，刮釉一圈。足端圆弧，足墙厚，外墙略内倾。器底极厚。灰胎，胎质较细，厚重。釉色青绿，釉面匀净光洁，内底心

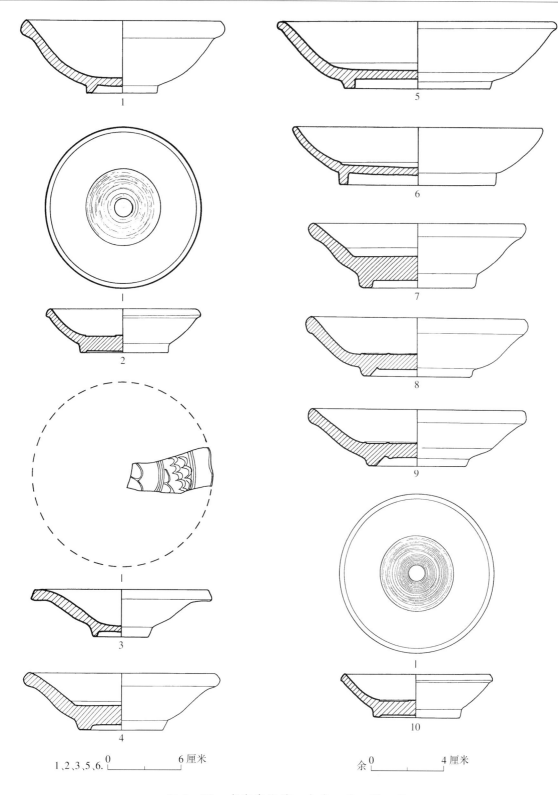

图 4 - 29　龙泉窑瓷碗、大盘、盘、碟、盏

1. Bb 型碗（99CSQT4③：3）　　2. Aa 型盘（99CSQT8⑥：21）　　3. B 型盘（99CSQ 采：154）　　4. 碟（99CSQT3②：2）
5. A 型大盘（99CSQT4③：12）　6. B 型大盘（99CSQT8⑥：2）　7. Ab 型盘（99CSQT4③：34）　8. Ab 型盘（99CSQT8⑥：3）
9. Ab 型盘（99CSQH2：2）　　10. 盏（99CSQT8⑧：2）

刮釉一周，无釉处呈红褐色。通体素面无纹。口径12、足径6.5、高3.4厘米（图4-29-7）。

标本99CSQT8⑥：3，圆唇微凸。下腹弧收。圈足较浅，足圈及足底无釉，呈砖红色。足端修切较为圆整。足墙厚，外墙略内倾。足底近足墙处挖削一周，足底略呈鸡心状凸起。灰胎，胎体较薄。灰釉带绿色，釉层不太均匀，内底刮釉，无釉处呈砖红色。通体素面无纹。口径12.4、足径6.2、高3.1厘米（图4-29-8；彩版八○，1）。

标本99CSQH2：2，圆唇微凸。腹部较斜。圈足较浅，足端修切较为圆整，足端及足底无釉，呈红褐色。足墙厚，外墙略内倾。灰胎，胎体略薄。釉色灰绿，釉面光洁有细开片，釉面呈半失透状，可见大小不同的气泡。内底心无釉，呈砖红色。通体素面无纹。口径12、足径5.4、高3厘米（图4-29-9；彩版八○，2）。

B型　1件。花口浅弧腹盘。

标本99CSQ采：154，撇口近平沿，斜方唇，腹较斜，圈足较小。足端修切较为圆整，足底平，足端和足底无釉，呈灰白色，与釉交接处略带浅橙红色。外墙垂直。灰白胎，胎质较细。釉色青翠，釉层略薄，釉面较为光洁。内壁几道弦纹内刻划三层波浪纹，内底刻划花瓣纹。口径14.2、足径4.4、高3.8厘米（图4-29-3）。

（四）碟

1件。厚唇，敞口，内壁宽折沿，外壁腹部微折，圈足。

标本99CSQT3②：2，圆唇。足端较为平整，足墙厚，外墙内倾。足底心刮釉。器底厚。灰胎，胎质较细。青釉略泛黄色，口沿釉薄处泛黄。通体素面无纹。口径10.8、足径4.7、高3厘米（图4-29-4）。

（五）盏

1件。圆唇、撇口、弧腹丰满，圈足。

标本99CSQT8⑧：2，足墙垂直，足底平，无釉，呈铁锈红色。足端平整。白胎，釉色翠青，釉层较厚，釉面莹润，有开片。通体素面无纹。口径12、足径6.4、高3.6厘米（图4-29-10）。

（六）高足碗

1件。口部缺失，为弧腹、喇叭式高足柄，柄内呈漏斗状，柄外壁中部带两层节突。

标本99CSQT8⑧：3，足端平，无釉，呈酱褐色。柄内施釉。内底心装饰刻划花朵纹。灰胎，胎质较细，胎体厚重。青绿釉略带青黄，釉层较厚，釉面光洁。内底有划花纹。足径3.6、残高9.5厘米（图4-30-1；彩版八○，3）。

三　琉璃厂窑产品

可复原5件，分别为碗、碟、盘、器盖。胎土较粗，呈灰黑色或棕红色，胎釉间一般施有化妆土，外壁多施釉至腹中部，釉色有青釉及酱釉两种，有的器物内底可见支钉垫烧痕。

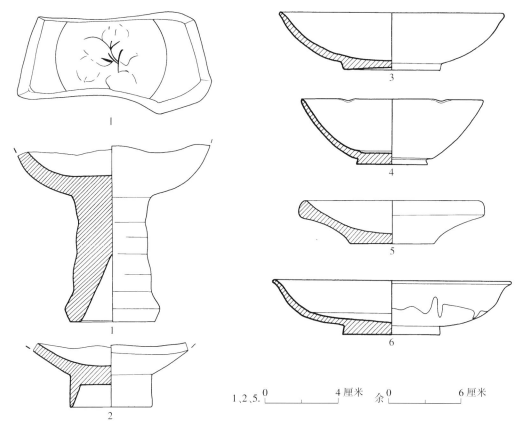

图 4 - 30　龙泉窑瓷高足碗、琉璃厂窑瓷碗、碟、盘及磁峰窑瓷片

1. 龙泉窑瓷高足碗（99CSQT8⑧：3）　　2. 磁峰窑碗类器物底足残片（99CSQT3⑦：1）　　3. 琉璃厂窑 A 型碗（99CSQT2⑥：1）
4. 琉璃厂窑 B 型碗（99CSQ 采：22）　　5. 琉璃厂窑碟（99CSQT8⑤：4）　　6. 琉璃厂窑盘（99CSQ 采：30）

（一）碗

共计 2 件。按口部差异分为二型。

A 型　1 件。圆口碗。

标本 99CSQT2⑥：1，圆唇、口微撇、弧腹、小饼足，足底内凹。灰胎，青黄釉，釉面可见细小开片，外壁施釉及半，无釉处呈棕红色。器物内壁及口沿外侧胎釉间施化妆土。通体素面无纹饰。口径 18.4、足径 8、高 4.5 厘米（图 4 - 30 - 3）。

B 型　1 件。花口碗。

标本 99CSQ 采：22，尖圆唇，敞口，六瓣花口，斜弧腹，饼足。内底略下凹，残留五个支钉痕。饼足略浅，足墙外倾。胎体较薄。深灰色胎，青褐色釉偏黄，釉面较为匀净光洁，可见细小开片及棕褐色小斑点，外壁施釉及半。口沿上有很细的一道酱色釉。内壁及外壁上部胎釉间施有化妆土。通体素面。口径 15.2、足径 5.2、高 8 厘米（图 4 - 30 - 4；彩版八〇，4）。

（二）碟

1 件。

标本 99CSQT8⑤：4，厚圆唇、撇口、浅斜腹、平底。棕红色胎，胎体较厚，器内及口沿内外挂有化妆土，外壁施半釉，酱黄釉，釉面无光呈失透状。通体素面无纹。口径9.7、足径4.6、高2.2厘米（图4-30-5；彩版八一，1）。

（三）盘

1件。

标本99CSQ采：30，圆唇，撇口，下腹略圆折，饼足。足部修切平整。紫红色胎，黄色釉，外壁施釉不及底，有流釉痕迹，无釉处呈褐红色。胎釉间可见施米黄色化妆土。口沿内侧装饰黑褐色彩绘斑点。内底有较小的支丁痕。口径19.6、足径8、高4.3厘米（图4-30-6；彩版八一，2）。

（四）器盖

1件。

标本99CSQ采：21，直口、圆唇。口沿与斜形盖顶相接处转折。顶面平，带一宝塔形纽。紫红胎，胎体厚重。青灰釉，釉色不均匀，有黄色散状斑点。釉仅施于器物的外壁，盖内壁无釉，呈红褐色。器物胎釉间施化妆土，盖顶及钮部的釉显木光。盖顶斜面上有一圈凹弦纹，并装饰釉下褐彩卷云图案。口径25.2、顶径4.6、高12.9厘米（彩版八一，3）。

四　磁峰窑产品

1件。为碗类器物的底足残片，下腹斜直、圈足较高。

标本99CSQT3⑦：1，平底，圈足内无釉，足墙略薄。灰白胎，胎质坚致，胎体厚重。釉色呈灰白色，釉层较薄。未见纹饰。足径4.6、残高3.3厘米（图4-30-2；彩版八二，1）。

五　不明窑口产品

数量较多，按其釉色品种可分为青花、酱釉、白釉、青灰釉、白釉褐彩等，大多质地较粗糙、制作简单。

（一）青花瓷器

制作较粗糙，多采用叠烧法装烧，碗、碟内底无釉，或刮釉一周形成"涩圈"。胎体为灰色或灰黄色，较为坚致厚重。釉色常见灰白、青灰两种，青花色调佳者发蓝，差者晕散现象严重，呈灰绿色。纹饰一般有简笔缠枝花叶、方框印章式图案、山水树木等。器形略显单调，大体可分作碗、碟、杯三类。

1. 碗

共计9件。均为敞口圈足碗。依据腹部的差异分为三型。

A型　1件。圆弧腹碗。

标本98CSQ北探：3，尖唇略圆。足底平，挂釉，足端两面斜削，外墙垂直。灰胎较细，灰白釉，釉面匀净光洁，内底刮釉一周形成"涩圈"，青花呈色发蓝。外壁绘青花纹饰，残，类简笔花草纹。口径16、足径6、高6厘米（图4-31-1；彩版八二，2）。

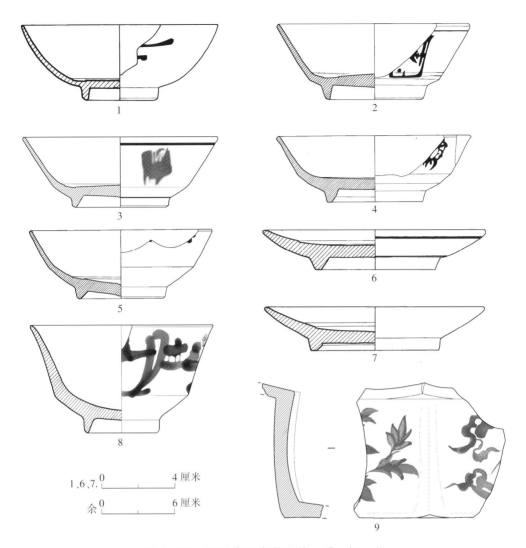

图 4 – 31 不明窑口青花瓷碗、碟、杯、盆

1. A 型碗（98CSQ 北探：3）　2. Ca 型碗（99CSQT3④：1）　3. Ca 型碗（99CSQT4③：202）　4. Cb 型碗（99CSQJ5①：3）
5. Cb 型碗（99CSQT1②：3）　6. 碟（99CSQT3④：16）　7. 碟（99CSQ 采：19）　8. 杯（98CSQ 北探：19）　9. 盆（99CSQ 采：20）

B 型　2 件。斜弧腹碗。

标本 98CSQ 北探：1，涩足底残留旋削痕，正中带一鸡心突，足端两面斜削，外墙内倾。灰胎，灰白釉，釉面有垂流痕，内底刮釉一周形成"涩圈"，青花呈色发蓝。内、外壁主体绘简笔缠枝花叶，内底中央带一方框印章式图案。口径 14、足径 6.4、高 5.7 厘米（图 4 – 32 – 1；彩版八三，1）。

标本 99CSQ 采：29，圈足略高，足底平，挂釉，足端单面斜削，外墙内倾。灰胎，青灰釉，内底刮釉一周形成"涩圈"，青花色调较暗。外壁饰条带纹及团花，口沿内侧一周弦纹，器内底亦装饰一团花。口径 14、足径 6、高 6.2 厘米（图 4 – 32 – 2；彩版八二，3）。

C 型　6 件。折腹碗。依据腹壁转折的部位不同分为二亚型。

Ca 型　2 件。下腹转折。斜直腹。

标本 99CSQT3④：1，涩足底，内、外底面均微拱，残留旋削痕，足端两面斜削，外墙内倾。

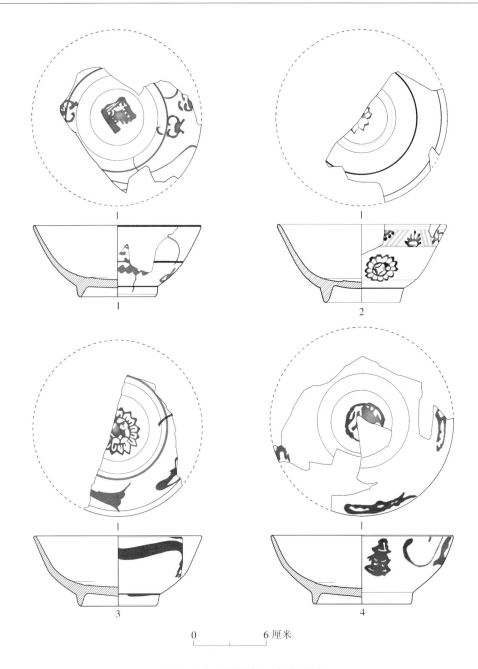

0　　　　　　6厘米

图 4 - 32　不明窑口青花瓷碗

1. B 型（98CSQ 北探：1）　2. B 型（99CSQ 采：29）　3. Cb 型（99CSQ 采：27）　4. Cb 型（99CSQ 采：28）

灰胎，青绿釉，内底刮釉一周形成"涩圈"，青花呈晕散状，发灰绿色。外壁饰几团长方形框印章式图案。口径 16、足径 7.5、高 6 厘米（图 4 - 31 - 2；彩版八四，1）。

标本 99CSQT4③：202，涩足底，残留旋削痕，正中带一鸡心突，足端两面斜削，足墙厚，外墙微内倾。灰胎，青灰釉，内底刮釉一周形成"涩圈"，青花呈晕散状，发灰绿色。外壁主体饰几团方框印章式图案。口径 16、足径 7.4、高 5.6 厘米（图 4 - 31 - 3；彩版八三，2）。

Cb 型　4 件。转折在腹中部。转折较轻微，不太明显。

标本 99CSQJ5①：3，足底平，挂釉，足端内侧单面斜削，足墙厚，外墙垂直。灰胎，灰白釉，内底无釉，青花色调发黑。外壁装饰团花图案。口径16、足径8、高5.3厘米（图4-31-4）。

标本99CSQT1②:3，涩足底，外底正中带一鸡心突，足端单面斜削，足墙厚，外墙内倾。灰胎，青灰釉，内底刮釉一周形成"涩圈"，青花呈色发蓝。纹饰位于外壁，残不可辨。口径15、足径6.8、高5.5厘米（图4-31-5）。

标本99CSQ采:27，足底微拱，挂釉，足端两面斜削，足墙厚，外墙略内倾。灰胎，灰釉，内底刮釉一周形成"涩圈"，青花色调发紫。内、外壁各绘一组主体纹饰简笔叶脉纹，内底有一印章式团花图案。口径14、足径6.2、高5.6厘米（图4-32-3；彩版八四，2）。

标本99CSQ采:28，足底面微拱，挂釉，足端两面斜削，足墙厚，外墙内倾。灰胎，青灰釉，内底刮釉一周形成"涩圈"，青花色调发紫。外壁绘山水塔刹图案，内壁口沿下有一组简笔纹饰，内底装饰一印章式团花图案。口径15、足径7.8、高5.5厘米（图4-32-4；彩版八五）。

2. 碟

共计2件。均为敞口，浅斜腹，圈足碟。

标本99CSQT3④:16，尖唇略圆，斜腹微弧。内底略下凹。足底平，挂釉，足端单面斜削，足墙较厚，外墙内倾。灰胎，胎体厚。青灰釉，内底无釉，青花色调暗。外壁装饰两周弦纹。口径12.2、足径6.6、高2.1（图4-31-6）。

标本99CSQ采:19，尖唇，斜腹较直。内底略下凹。足底平，挂釉，足端单面斜削，足墙较厚，外墙内倾。灰胎，青灰釉，内底无釉，青花色调较亮。外壁装饰两周弦纹。口径12、足径7、高2.3厘米（图4-31-7）。

3. 杯

1件。

标本98CSQ北探:19，敞口、斜直腹、下腹折内收，圈足。足底面微拱挂釉，足端单面斜削，外墙垂直。灰胎较细，灰白釉，釉面莹润光洁，青花偏紫色。外壁上部绘简笔山水树木。口径10、足径4、高5.7厘米（图4-31-8；彩版八六，1）。

4. 盆

1件。残。

标本99CSQ采:20，折沿、直腹呈瓜棱状、平底。灰胎，胎体厚重，青灰釉，青花色调较暗。外壁残存花叶纹、云气纹两组图案。残高10.3厘米（图4-31-9；彩版八六，2）。

5. 足底

2件。均为碗底足。

标本99CSQ采:43，圈足，足端平切，足底平，无釉，有一周明显的跳刀痕，足端平切，外墙内倾。灰白胎，白釉偏青黄，釉面有较为密集的开片。青花色调暗沉。内底两周弦纹内隶书"福"字款。足径6.4、足圈深1.2、残高3.5厘米（彩版八七，1）。

标本99CSQ采:53，圈足，足底微拱，满釉，外墙垂直。灰白胎，胎体较厚，白釉偏灰，釉面如凝脂状，青花呈淡蓝色调。器内底饰一花样图案，圈足底两周弦纹内书一"兴"字款。足径6.7、足圈深1、残高2.5厘米（彩版八七，2）。

（二）酱釉瓷器

胎体多厚重较粗，灰胎、灰黑胎或棕色胎，釉层薄，碗、盘、碟类外壁施釉均不及底。釉色分棕色、酱红、酱黑、酱黄等几种，釉面少光泽无玻璃质感，通体素面无纹饰者居多。

1. 碗

共计4件。均为圈足碗。按口部、腹部特征分三型。

A型　1件。撇口斜直腹碗。

标本99CSQT8⑤：1，尖唇，撇口略呈平沿状，近足部折内收，圈足略高。涩足底，足端平切，外墙内倾。灰胎较粗、外壁露胎处有米黄色痕迹，施釉薄，釉色酱黑，釉面呈失透状，器内底无釉。通体素面无纹。口径14.8、底径4.5、高5.6厘米（图4-33-1，彩版八八，1）。

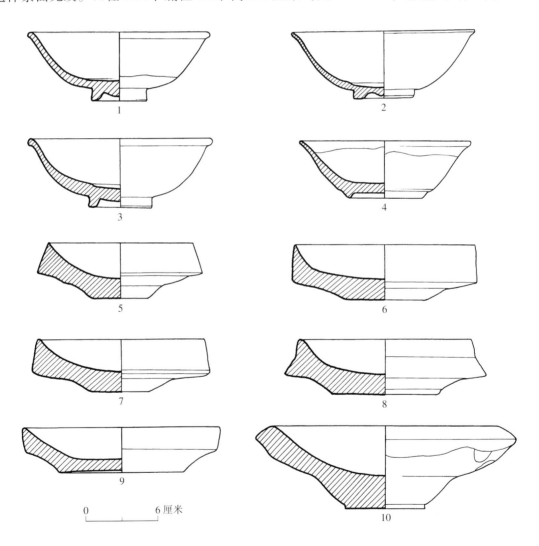

图4-33　不明窑口酱釉瓷碗、盏

1. A型碗（99CSQT8⑤：1）　2. B型碗（99CSQT1④：1）　3. B型碗（99CSQT8⑥：1）　4. C型碗（99CSQT4③：15）
5. Aa型盏（99CSQT8④：5）　6. Aa型盏（99CSQT8⑧：21）　7. Aa型盏（99CSQT3②：1）　8. Aa型盏（99CSQJ5②：7）
9. Ab型盏（99CSQT2④：2）　10. B型盏（99CSQ采：17）

B 型 2 件。侈口浅弧腹碗。

标本 99CSQT1④：1，圆唇，涩足底，圈足足心有鸡心状突起，足端平切，足墙厚，外墙外倾。灰黑胎较粗，施釉薄，棕色釉，釉面少光泽呈失透状，器内底一团无釉。通体素面无纹。口径14.2、底径4.6、高5.2厘米（图4-33-2；彩版八八，2）。

标本 99CSQT8⑥：1，圆唇，足底挂薄釉，足端两面斜削，足墙厚，外墙外倾。灰黑胎较粗，釉层薄，酱釉，釉面较光洁，内底粘有一圈石英颗粒，器内底无釉。通体素面无纹。口径14.8、底径5、高5.6厘米（图4-33-3；彩版八九，1）。

C 型 1 件。敞口浅斜直腹碗。

标本 99CSQT4③：15，敞口微侈，浅圈足。涩足底，外墙内倾。黄褐色胎，胎质粗松，口沿内外施一层薄酱釉，口沿处泛黄。通体素面无纹饰。口径14、足径6、高4.6厘米（图4-33-4）。

2. 盏

共计6件。胎体均较厚，为厚唇平底碟。依据唇部的差异分为二型。

A 型 5 件。方唇碟。均为敞口、浅腹。依据唇部和底部的差异分为二亚型。

Aa 型 4 件。宽斜方唇平底碟。

标本 99CSQT8④：5，唇口斜。灰胎，胎体厚重，酱黑色釉，釉层稀薄，釉面少光泽呈失透状，通体素面无纹饰。口径6、足径2.3、高1.2厘米（图4-33-5）。

标本 99CSQT8⑧：21，唇口垂直。灰黑胎，胎体厚重，酱色釉，釉层稀薄，釉面少光泽呈失透状，通体素面无纹饰。口径7.3、足径3.2、高2.2厘米（图4-33-6）。

标本 99CSQT3②：1，唇口略斜。灰黑胎，胎体厚重，釉色偏黑，釉层稀薄，釉面少光泽呈失透状，通体素面无纹饰。口径6.9、足径2.4、高2.1厘米（图4-33-7；彩版八九，2）。

标本 99CSQJ5②：7，唇口斜，中部下凹。灰胎，胎体厚重，酱红色釉，釉层稀薄，釉面及器底粘有窑渣，通体素面无纹饰。口径7.1、足径4.3、高2.2厘米（图4-33-8；彩版九〇，1）。

Ab 型 1 件。窄斜方唇大平底碟。

标本 99CSQT2④：2，唇口较直，略凸起。平底略内凹。棕色胎，胎体厚重，酱釉偏棕色，釉层稀薄，釉面少光泽呈失透状，通体素面无纹饰。口径8.1、底径5、高1.8厘米（图4-33-9；彩版九〇，2）。

B 型 1 件。尖唇碟。唇略厚而尖，斜沿。

标本 99CSQ 采：17，敞口，浅斜直腹，外壁呈束腰状，饼足浅矮。灰黑胎，胎壁厚。酱色釉偏黑，釉层稀薄，釉面少光泽呈失透状，外壁及底足胎面无釉处呈棕色，通体素面无纹饰。口径9.4、足径3.2、高3.3厘米（图4-33-10；彩版九〇，3）。

3. 盆

1件。

标本 98CSQ 北探：20，厚圆唇，撇口近平，斜直腹，近足部折内收，圈足。涩足底，足端有斜削痕迹，足墙厚，外墙内倾较甚。灰胎，胎质较疏松。酱黄釉，聚积处泛黑，内底无釉。内、外壁可见数周弦纹。口径26、足径12、高7.8厘米（图4-34-1；彩版九一，1）。

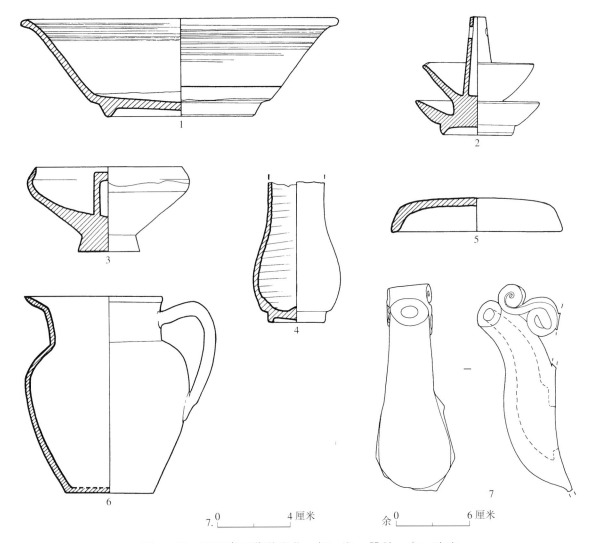

7. [0————4厘米]　　余 [0————6厘米]

图4-34　不明窑口酱釉瓷盆、灯、瓶、器盖、壶、残流

1. 盆（98CSQ 北探：20）　2. A 型灯（99CSQT8⑤：11）　3. B 型灯（99CSQJ6：7）　4. 瓶（99CSQ 采：26）
5. 器盖（99CSQJ7：2）　6. 壶（99CSQ T8⑥：12）　7. 残流（99CSQ 采：18）

4. 灯

共计 3 件。按造型差异分作二型。

A 型　1 件。双层碟形灯。

标本 99CSQT8⑤：11，通体分上、下二层，上层似盏形，下层类碟，二者中部以喇叭式管柱相连，柱体中空，顶部带两个对称的穿孔，圈足。灰胎，胎体厚重，施釉稀薄，釉面脱落严重，通体素面无纹饰。灯管口径 1.2、上层盏口径 9.2、下层盏口径 10.2、底径 5.8、通高 9.4 厘米（图4-34-2；彩版九二，1）。

B 型　1 件。钵形灯。

标本 99CSQJ6：7，尖唇，敛口，斜腹较直，饼足较小，足墙外斜。内底正中有一管柱，柱体中空，其下一侧有一长方形方框。黄褐色胎，胎质较疏松，酱红釉，釉面匀净光洁，通体素面无纹饰。口径 12、足径 5.2、高 6.8 厘米（图4-34-3；彩版九一，2）。

5. 瓶

1件。

标本99CSQ采：26，口部缺失。直颈，圆腹，圈足，圈足较浅，足底略呈鸡心状凸起。棕红胎，胎面挂有化妆土，通体施一层较薄的酱黄色釉。素面无纹。颈径4.4、最大腹径7.2、足径4.6、残高11.2厘米（图4－34－4；彩版九二，3）。

6. 器盖

1件。

标本99CSQJ7：2，圆唇，盖顶面微拱，盖沿略外斜。灰黑胎，胎体较厚，酱黑釉，釉面无光泽。通体素面无纹。口径14、顶径12.4、高2.8厘米（图4－34－5）。

7. 壶

1件。

标本99CSQT8⑥：12，直口，颈较粗，三角形流，上腹鼓，单柄，平底，器身部分施酱釉。口径5.7、底径3.6、高7.9厘米（图4－34－6）。

8. 残流

1件。

标本99CSQ采：18，曲流，流体粗胖，近口部一侧粘有一卷云状饰片。灰胎，胎体较厚，酱红釉，釉层薄，釉面匀净光洁。通体素面无纹。残长11厘米（图4－34－7）。

（三）白釉瓷器

1. 盘

1件。为胎釉质量都较为精细的产品。

标本99CSQT8⑥：22，厚圆唇、浅弧腹、大圈足。底足平，挂釉，底面残留明显的旋削痕，足端平切，足墙厚，外墙垂直。灰白胎，白釉偏乳黄色，釉面光洁。通体素面无纹饰。口径12、足径7、高3.6厘米（彩版九三，1）。

2. 执壶

1件。口部、底部及流部缺失。

标本99CSQ采：25，喇叭式高领，瓜棱状椭圆腹，肩部一侧置流，另一侧带柄。浅橙红色胎，胎质粗松，通体施灰白釉，釉面局部匀净光洁。最大腹径12、残高16.8厘米（图4－35－1；彩版九二，2）。

（四）青灰釉瓷器

共计4件。分为碗、盘、碟三类。

1. 碗

1件。

标本99CSQT1②：1，敞口，尖唇，下腹圆弧，圈足。底平，涩足底，足端单面斜削，外墙内倾。灰胎较粗，青灰釉，外壁釉面带褐色，内底心无釉。通体素面无纹。口径18、底径8、高6

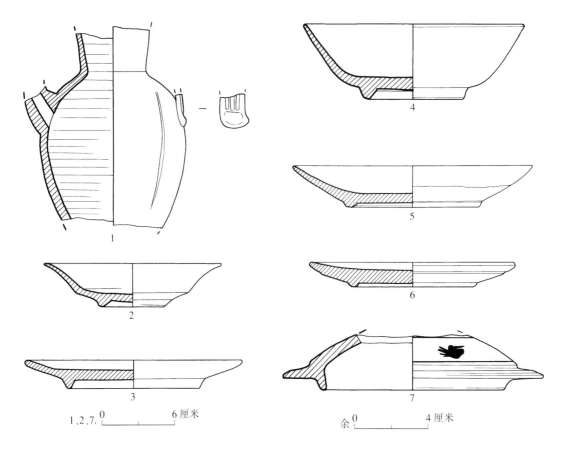

图4-35 不明窑口白釉瓷执壶、青灰釉瓷碗、盘、碟及白釉褐彩瓷器

1. 白釉执壶（99CSQ 采：25）　2. B 型不明窑口青灰釉瓷盘（99CSQT8⑥：11）　3. 不明窑口青灰釉瓷碟（99CSQ 采：23）
4. 不明窑口青灰釉瓷碗（99CSQT1②：1）　5. A 型不明窑口青灰釉瓷盘（99CSQT3④：4）　6. 不明窑口青灰釉瓷碟
（98CSQ 北探：110）　7. 不明窑口白釉褐彩瓷器（99CSQT8⑥：9）

厘米（图4-35-4；彩版九三，2）。

2. 盘

2 件。依据腹部的差异分为两型。

A 型　1 件。浅弧腹盘。

标本99CSQT3④：4，尖唇，敞口，浅弧腹较直，矮圈足。涩足底，足端单面斜削，外墙内倾。灰黄胎，青灰釉泛淡黄色，内、外壁及口沿处挂釉，外壁胎面有一周明显的跳刀痕。通体素面无纹饰。口径13、足径7.3、高2.2厘米（图4-35-5；彩版九四，1）。

B 型　1 件。折腹盘。

标本99CSQT8⑥：11，侈口，尖唇。涩足底，足端双面斜削，外墙内倾较甚。内壁有一圈细弦纹。灰白胎，淡青灰色釉，釉面有少量不均匀的开片。口径14.6、足径5.4、高3.5厘米（图4-35-2）。

3. 碟

共计2件。均敞口，浅斜腹，矮圈足，器内近平。

标本98CSQ 北探：110，圆唇略尖，斜腹浅而略弧。外壁腹中部有一道弦纹，涩足底残留旋削痕，足端单面斜削。灰胎较厚，口沿内外施一层薄青灰釉。通体素面无纹。口径11.4、足径6.6、高1.3厘米（图4-35-6；彩版九四，2）。

标本99CSQ 采:23，圆唇，腹部浅而斜直。涩足底，足端单面斜削，外墙内倾。灰胎，内、外壁施一层薄青灰釉，釉面光洁，有细开片。通体素面。口径12、足径7.4、高1.3厘米（图4-35-3；彩版九四，3）。

（五）白釉褐彩瓷器

器盖 1件。

标本99CSQT8⑥:9，子口，宽平沿，顶面圆拱，钮残。砖红胎，胎质粗松，釉层脱落严重，胎面可见白色化妆土，其上残留有褐色彩绘的弦纹、草叶等图案。子口径15、盖径21.2、残高4.5厘米（图4-35-7）。

第二节 其他遗物

一 陶器

可复原器共计2件。器形有钵、罐，罐为小口，丰肩，鼓腹，小平底罐（彩版九五，1）。

钵 1件。标本99CSQT8⑤:10，口残。直腹，平底。泥质灰陶。口径20.4、底径18.2、高8.4厘米。

另有少量砖、瓦、瓦当等建筑构件和支钉等窑具。

二 石器

包括石臼、石碾、石盛酒器等生产工具。

青砂石臼 1件。

三 其他遗物

包括窖泥、酒糟（彩版九五，2）及铁锹等。

第五章　遗址分期与年代

　　本次发掘工作为探讨水井街酒坊遗址的编年、分期及其他相关问题提供了较为丰富的实物材料。

　　遗址分期和年代研究的方法：首先对遗址出土遗物进行分期和断代研究，在此基础上对地层进行分组和年代判定，再根据地层叠压打破关系对遗址范围内发现的酿酒设备遗迹进行分期研究。

　　只有将出土遗物和地层单位相结合，才能对遗址的分期与年代进行准确的判定。

第一节　出土瓷器的分期与年代

　　出土瓷器器物按胎釉、造型、纹饰、款识等方面特征可分为四期五段（图 5 - 1 ~ 5 - 4）。

　　第一期　所见的器物均为本地窑口琉璃厂窑制品，包括青瓷 A 型、B 型碗，碟，盘，器盖等。器物的胎质多较为粗糙，呈棕红色、灰色或灰黑色，个别者如碟和器盖的胎面挂有米黄色化妆土，外壁施釉不及底，釉色不一，有青黄、青灰、米黄、酱黄等几种。有的碗内底残留一周支钉痕，为采用支钉作为间隔具装烧所留下的痕迹。其中与 A 型碗形制接近的瓷器有成都百花小区中晚唐时期墓葬出土的青瓷碗（干道 M3）①，B 型碗花瓣口、斜直腹、饼足底的特征则与邛崃十方堂窑址晚唐至北宋初地层出土物（标本 86QS5YT7③：12）② 完全一致，类似的碗也常见于定窑及越窑五代作品中，如河南洛阳后梁开平三年（909 年）高继蟾墓③、福建福州后唐长兴三年（932 年）王审知夫妇墓④、内蒙古阿鲁科尔沁旗辽会同五年（942 年）耶律羽之墓⑤、浙江临安后晋天福七年（942 年）钱元瓘墓⑥等出土物。青釉褐彩器盖的造型则与印尼黑石号沉船（826 年或稍后）⑦、浙江宁波和义路遗址唐大中年间（847 ~ 859 年）地层出土越窑青釉粉盒盒盖⑧相似。因此，我们

①　刘雨茂、朱章义：《四川地区唐代砖室墓分期研究初论》，《四川文物》1999 年 3 期。

②　四川省文物管理委员会、邛崃县文物保护保管所：《邛窑发掘的初步收获》，《四川古陶瓷研究》（二），四川省社会科学院出版社，1984 年。陈显双：《邛窑古陶瓷简论——考古发掘简报》，载耿宝昌主编：《邛窑古陶瓷研究》，中国科学技术大学出版社，2002 年。

③　洛阳市文物工作队：《洛阳后梁高继蟾墓发掘简报》，《文物》1995 年 8 期。

④　福建省博物馆、福州市文物管理委员会：《唐末五代闽王王审知夫妇墓清理简报》，《文物》1991 年 5 期。

⑤　内蒙古文物考古研究所、赤峰市博物馆、阿鲁科尔沁旗文物管理所：《辽耶律羽之墓发掘简报》，《文物》1996 年 1 期。

⑥　浙江省文物管理委员会：《杭州、临安五代墓中的天文图和秘色瓷》，《考古》1975 年 3 期。

⑦　谢明良：《记黑石号（Batu Hitam）沉船中的中国陶瓷器》，（台湾大学）《美术史研究集刊》第 13 期，2002 年 9 月。

⑧　林士民：《青瓷与越窑》，上海古籍出版社，1999 年。

推断第一期器物的年代约在中晚唐至五代时期。

第二期　本期的陶瓷器包括窑口不明的灰白釉执壶、白釉褐彩器盖和磁峰窑的高圈足碗。其中灰白釉执壶束颈、瓜棱状椭圆腹的造型与内蒙古库伦旗勿力格布村 M1（辽大康六年，1080 年）出土青白釉执壶①接近。白釉褐彩器盖子口、平沿、顶面拱曲的造型则具有金元时期的特征，如内蒙古集宁路遗址金代定窑白釉器盖②、观台磁州窑址第三期（相当于金中后期）遗物（白釉 IV 型器盖）③、韩国新安海底元代沉船白釉赭彩罐盖④、绥中三道岗元代沉船翠蓝釉器盖⑤及北京西城毛家湾瓷器坑元代磁州窑白釉黑花器盖⑥等。磁峰窑的高圈足碗可比对的材料较多，除磁峰窑窑址的调查报告所有的资料外⑦，相似器物的年代集中于北宋中晚期以后，典型的有内蒙古宁城萧府君墓（辽咸雍八年，1072 年）⑧、安徽全椒张之纥墓（元祐七年，1092 年）⑨的出土物。因此，我们推断第二期器物的年代在宋元时期。

第三期　本期的绝大多数瓷器为景德镇窑和龙泉窑产品，釉色品种有青花、青白釉、白釉、青釉瓷器等。此期器物可分作前、中、后三段。

前段　典型器包括景德镇青花 Aa 型 I 式、Aa 型 II 式、D 型 I 式碗，大碗，A 型 I 式盘，A 型大盘，A 型碟，A 型、D 型 I 式盅，I 式盏，高足杯以及 A 型、B 型、C 型、D 型器物足底；青白釉 A 型碗，A 型、B 型盘，碟；白釉 A 型 I 式盘；以及绝大多数的龙泉窑制品。其中青花瓷器上的白釉基本偏青或闪青色调，青料呈色多较暗，聚积处起黑斑，圈足外墙内倾或垂直，足缘一般旋削成内高外低状，以致放置时只有足内缘与平面接触。碗的足底大多无釉（或砂底），部分呈圆涡形并带有大小不一的鸡心状突起，有的底心还见有挖足时形成的同心放射状跳刀痕。就这些特征而言，均与明代早期景德镇民窑作品的风格相一致⑩。纹饰方面，内底弦纹内饰草书"福"字款或简体兰草、外壁描绘圆圈状云气纹及缠枝螺丝形莲叶等特点也见于南京明故宫玉带河底⑪、明宝船厂六作塘遗址⑫、广西桂林市区基建工地⑬、北京西城区毛家湾瓷器坑⑭等地点出土青花遗

① 王建群、陈相伟：《库仑辽代壁画墓》，文物出版社，1989 年。
② 内蒙古文物考古研究所：《内蒙古集宁路古城遗址出土瓷器》，文物出版社，2004 年。
③ 北京大学考古学系、河北省文物研究所等：《观台磁州窑址》，文物出版社，1997 年。
④ 李德金、蒋忠义等：《朝鲜新安海底沉船中的中国瓷器》，《考古学报》1979 年 2 期。
⑤ 张威主编：《绥中三道岗元代沉船》（中国水下考古报告系列一），科学出版社，2001 年。
⑥ 北京市文物研究所：《毛家湾——明代瓷器坑考古发掘报告》，科学出版社，2006 年。
⑦ 陈丽琼、魏达仪、丁祖春：《四川彭县磁峰窑调查与试掘的收获》，《中国古代窑址调查发掘报告集》，文物出版社，1984 年。成都文物考古研究所、彭州市博物馆：《2000 年磁峰窑发掘报告》，科学出版社，2002 年。
⑧ 内蒙古文物考古研究所、赤峰市博物馆：《宁城县岳家杖子辽萧府君墓清理记》，《内蒙古文物考古文集》（第一辑），中国大百科全书出版社，1994 年。
⑨ 滁县地区行署文化局、全椒县文化局：《安徽全椒西石北宋墓》，《文物》1988 年 11 期。
⑩ 黄云鹏：《明代民间青花瓷的断代》，《景德镇陶瓷》1986 年 3 期。朱戬：《景德镇明代早期民窑瓷器鉴赏与研讨》，载穆青、汤伟建：《明代民窑青花》，河北人民出版社，2000 年。李铧：《洪武民窑青花圆器的研究》，载穆青、汤伟建：《明代民窑青花》，河北人民出版社，2000 年。
⑪ 南京博物院：《南京明故宫出土洪武时期瓷器》，《文物》1976 年 8 期。
⑫ 南京市博物馆：《宝船厂遗址——南京明宝船厂六作塘考古报告》，文物出版社，2005 年。
⑬ 李铧：《洪武民窑青花圆器的研究》，载穆青、汤伟建：《明代民窑青花》，河北人民出版社，2000 年。
⑭ 北京市文物研究所：《毛家湾——明代瓷器坑考古发掘报告》，科学出版社，2006 年。

物上，后者则往往都被认作系景德镇明洪武年间（1368～1398 年）的制品。Aa 型 Ⅱ 式青花碗（99CSQJ5①：2）内底绘饰的"S"形卷云纹样另见于北京西城毛家湾明代瓷器坑出土的"大明宣德年制"款白釉碗①和湖北省钟祥市明梁庄王墓出土的青花龙珠纹瓷钟的内底②。值得注意的是，江西景德镇明景泰七年（1456 年）舒母袁龙贞墓中也曾出有带上述装饰风格的青花器③。其次，水井街所出的几件高足碗足柄内都有一个接釉时留下的乳突状釉团，曾有学者指出这种用釉来粘接碗身与柄部的做法大约出现于明景泰年间（1450～1457 年）④。另外，已公布的江西景德镇丽阳瓷器山明代早期窑址遗物的面貌也同本段标本大体接近，发掘报告将该窑口的烧造年代推定为宣德至天顺时期（1425～1464 年）⑤。因此，我们推断第三期前段的年代应在明代早期，即主要属洪武、永乐、宣德三朝，下限可能到正统、景泰、天顺年间。

中段　典型器包括景德镇青花 Aa 型 Ⅲ 式、Ab 型 Ⅰ 式、B 型碗，Aa 型 Ⅱ 式、Aa 型 Ⅲ 式、Ab 型、B 型盘，Ⅱ 式盏，B 型碟，Da 型 Ⅱ 式盅，B 型器盖，E 型、F 型、J 型足底残片；景德镇白釉 A 型、B 型碗，A 型 Ⅱ 式、B 型盘；景德镇青釉 A 型盘；龙泉窑 B 型盘。其中 Aa 型 Ⅲ 式碗（标本 99CSQ 采：7）碗内壁绘饰的莲塘图案与江西景德镇明弘治四年（1491 年）墓出土的青花净水碗⑥纹样风格一致，Ba 型碗（标本 99CSQT8⑤：8）外壁下部表现的一周变体仰莲瓣纹与北京西城毛家湾明代瓷器坑所出"大明丁巳年造"（弘治十年，1497 年）款青花碗⑦外壁图案接近。Aa 型 Ⅱ 式、Aa 型 Ⅲ 式、Ab 型 Ⅰ 式盘的形制及内底常见的麒麟杂宝、舞狮戏球、结带十字杵纹也多见于毛家湾瓷器坑出土遗物中（报告所定 A 型 Ⅱ 式、A 型 Ⅲ 式青花盘），年代跨度从正统、景泰、天顺到成化、弘治、正德时期，且类似的盘也曾出土于成都市温江区万春镇明弘治九年（1496 年）墓⑧，A 型 Ⅲ 式盘中的麒麟杂宝图案，与云南剑川中科山出土的青花麒麟纹盘较为接近⑨，是 15 世纪后期景德镇民窑的作品。属于此段的还包括 F 型足底残片中的一件器物（标本 99CSQT4③：15），内底弦纹内以"染地留白"技法绘行螺纹，与景德镇湖田窑出土的"大明正德秋月吉日造"铭款青花碗⑩内底纹样相同。白釉 B 型菱花口盘则与毛家湾瓷器坑 D 型 Ⅱ 式、D 型 Ⅲ 式青花盘（明中期）形制相似，龙泉窑 B 型盘的造型也见于毛家湾瓷器坑明中期遗物中。因此，我们推断第三期中段的年代约相当于明代中期，即 15 世纪中后叶至 16 世纪初。

后段　典型器包括景德镇青花 Aa 型 Ⅲ 式、Ab 型 Ⅱ 式、C 型碗，Aa 型 Ⅳ 式、Ac 型盘，C 型 Ⅰ 式碟，D 型 Ⅰ 式小杯；G 型足底残片等。此段青花瓷器的装饰纹样普遍采用了"单线平涂"的绘

---

① 北京市文物研究所：《毛家湾——明代瓷器坑考古发掘报告》，科学出版社，2006 年。

② 湖北省文物考古研究所、钟祥市博物馆编著：《梁庄王墓》，文物出版社，2007 年。

③ 欧阳世彬、黄云鹏：《介绍两座明景泰墓出土的青花、釉里红瓷器》，《文物》1981 年 2 期。

④ 刘新园、白焜：《景德镇湖田窑考察纪要》，《文物》1980 年 11 期。

⑤ 故宫博物院、江西省文物考古研究所、景德镇市陶瓷考古研究所：《江西景德镇丽阳瓷器山明代窑址发掘简报》，《文物》2007 年 3 期。

⑥ 黄云鹏：《景德镇明代纪年墓出土的民间青花瓷》，《江西历史文物》1983 年 2 期。

⑦ 北京市文物研究所：《毛家湾——明代瓷器坑考古发掘报告》，科学出版社，2006 年。

⑧ 成都文物考古研究所、温江区文物保护管理所：《成都市温江区万春镇明墓发掘简报》，《成都考古发现 2005》，科学出版社，2007 年。

⑨ 张柏主编：《中国出土瓷器全集》第 16 卷，科学出版社，2008 年。

⑩ 刘新园、白焜：《景德镇湖田窑考察纪要》，《文物》1980 年 11 期。

画技法，其中 Ab 型Ⅲ式、C 型碗装饰的缠枝莲叶及莲瓣纹样与成都市红牌楼嘉靖至万历时期蜀王府太监墓（M8）出土遗物①风格趋同，C 型碗的缠枝莲纹与广州市先烈南路肿瘤医院 17 号墓出土的青花缠枝莲纹碗的纹样非常相似②，该碗的年代为明嘉靖时期。Ab 型Ⅲ式碗、B 型Ⅱ式碟及 B 型Ⅰ式小杯内底及外壁描绘的蟠螭图案主要流行于明嘉靖至万历时期青花瓷器上③。此外，属于此段的还包括相当数量的器底足残片，如标本 99CSQJ5②：12、标本 99CSQ 临：37、标本 99CSQ 临：48（G 型）足外底部均见题书"大明年造"四字款，这类款识常见于正德、嘉靖至崇祯时期瓷器上④。G 型足底残片中的标本 99CSQT4③：5、标本 99CSQT4③：8、标本 99CSQ 临：44、标本 99CSQ 临：46、标本 99CSQT8④：1 等，在圈足内题书的"富贵佳器"、"上品佳器"、"佳器"、"玉堂佳器"等款识，也常见于明晚期景德镇作品上⑤。残片 99CSQT4③：13、G 型足底残片标本 99CSQT8④：1、标本 99CSQ 临：55 内底及圈足内题书的"状元及第"、"永保长寿"、"天下太平"之类吉祥款同样流行于正德、嘉靖至崇祯年间⑥。因此，我们推断第三期后段的年代应在明代晚期，即嘉靖至崇祯前后，相当于 16 世纪初至 17 世纪前半叶。

第四期　主要是景德镇窑产品，以青花、粉彩等品种常见，另有一定数量窑口不明的器物。可分为前、后二段。

前段　典型器包括景德镇青花 D 型Ⅰ式碗，Ca 型、Cb 型盘，B 型大盘，C 型Ⅱ式、Da 型Ⅰ式、Da 型Ⅱ式碟，C 型Ⅰ式、Da 型Ⅲ式盅，Aa 型Ⅰ式、Aa 型Ⅱ式、Ab 型、C 型Ⅰ式、D 型Ⅱ式杯，盏以及 H 型足底残片等。其中，D 型Ⅰ式碗与 C 型Ⅰ式盅的图案的绘画风格与贵州省贵阳东山晒田坝出土的清代早期的青花长颈瓶较为相近⑦。B 型大盘敞口、厚唇、浅弧腹、体型较大，足端似"泥鳅背"，外壁及器内均描绘四爪云龙纹，通体形制及装饰与《清代青花瓷器鉴赏》一书著录的"大清雍正年制"六字款青花云龙纹大盘⑧基本一致，同类云龙图案也见于同书著录的"大清顺治庚子年"题记青花瓶上。Ca 型盘花口外敞、浅斜腹、圈足，口沿内侧饰一周几何纹，器内壁主体绘山水人家，内底两周弦纹内表现一只展翅的凤鸟，通体形制及装饰则与成都市下东大街遗址明晚期至清中期地层出土的"大清嘉庆年制"款青花盘（08CDYT4③：224）⑨相似。Aa 型Ⅰ式、Aa 型Ⅱ式、Ab 型杯与年代推定在清康熙中期的东海平潭"碗礁一号"沉船出水青花小杯（报告定为盏）⑩接近。D 型Ⅱ式杯则与《清代青花瓷器鉴赏》一书著录的"大清顺治年制"六字款青花人物纹碗⑪形制相仿。因此，我们推断第四期前段的大致年代约在清代早、中期，相

---

① 成都文物考古研究所：《成都市红牌楼明蜀王府太监墓群发掘简报》，《成都考古发现 2004》，科学出版社，2006 年。
② 张柏主编：《中国出土瓷器全集》第 10 卷，科学出版社，2008 年。
③ 穆青、汤伟建：《明代民窑青花》，河北人民出版社，2000 年。
④ 耿宝昌：《明清瓷器鉴定》，紫禁城出版社、（香港）两木出版社，1993 年。
⑤ 穆青、汤伟建：《明代民窑青花》，河北人民出版社，2000 年。
⑥ 穆青、汤伟建：《明代民窑青花》，河北人民出版社，2000 年。
⑦ 张柏主编：《中国出土瓷器全集》第 16 卷，科学出版社，2008 年。
⑧ 陆明华：《清代青花瓷器鉴赏》，上海人民美术出版社，1996 年。
⑨ 成都文物考古研究所：《成都市下东大街遗址考古发掘简报》，《成都考古发现 2007》，科学出版社，2009 年。
⑩ 碗礁一号水下考古队：《东海平潭——碗礁一号沉船出水瓷器》，科学出版社，2006 年。
⑪ 陆明华：《清代青花瓷器鉴赏》，上海人民美术出版社，1996 年。

当于顺治至乾隆、嘉庆一段，即 17 世纪后半叶到 18 世纪末。

　　后段　典型器包括景德镇青花 D 型 Ⅱ 式碗，Ab 型 Ⅱ 式、Cb 型盘，Da 型 Ⅰ 式、Da 型 Ⅱ 式、Db 型碟，B 型、C 型 Ⅱ 式、Db 型盅，C 型 Ⅱ 式杯，B 型盏，A 型器盖，匙，Ⅰ 型、O 型足底残片、M 型盘足底残片，以及大量窑口不明的青花瓷器。其中 Cb 型盘花口外敞、浅斜腹，外壁微内曲，内壁有折棱，圈足略高，器内绘山峦人家图案，釉面钻刻"天号陈"款识，圈足内书"成化年制"四字款，有学者曾认为这种盘是典型的清中叶青釉青花器①。B 型盅敞口、斜腹较深、下腹部折内收、小圈足，外壁饰缠枝卷草托蝙蝠图案，间以三个双"喜"字，这类图案的流行年代在清代晚期（道光以后）②。青花匙呈沟槽状细长把、椭圆形匙身、平底，通体形制与《清代青花瓷器鉴赏》一书著录的"宣统乙酉宜春堂制"款青花匙③相同。Da 型碟的纹饰和胎釉特征与贵州出土的清道光年间的缠枝牡丹纹杯几乎完全相同④。大量出现的制作较粗糙、青灰色调的青花瓷器，其窑口的归属尽管还有待日后的调查与研究，但在成都平原的考古发现中，这类瓷器的年代较为清楚，都出现在清代至民国初期的地层中⑤，而其纹饰一般有简笔缠枝花叶、方框印章式图案、山水树木等，尤其印章式的图案，在西昌、广西等地的窑址和遗址出土瓷器中也有相类似图案的器物⑥，其年代均为清代末期至民国初期。此外，2000 年前后在东南亚海域打捞的清代商船"泰兴号"中，也出有这类青花器物⑦。"泰兴号"沉没于清道光二年（1822 年），这一时间应是船上这批青花瓷器的年代下限。因此，我们推断第四期后段的年代约在清代晚期，下限可能至民国初。

第二节　地层单位分组及年代推定

一　标准地层及遗迹的年代推定

　　在判定各探沟（沟）的地层及遗迹单位的年代过程中，因存在包含遗物多少不一的情况，故我们选择了 T2、T4、T6 和 T8 的部分地层及遗迹作为标准地层单位。

　　因地层单位出土器物中没有可以借鉴的纪年材料，包含物以各个时期的瓷片为主，因此，对各个地层年代的判定主要依据地层单位中出土的年代较为明确的、最晚的遗物。

　　根据上述对器物年代的分析，我们判定，清代晚期至民国初的地层有 T4③、T2③、T8②层，出土瓷片的年代从明代早期延续至清代末期，清代晚期至民国初年的典型器物有 B 型盅（T4③∶1）、Ab 型Ⅱ式盘（T2③∶2）、C 型Ⅱ式杯（T2③∶11）、Db 型盅（T8②∶10）等。

---

① 陈德富：《成都水井街酒坊遗址出土青花瓷及相关问题初探》，《四川文物》2001 年 6 期。

② 耿宝昌：《明清瓷器鉴定》，紫禁城出版社、（香港）两木出版社，1993 年。陈德富：《成都水井街酒坊遗址出土青花瓷及相关问题初探》，《四川文物》2001 年 6 期。

③ 陆明华：《清代青花瓷器鉴赏》，上海人民美术出版社，1996 年。

④ 张柏主编：《中国出土瓷器全集》第 16 卷，科学出版社，2008 年。

⑤ 可见邛崃、双流等地的第三次文物普查资料。

⑥ 如广西北流清代岭峒窑即烧造的此类印章式的贴花团菊纹青花碗、盘，参见于凤芝：《广西北流、容县青花古窑址初探》，《中国古陶瓷研究》（第十三辑），紫禁城出版社，2007 年。

⑦ *TEK SING TREASURES*，Germany，NAGEL AUCTIONS，2000。转引自栗建安：《西沙群岛水下考古调查发现陶瓷器的相关问题》，载中国国家博物馆水下考古研究中心、海南省文物保护管理办公室：《西沙水下考古（1998～1999）》，科学出版社，2006 年。

清代早、中期的地层有 T2⑤、T3④、T8⑤层，其中标本 Db 型碗（T2⑤:3）、Aa 型Ⅰ式杯（T3④:6）、C 型Ⅰ式杯（T3④:9）、Da 型碗（T8⑤:3）等都是典型的清代早、中期的器物，不见清代晚期的器物。

明代晚期的地层有 T6⑤、T8⑥层，出土的标本 Aa 型Ⅳ式盘（T6⑤:4）、Ac 型盘（T8⑥:6）等是典型的明代嘉靖、万历时期的器物，而未见清代器物出现。

由于发掘范围和深度的限制，没有典型的、可以确认的属于明代早、中期的地层。但大量明初、明代中期的器物，也充分说明了这个时期人们在此较为频繁的活动。

故此，对 T2、T4、T6 和 T8 的地层年代可以判定如下：

T2①、T2②层为近现代层，位于 T2②层层表的 J2、J1 的年代也在近现代；T2③、T4③为清代晚期至民国初年地层，位于 T2③层层表的 G1 的时代在民国之际；T2④位于清代晚期的 T2③层与清代早期的 T2⑤层之间，而叠压在 T2③层之下、位于 T2④层层表的 L2 的年代则当在清代晚期与清代早期之间；T2⑤的年代在清代早期，其叠压之下的地层和遗迹年代不会晚于清代晚期。

L2 在 T6 内叠压于 T6③层下、位于 T6④层层表，依据 T2 各地层的年代判定，T6③层的年代当与 T2③层的年代一致，在清代晚期至民国初年；T6④的年代当与 T2④相当，在清代晚期与清代早期之间；T6⑤层的时代在明代晚期，叠压在其下的 T6⑥和 L3 的时代则不会晚于明代晚期。由于 T6 内 L3 以下的地层没有发掘，其上限暂不作推定。

T8②层的年代在清代晚期到民国初年之间，T8⑤层的年代在清代早期，故判定位于 T8②层层表的 Z5 的年代当晚于清代末期，为民国时期。T8③层、T8④层的年代大致在清代早期与清代晚期之间，位于 T8④层层表的三合土池子的年代也为清代无疑。T8⑥层的年代在明代晚期，打破 T8⑥层的 H2 的年代在明代晚期与清代早期之间。T8⑥层下叠压的 T8⑦、T8⑧、T8⑨各层的年代不会晚于明代晚期。

二　地层分组及年代推定

（一）地层分组

晾堂是传统蒸馏酒酿造工艺流程中极其重要的设备之一。水井街酒坊遗址所揭露出的晾堂共计三层，分布位置基本重叠，三层晾堂可以作为地层分组的参照标志。

据此，将探沟（沟）T1～T7 的地层堆积初步分为三组：

第⑦～⑩层及其以下部分地层为第一组；

第④～⑥层为第二组；

第①～③层为第三组。

T8 的第①、②层与 T1～T7 的第①～③层时代相近，归于第一组；

T8 的第③～⑦层与 T1～T7 的第④～⑥层时代相近，归于第二组；

T8 的第⑧、⑨层与 T1～T7 的第⑦～⑩层时代相近，归于第三组。

（二）年代推定

依据可断代的出土器物以及地层与遗迹单位之间的叠压、打破关系，对整个遗址的地层的年代断定如下。

T1～T7 的第①～③层，T8 的第①、②层为清代晚期至民国初期直至现代的地层。

T1～T7 的第④、⑤层，T8 的第③～⑥层为明代晚期至清代早、中期地层；

T1～T7 的第⑥层，T8 的第⑦层为明代中期地层；

T1～T7 的第⑦～⑩层，T8 的第⑧、⑨层为明代早期及其以前的地层。

再来判定上述各组地层的年代。

第一组地层的年代为清代晚期至民国初期直至现代；

第二组地层的年代上限为明代中期，下限为清代中期；

第三组地层的年代下限不晚于明代早期。

由于发掘面积极其有限，尽管在晚期地层中出土了晚唐五代至宋代的典型器物，但无法对早期的地层进行明确的认定。

第三节　酿酒设备遗迹的分组与遗址的分期和年代

酿酒作坊中，酒窖、晾堂、灶等设备一经形成，多数会被长期使用。尤其是酒窖，因为酿造优质白酒讲究发酵，酒窖使用时间愈长、窖泥愈老、酒质则愈优。这种延续使用的特点，使得酒窖的始建年代、使用年代、废弃年代以及废弃后堆积形成的年代客观上存在一个差数，而本次工作所清理酒窖中的堆积均是废弃后形成的，而且从堆积层次上观察，并非一次就形成了发掘前的堆积厚度，也就是说酒窖废弃后的堆积亦是多次形成的，与酒窖的始建、使用年代应有一定的时间间隔。晾堂的情况也是如此。

遗址的酒窖 J5 四壁内部结构上下有别，下部为黄泥做成，上部则为土坯砖砌成（高度约 35 厘米），其间结合处有一层灰白色的黏合类物质。发掘后期又对 J5 底部进行了局部解剖，发现 J5 有两层窖底：第一层底系黄泥作成，厚度约 25 厘米，其下有深灰色填土，厚度为 30～35 厘米，填土以下又有一层泥质窖底，表面呈灰白色，较为坚硬，用泥纯净、细腻（见彩版一八）。

酒窖 J5 两层窖底之间的距离约为 35 厘米（窖底的抬升高度），J5 内壁上半部土坯砖砌成部分的高度也约为 35 厘米（窖口的抬升高度）。晾堂 L2 是在 L3 废弃以后另建而成，二者之间的距离同样约为 35 厘米（即晾堂的抬升高度）。并且 J5 的上下两道窖口分别与晾堂 L2、L3 的表面处在同一水平线上。可见，这不是偶然的巧合，表明酒窖与晾堂是同步抬升的。这应为酒窖增建加高和延续使用的实物例证。据此可以初步推测酒窖 J5 的始建和开始使用年代与第三层晾堂 L3 相近，两者应为配套设施，后 J5 延续使用与第二层晾堂 L2 配套直至废弃。

根据开口层位、平面布局及形制规模分析，酒窖 J6、J7 与 J5 的内部结构、始建和使用情况应基本相似。

遗址所发现的三层晾堂可以作为地层单位，同时也可以作为酿酒设备遗迹现象分组的参照标志。

按照地层叠压、打破关系和补充解剖发掘结果，初步将遗址内发现的主要酿酒设备遗迹分成三组。

第一组：晾堂 L1，酒窖 J1～J4、J8，灶 Z1、Z2、Z5；

第二组：晾堂 L2，酒窖 J5～J7 上层，灶 Z3（Z3 虽开口于现代灰沟 G1 之下，但它直接打破 L3，且 Z3 所用青砖形制与 L2 相同，故判定其年代与 L2 相近），圆形酿酒设备基座；

第三组：晾堂 L3 及其北部的路基（散水）遗迹，酒窖 J5～J7 的下层。

本次发掘揭露的三层晾堂保存较为完好，在位置上基本依次重叠，并且晾堂之间的各堆积层中出土有相当丰富的遗物，因此可以 L3、L2、L1 分别作为上述三组酿酒设备遗迹的代表来进行年代判定。

初步分析不难发现，由于水井街酒坊遗址上的酿酒生产基本是在连续不断进行的，当晾堂 L3 长期使用后，出于多种原因将其废弃，在其上修建起晾堂 L2；当 L2 使用多年废弃后，又在其上修建了晾堂 L1。因此，晾堂 L3 与 L2 之间的第④～⑥层为建造 L2 的基础垫土层和间歇层；晾堂 L2 与 L1 之间的第②、③层则是建造 L1 的基础垫土层和间歇层；建造 L3 的基础垫土层应是其叠压的第⑦层及其以下的地层。

从地层关系来看，晾堂 L3 是本遗址已发现的年代最早的酿酒设备，其上的第④～⑥层应是 L3 废弃以后形成的堆积，与 L3 的始建年代相去甚远，判定 L3 的始建年代应主要参照其叠压的第⑦～⑩层的年代。据局部解剖结果来看，第⑦～⑩层（即第三组地层）的年代下限不晚于明代早期，上限还不明确。故晾堂 L3 的始建年代上限也应不晚于明代早期，而叠压于其上的第⑥层为明代中期地层，即 L3 始建年代的下限。

需要说明的是，出于保护的需要，晾堂 L3 仅进行了局部的解剖，获取的第⑦～⑩层的包含遗物数量有限，故其年代判定的证据略显不足。

同理，可依据 T1～T7 的第④～⑥层（即第二组地层）的年代判断晾堂 L2 的始建年代，上限为明代中期，下限为清代中期。

依据 T1～T7 的第②、③层（第一组地层）的年代出土遗物判断晾堂 L1 的始建年代，上限为清代晚期，下限为民国初期。晾堂 L1 直到发掘之前仍然在使用。

第一、二、三组遗迹的年代分别与晾堂 L1、L2、L3 的始建年代相同。

按照遗迹单位分组及年代判定情况，并结合酿酒工艺流程，可将水井街酒坊遗址划分为三期。

第一期遗存包括路基（散水）、晾堂 L3、T1～T7 的第⑦～⑩层、酒窖 J5～J7 的下层等遗迹、T8 的第⑧和⑨层。其年代下限不晚于明代早期，上限还不清楚。

第二期遗存包括 T1～T7 的第④～⑥层、晾堂 L2、酒窖 J5～J7 的上层、灶 Z3、圆形酿酒设备基座及其外部的红砂石条墙基和木柱等遗迹，T8 的第③～⑦层。年代上限为明代中期，下限为清代中期。

第三期遗存包括 T1～T7 的第①～③层、晾堂 L1、酒窖 J1～J4、J8、灶 Z1、Z2、Z5，以及厂房建筑等遗迹，T8 的第①～②层。其年代为清代晚期至民国初期直至现代。

各个时期的主要遗迹之间相互配套，基本展示了传统白酒酿造工艺的完整流程。

本次发掘出的最早晾堂遗迹为晾堂 L3，根据在 L3 的中间部位和北部边缘以下地层发掘出土的瓷片可知，现存晾堂 L3 边缘的形成年代晚于中部的形成年代。在探沟 T1 内东部对 L3 的解剖中，发现晾堂建造材料与结构有不同之处。这一情况证实晾堂 L3 的现状并非一次建成，可能经过了多次增建、修补，究其原因推测与晾堂的使用损耗（发酵的酿酒原料所含酸性液体易对晾堂表面产生腐蚀作用）、生产规模的扩大等情况有关。晾堂同样存在始建、使用和废弃等年代刻度，而且晾堂 L3 现状规模宏大，修造工艺相当成熟，推测在此之前应有一定时期的发展历程作为其工艺基础，故晾堂 L3 的始建年代可能更早。第二层晾堂 L2 的增修补建痕迹则更为明确，其东部为三合土结构，西部则用青砖和红砂石铺砌而成，并有一条东西向的缝隙，说明 L2 并非一次建成，可能经过了两次以上的扩建。

另外，水井街酒坊遗址中的酒窖、晾堂等酿酒遗迹的修补、增建和废弃，同其临近的锦江水位、地下水位不断升高情况密切相关。传统浓香型白酒酿造工艺认为，酒窖、晾堂等酿酒设施开口的水平面高度不能低于地下水位的高度，否则所酿白酒的酒质将会受到极大的影响。

根据第三层晾堂 L3 的宏大规模和成熟工艺，也可以推测水井街酒坊遗址的起始年代可能早于晾堂 L3 的始建年代。遗址发掘出土物中有相当数量的晚唐五代至宋代的典型器物，表明遗址可能还存在比已发现的酿酒遗存年代更早的遗存。需要说明的是，基于第三层晾堂保护的需要，对晾堂及其以下地层的解剖工作只是小范围和局部的，仅出土少量遗物，故其年代判定所依据实物材料数量不多。

表一　水井街酒坊遗址遗迹分期一览表

编号	地层单位及酿酒设备遗迹	期别	年代
第三组	晾堂 L3 及其北部的路基（散水）遗迹，酒窖 J5 ~ J7 的下层，T1 ~ T7 的第⑦ ~ ⑩层，灰坑 H4，T8 的第⑧、⑨层等	第一期	年代下限不晚于明代早期
第二组	晾堂 L2，酒窖 J5 ~ J7 上层，灶 Z3，T1 ~ T7 的第④ ~ ⑥层，T8 的第③ ~ ⑦层，三合土池子，灰坑 H1、H2，圆形酿酒设备基座及其外部的红砂石条墙基和木柱等	第二期	年代上限为明代中期，下限为清代中期
第一组	T1 ~ T7 的第① ~ ③层，晾堂 L1，酒窖 J1 ~ J4、J8，灶 Z1、Z2、Z5，T8 的第① ~ ②层，灰坑 H3，灰沟 G1，厂房建筑等	第三期	清代晚期至民国初期直至现代

上述结果表明，水井街酒坊遗址出土遗物的年代多数较早，尽管目前发现的最早的酿酒设备遗迹的年代下限不晚于明代早期，但遗址出土较为丰富的晚唐五代至宋代的典型器物，表明遗址的年代可能更早。由于保护的需要，遗址并未进行全面揭露，故发现年代早于明代早期的酿酒设备遗迹的可能性是存在的。

第六章　相关问题的初步认识

第一节　遗址内圆形酿酒设备基座遗迹的用途探析

在探沟 T3 东部发现一处酿酒设备基座遗迹（见彩版二一，1），开口于第④层之下，叠压于第⑤层之上。基座平面呈圆形，直径 225 厘米；上部已被破坏，残高约 40 厘米。底部平铺环形石盘（其上琢制有均匀的纵向渠槽，似为废弃的磨盘或碾盘），盘上起砌两圈砖石结构的立壁，外壁厚约 25、内壁厚约 30 厘米，壁间填以砖、石块及灰浆等物。立壁外表用白色灰浆抹光，基座内底平砌一圈呈向心状排列的青砖，直径约 90 厘米，砖与砖之间的缝隙填有白色灰浆。解剖结果可知，基座系在第⑤层表面平地起建而成，底部石盘以下未挖圹（从而排除了是水井遗迹的可能）（见彩版二一，2）。在基座的西部、南部各发现一列排放整齐的红砂石条基础，呈垂直状联结，南面石条上还发现有木柱，据其走向和形状推测为墙壁基础。

该基座做工精细，且为建筑物覆盖，表明该酿酒设备在生产过程中占据十分重要的地位。

经窖池发酵老熟的酒醅，酒精浓度还非常低，需经进一步蒸馏和冷凝，才能得到较高酒精浓度的蒸馏酒。在传统的固态发酵法白酒生产中，采用俗称"天锅"的设备来完成蒸馏、冷凝任务（图 6-1；彩版九六），一般是在炉灶上放一口"地锅"，安置甑桶和"天锅"冷却器，再配以冷凝管道和盛接容器（遗址发掘出土有石盛酒器）。通常在甑桶内装入发酵成熟的酒醅，用灶火加热进行蒸馏。同时，在"天锅"内注入冷水，并不断更换，使汽化的酒精遇冷凝结成液体，从而达到提升酒精浓度和形成白酒香味的目的。北京"二锅头"酒即由此得名。

这类"天锅"设施遗物在历年来的考古工作中不止一次被发现。如 1975 年 12 月，河北省青龙县西山嘴村南新开河道中发现一套金代铜烧酒锅（图 6-2）。附近是一处金代遗址。烧酒锅在金代文化层的一个竖式圆窖里发现。从地层和伴出器物判断，烧酒锅应是金代遗物。经定性、定量分析，确知烧酒锅是由黄铜制成。烧酒锅高 41.6 厘米，由上下两个分体套合组成。下分体是一个半球形甑锅，高 26、口径 28、最大腹径 36 厘米。腹中部有环鋬一周，宽 2、厚 0.5 厘米。口沿作双唇凹槽，宽 1.2、深 1 厘米，是为汇酒槽。从汇酒槽通出一个出酒流，一端是与锅体同范铸成的铜流，另一端是插入的铁流。出土时铁流部分已残，但从残迹仍可察知全流约长 20 厘米，铜流部分与铁流部分长度为 1∶4。上分体是一圆桶形冷却器，高 16、口径 31、底径 26 厘米。穹隆底，隆起最高 7 厘米，接近器的中部。底下成卷状壁。近底处通出一个排水流，从结构看，也是由铜流、铁流接合而成，出土时仅见与器身同铸的铜流部分，残长 2 厘米，全长不明。冷却器底沿作牝唇，当上下二分体套合时，牝唇与汇酒槽的外唇内壁正相紧贴。从形制看，上分体冷

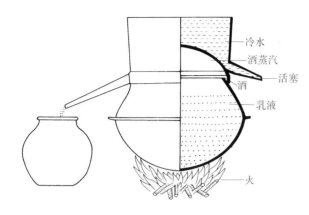

图 6-1 河北青龙县出土的金代铜蒸酒锅蒸酒流程图

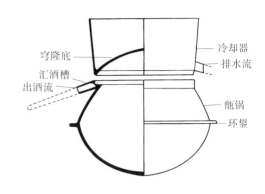

图 6-2 河北青龙县出土的金代铜蒸酒锅

却器形似商周铜甗的上部，下分体甑锅有东汉带环经铜釜的风格，表现了对传统工艺的继承。烧酒锅的构造原理和使用方法：甑锅盛适量的水，水面以上近锅腹处安一箅子（用秫秸或其他材料），箅上装酿酒坏料。冷却器严密套合在甑锅上部，器内注满冷水，用活塞堵住排水流。蒸酒时，酒蒸气上升，在弯隆底被冷却成液体的酒，顺卷状壁由牡唇导入汇酒槽，通过出酒流即可注入盛酒器（见图 6-1）。为了保持冷却作用，要随时拔开排水流活塞，排出热水，换进凉水①。

除河北青龙县出土的金代铜蒸酒锅外，2004 年春夏之交，北京中华世纪坛艺术馆与内蒙古自治区博物馆联合举办"成吉思汗——中国古代北方草原游牧文化大展"，其中展出了一件"铜酿酒锅"（图 6-3）。根据内蒙古博物馆的原始记录，这件酒锅 1987 年借自赤峰市的巴林左旗博物馆，1983 年出土于内蒙古巴林左旗隆昌镇十二段村，大体上属蒙古帝国时代的器物。不过，同出的其他器物因年代久远，已经没有办法搞清。罗丰进行了相关调查：这件器物过去未见著录，正式发表的图片参见中华世纪坛艺术馆、内蒙古自治区博物馆编著的《成吉思汗——中国古代北方草原游牧文化》（第 298 页，北京出版社，2005 年）。该书称出自巴林右旗，但并无具体地点，经内蒙古博物馆苏东女士多方询问此器出土经过，方确认为巴林左旗隆昌镇十二段村出土，而过去所传出土地点有误②。

这件酒锅为青铜质地，通高 48 厘米。由上下分体合成，下部为甑锅，上部是圆锅。甑锅为圜底，鼓腹，上腹内收，内外沿之间有一周凹槽。最大腹径 42.4、高 33 厘米，内沿高 1.5、外沿高 3 厘米，二者之间的凹槽深 2.5 厘米。口外有一流，焊在外沿外侧，凹槽内的流孔略呈长方形，流直径 2、残长 6 厘米，流孔长 2、宽 0.5 厘米。锅体由三片等均体合范铸成，范缝未经打磨，表面凸起。锅的圜底略有残损，可以看出圜底经多年火烧，数度破损，并由外向里用生铁片焊补过。锅体使用的材料很厚，再加上焊补材料的堆积，使锅的现存腹深只有 32.4 厘米。上部的圆锅直径 41.6、通高 17 厘米。口沿上有两个对称的方形耳，其两侧有弧形斜支。耳宽 7.3、高 5.2 厘米。锅外壁近底部有对称的方形实心扣錾，錾微向下倾。不算方耳高度，锅体只有 11 厘米高。外底呈

① 青龙县井丈子大队革委会、承德市避暑山庄管理处：《河北省青龙县出土金代铜烧酒锅》，《文物》1976 年 9 期。承德避暑山庄博物馆：《金代蒸馏器考略》，《考古》1980 年 5 期。

② 罗丰：《蒙元时期的酿酒锅与蒸馏乳酒技术》，《考古》2008 年 5 期。

穹隆状，直径38.4、最高处约5厘米。内底作球
形，外壁有一流，口外径2.4、内径1.9、残长5
厘米。锅的下边缘正好与甑锅上口相扣合。上部
圆锅的器壁较下部甑锅的器壁稍薄一些，外体也
有一些块状锈，有一处小洞还用铜铆钉修补过。

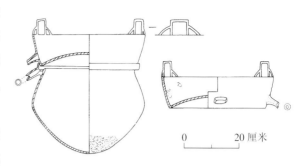

图6-3　内蒙古巴林左旗青铜酿酒锅

　　罗丰对内蒙古巴林左旗和河北青龙县出土的
蒙元时期的酿酒锅进行了深入研究。认为通过比
较可以看出，内蒙古赤峰市巴林左旗和河北青龙
县出土的青铜锅之间存在着相对的时间先后关
系。青龙县出土的青铜锅在形制和功能上都明显要比巴林左旗出土的青铜锅进步一些，虽然它们
有可能同属蒙元时期，但巴林左旗出土青铜锅的年代稍早。它们应是酿酒锅，是蒙元时期乳酒的
制造设备，也是我国目前所见最早的蒸馏酒酿造装置。巴林左旗酿酒锅的出土，使对蒸馏酒工艺
的讨论进一步走向深入①。

　　而现代民族学调查材料中有一些关于少数民族原始酿酒工艺流程的记载内容，也可以帮助我
们了解传统蒸馏酒酿造工艺所采用的技术和设备。比如，云南省佤族酿造烧酒（白酒）的技术就
能为认识"天锅"的结构提供参考材料。佤族酿制烧酒的程序是，将煮熟经发酵后的谷子、荞、
玉米等置一铁锅上面的木桶里，容量为木桶的三分之二或二分之一。谷物上面（木桶的上半部，
即发酵谷物的上面）安置一木瓢，连接一竹管，使之伸出桶外。在木桶上面放置一铜盆，内盛凉
水，这时，锅底下用木柴燃料，与此同时，不断向铜盆里灌注凉水，木桶里已发酵的谷物经蒸发
遇冷后便凝聚为酒，滴入桶内的木瓢中，再顺竹管流到桶外的坛子里，酿酒即告完成②。

　　与传统的连体式"天锅"设施略有差异，水井街酒坊遗址发现的蒸馏冷凝设备可能属于分体式
设施，即蒸馏器与冷凝器并未上下叠压组合在一起，而是处于分离状态，由输送酒精蒸汽的管道进
行连接。这类分体式蒸馏冷凝设备可以满足大规模生产的需要，与采用连体式"天锅"设施的酿酒
作坊相比较，产量大大提升。在考古发掘工作开始之前，水井街酒坊遗址所属的全兴酒厂曲酒生产
车间即使用分体式蒸馏冷凝设备，不过冷凝器为金属结构的罐桶，内置输送酒精蒸汽的管道设施。

　　从传统白酒酿造工艺流程来看，水井街酒坊遗址发现的圆形基座遗迹的性质也应与蒸馏冷凝
设备相关。传统蒸馏酒酿造工艺大致包括蒸煮、发酵、蒸馏三大工序，在水井街酒坊遗址范围内
业已发现的酿酒设施遗迹中，承担蒸煮工序的炉灶、承担发酵工序的晾堂及酒窖均得到了确认，
唯有承担蒸馏工序的关键设备尚不明确。而该圆形基座遗迹已排除了作为水井、碾盘的可能，而
应是与蒸馏工序密切相关的设备遗迹。

　　根据以上分析，该圆形基座遗迹无疑应是传统白酒酿造工艺的蒸馏冷凝设备（即"天锅"）
中冷凝器的基座遗迹。

①　罗丰：《蒙元时期的酿酒锅与蒸馏乳酒技术》，《考古》2008年5期。
②　中国社会科学院民族研究所：《云南佤族社会经济调查材料》（佤族调查材料之七），转引自李仰松《我国谷物酿酒起源新论》，载
　　于《民族考古学论文集》，科学出版社，1998年。

第二节　水井街酒坊遗址复原探析

　　水井街酒坊遗址发掘揭露的各种与酿酒相关的遗迹现象及遗物，为我们认识中国传统蒸馏酒酿造工艺流程和技术水平的演变提供了宝贵的实物资料。在遗址所包括的明代、清代及现代三个时期的遗存中，除明代酿酒遗迹发现较少外，另两个时期的酿酒遗迹均十分丰富，由此可以大致复原当时蒸馏酒酿造生产的全部工艺流程（图6-4）。

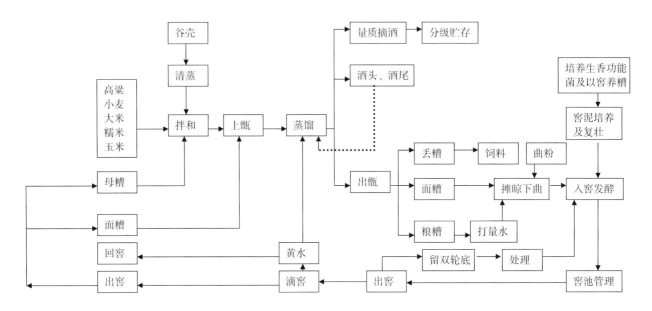

图6-4　水井坊酒生产工艺流程图

　　现以保存酿酒遗迹较为齐备的清代遗存（第二期遗存）为例，来分析各类酿酒设施在生产过程中所起的作用及其相互之间的配套关系。

　　白酒习惯上是指以粮谷为原料，加入糖化发酵剂，经固态或半固态发酵的蒸馏酒。水井街酒坊作坊遗址已揭露的清代酿酒遗迹布局配套，完整齐全，几可再现从原料煮熟、拌曲发酵到蒸馏的白酒酿造三大工序的全过程。

　　第一道工序包括三个步骤。第一步用石臼把稻谷破碎成米和谷壳。大米用作制白酒的原料，谷壳用作制白酒的辅料。大米淀粉含量较高，结构疏松，利于糊化，有"高粱香、玉米甜、大麦冲、大米净"的说法。谷壳的作用是可利用它们的某些有效成分，调剂酒醅的淀粉浓度，冲淡或提高酸度，吸收酒精，保持浆水；使酒醅具有适当的疏松度和含氧量，并增加界面作用，使蒸馏和发酵顺利进行，有利于酒醅的正常升温。第二步用井水润料，为蒸煮糊化创造条件。第三步在炉灶上进行原料蒸煮，使淀粉颗粒进一步吸水、膨化、破裂、糊化，以利于淀粉酶的作用。同时，在高温下，原辅料也得以灭菌，并排除一些挥发性的不良成分。灶Z3是本期唯一的灶坑类遗迹，残损严重，但工作坑及火膛下部仍可辨认。

　　第二步发酵过程是技术性最强的一道工序，通常在晾堂和酒窖中完成。依据淀粉成糖，糖成酒的基本原理，发酵实际上就是糖化、酒化同时进行的过程，也是技术性最强的一道工序。可分为前期发酵和后期发酵两步，分别在晾堂和酒窖中完成。首先把蒸煮后的醅在晾堂上用竹垫摊晾、冷却、下曲，进行前期发酵。然后把摊晾下曲后的糟醅入窖进行后期发酵，又称主发酵。清代晾堂 L2 东西两部分的建造材料不同，东部用三合土、西部则用砖，这种差异可能与建造时间不同有关，也可能是功能、用途不同所致。但晾堂 L2 西部砖面可见明显的修补、扩建痕迹，例如其中部砖面凹凸不平、受侵蚀严重，而周围砖面则保存较好；西部砖面还有一条整齐的东西向缝隙。在白酒生产过程中，晾堂主要用作拌料、配料、堆积和初步发酵的场地，多安排于蒸馏车间附近。酿酒原料蒸煮后摊放于晾堂之上，将捣碎的曲药（发掘出土有石臼等捣制工具）均匀地拌入其中，进行晾堂堆积发酵。晾堂堆积发酵简称晾堂操作，是固态发酵工艺的预发酵或前发酵，以收集、繁殖酵母菌为主要目的[1]。发酵的主要过程是在酒窖内完成的，而浓香型白酒生产区别于其他类白酒生产的最重要特点就是采用泥窖固态发酵方法。经晾堂堆积发酵的酿酒原料接着被投入泥窖，并封闭严实让其发酵变酒和脂化老熟，这个周期所需时间较长（一般为 50～70 天）。本遗址发现的清代酒窖共三口（J5～J7），从层位上观察，同晾堂 L2 一致，均位于第③层下，并且 J5～J7 开口的水平高度也和 L2 表面相同，可见它们不仅是同一时期而且是相互配套的酿酒设施。前述清代酒灶 Z3 现仅存底部，其原来高度不会低于晾堂 L2 表面，Z3 用砖的规格与 L2 亦一致，因此 Z3、L2 及 J5～J7 都是相互配套的。

　　第三道工序蒸馏就是酒精浓度提纯，所需设施为蒸馏器。从固态发酵法所得酒醅，其中含有酒精成分及其他酒精发酵副产物，通过蒸馏工序，可以制得新酒。蒸馏是白酒生产中最重要的环节。可以说，没有蒸馏就没有白酒。具体过程是 8～15 天后，把发酵成熟的酒醅从酒窖内取出，在炉灶上用甑桶和"天锅"冷却器进行蒸馏，圆桶形砖座盛放蒸馏用冷水或放"天锅"。与此同时，进行"掐头去尾"、"看花摘酒"和接基酒等操作。"掐头"是指刚流出来的酒，由于含有较多低沸点的物质，需储存以作勾兑调味酒，又称酒头。"去尾"指尾酒需倒入底锅再蒸馏取酒。"看花摘酒"是在酒醅蒸馏过程中用小杯或碗盛接蒸馏液，当蒸馏液冲入小杯或碗中时，在酒液表面会形成一层泡沫，俗称酒花；根据酒花的形状、大小、持续时间可判断酒液酒精度的高低，从而把中、高浓度与低浓度酒精分离开的一种工艺操作过程。广西桂林三花酒和江西吉安堆花酒就是以酒花定质而得名，最后用陶瓮、坛、盆接基酒。

　　遗址发现的圆形砖石结构遗迹即是蒸馏设备"天锅"冷凝器的基座部分，从层位上来看，它位于第④层下，建造时间较晾堂 L2 现状略早。但 L2 延续使用时间甚长，其现状是经多次修补、扩建的结果，"天锅"的基座或许与 L2 始建部分遗存的年代相同，这有待进一步的解剖发掘工作来证实。大致说来，清代的酒灶、晾堂、酒窖、蒸馏器等遗迹均应是同一酿酒流水作业线上的配套设施。

　　酿酒科技界和考古学界专家联合以江西省南昌李渡烧酒作坊遗址的考古发现为基础，对元代白酒生产工艺进行了模拟复原[2]，根据其工艺流程，并结合现代四川现代白酒酿制工艺技术，可

---

①　秦含章、张远芬主编：《中国大酒典》，红旗出版社，1998 年。

②　江西省文物考古研究所：《江西进贤县李渡烧酒作坊遗址的发掘》，《考古》2003 年 7 期。杨军、樊昌生：《破解白酒起源之谜——李渡无形堂元代烧酒作坊》，孙家骅、詹开逊主编《手铲下的文明——江西重大考古发现》，江西人民出版社，2004 年。

以对水井街酒坊遗址清代酿酒遗迹和遗物对应的白酒酿造工艺流程进行如下表示：

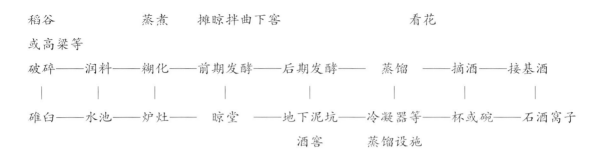

这与明末清初写成的《沈氏农书》中记载的一例大麦烧酒制作的工艺流程相印证：

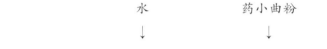

　　因年代久远，明代酿酒设施（第一期遗存）残留遗迹不多，晾堂 L3 及其北面的路基（散水）尚保存得较为完整。由于工艺水平演变不大，传统酿酒设施具有延续使用时间长的特点。一些晚期设施是在同类早期设施基础上增补、改建而成，如前文所述清代酒窖 J5 不仅上下部结构有别，而且其间的扩建痕迹清晰可见，J5 下部的开口正好与明代晾堂 L3 处在同一水平线上。因此，初步判定 J5 的始建年代可能早至明代，其下部应是与 L3 和路基（散水）相配套的酿酒设施。

　　佳酿必有美泉，蒸馏酒酿造工艺离不开水，而且对水质的要求较高，水井之类设施应是酒坊遗址的重要组成部分。为什么本次发掘工作尚未发现此类遗迹现象？究其原因有二：第一种情况是因为本次发掘工作受场地制约，所揭露面积有限，水井之类设施所处位置未被发掘；第二种情况，本遗址范围内并无水井之类设施，但遗址附近却有薛涛井等名井可提供优质泉水，传统酿酒工艺规模不大，所需水量亦不为多，依靠人力挑运即可满足用水。遗址所在街道以水井为名，附近还有一条金泉街（得名原因即是本街有井水质清冽味甘甜），说明此地应有名井佳泉存在①。

　　根据遗址出土酒具、食具文物众多，以及揭露有墙基、木柱、路基（散水）等遗迹的情况，推测遗址存在"前店后坊"的布局形式。如果是单纯的酿酒作坊遗址，不会有如此丰富的酒具、食具遗物出土。传统酿酒作坊常见"前店后坊"的布局形式，据四川大学的一位老教授回忆②，建国前水井街"福升全"号烧房（即本遗址所在地）还保存着临街卖酒、后面酿酒的店坊合一布局方式。

第三节　水井街酒坊遗址价值初识

　　本次发掘是目前国内首例对古代酒坊遗址进行全面揭露的专题性考古发掘工作，具有填补空白性的重要学术价值，是四川乃至全国酒坊遗址考古的重大发现。根据现有发掘材料及初步研究

---

① 四川省文史馆编：《成都城坊古迹考》，四川人民出版社，1987 年。
② 方北辰：《成都酒馆和全兴美酒》，《四川文物》2011 年 6 期。

结果可知，水井街酒坊遗址历经明清，发展至今，基本连续不断，揭露出丰富的晾堂、酒窖、炉灶、路面等遗迹现象、出土的多瓷器、陶器等遗物也多为各式酒具和与酿酒相关的器物，堪称中国浓香型白酒酿造工艺的一部无字史书，为研究中国蒸馏酒（又称白酒或烧酒）酿造工艺的发展历程提供了珍贵的第一手材料，丰富了中国传统酒文化的研究内容。

中国是世界三大酒系发源地之一。白酒和威士忌、白兰地并称为"世界三大蒸馏酒"。白酒由于乙醇含量在40°以上，遇火能够燃烧，又俗称烧酒和火酒。它和酿造酒的主要区别在于白酒是通过蒸馏得来的。关于白酒的酿造技术是中国人发明的，还是从周围国家传来的问题，目前还未形成定说。即便在"外来说"中也存在着不同见解，有人主张"北方传入说"，即白酒是北方游牧民族从中亚地区传入中国的；也有人主张"南方海路传入说"，即认为是阿拉伯商人从印度传入广州和泉州的，还有人主张"南方陆路传入说"，即认为是印度支那半岛的山地民族从暹罗（今泰国）和缅甸传入云南和贵州的。所以白酒一段时间又被称为阿剌吉酒和暹罗酒。阿剌吉源于阿拉伯语之"Arag"，暹罗即"Siam"的译音。阿剌吉酒在元代忽思慧的《饮膳正要》、朱德润的《扎赖机酒赋》、许有壬的《咏酒露次解恕斋韵·序》、熊梦详的《析津志》，明初叶子奇的《草木子》等文献中均有记载。暹罗酒的记载见于元末明初陶宗仪《说郛》中所收《曲本草》。总之，无论哪种说法都否认不了固态或半固态发酵蒸馏酒酿制技术是由中国人独创的事实。因为在世界范围内只有中国存在固态发酵，固态或半固态发酵的蒸馏酒是我国古老而独特的传统产品和工艺。固态发酵蒸馏酒是采用固态蒸料糊化，固态糖化与发酵及蒸馏的白酒。它比液态蒸煮糊化，液态糖化与发酵及蒸馏的白酒在手工操作上进了一大步，能节约厂房面积，减少劳动力，增加生产。半固态发酵蒸馏酒分先糖化后发酵和边糖化边发酵两种工艺。先糖化后发酵蒸馏酒采用固态培菌糖化，进行液态发酵蒸馏白酒；边糖化边发酵蒸馏酒采用固态蒸料糊化，在半固态状态下，经边糖化、边发酵后蒸馏白酒。在世界酿酒工艺发展历程中，固态或半固态发酵蒸馏酒堪称成就最高的发明之一，是宝贵的文化遗产，它所蕴涵的科技含量远高于早已出现的发酵原汁酒。

中国蒸馏酒起源于何时，是世界科技史界一直争论不休的问题。学术界观点甚多，有商代晚期说、东汉说、唐代说、宋代说、金代说、元代说等。[①] 但所依据材料主要是古代史籍和诗赋中关于酒的记载和造酒方法的介绍，以及考古出土或传世的类似蒸馏器的器物或设备等，证据尚显不足。水井街酒坊遗址发掘揭露了丰富的相互配套的蒸馏酒酿造设施，并出土了大批酒具以及与酿酒相关的文物，是目前所见年代最早的古代白酒形成规模化、批量生产酿造工艺的实物依据。这一发现无可辩驳地说明，最迟到明代，中国已有非常成熟的蒸馏酒酿造技术。

遗址也是首项荣获"全国十大考古新发现"（1999年）表彰的中国传统工业遗产类型遗址，并是首个由国务院公布为全国重点文物保护单位的酒坊遗址（2001年）。2006年12月遗址与河北省徐水县刘伶醉烧锅遗址、江西省进贤县李渡烧酒作坊遗址、四川省泸州市泸州大曲老窖池群、四川省绵竹市剑南春天益老号酒坊遗址（总称中国白酒酿造古遗址）共同列入中国世界文化遗产预备名单重设目录。

---

① 李华瑞：《中国烧酒起始的论争》，《中国史研究动态》1990年8期。周嘉华：《中国蒸馏酒源起的史料辨析》，《自然科学史研究》1995年3期。杜金鹏、岳洪彬、张帆：《醉乡酒海——古代文物与酒文化》，四川教育出版社，1998年。

　　遗址是国内目前经过科学发掘的揭露酿酒设备遗迹种类最为齐备、保存最为完好的古代白酒酿造作坊遗址，是酿造工艺研究领域十分难得的珍贵实物资料，根据遗址内揭露的种类丰富的酿酒遗迹现象、出土的众多饮食器具遗物，可以复原出传统白酒酿造工艺的全部流程，堪称中国白酒的一部无字史书，可誉为中国白酒第一坊。

　　水井街酒坊遗址对于中国饮食文化的研究具有极其重要的推进作用，它丰富了传统酒文化的研究内容。中国酒文化源远流长，独具特色。河南舞阳贾湖遗址考古发现表明，早在距今约9000年左右，中国先民已开始酿酒。但长期以来，对于古代酒坊和传统酿酒工艺的研究却缺乏有力的实物证据，水井街酒坊遗址是中国"浓香型"白酒酿造技艺精华的物质载体，其丰富的遗存类型和出土文物为中国传统酿酒文化传统提供了证据。而且，现今的"浓香型"白酒在传统酿造技术的基础上，不断进行吸收和锻炼，延续和创新着中国一脉相承的酒文化之独有内涵。水井街酒坊遗址代表着一种独具风格、地域特征和文化价值的科技组合范例。以传统蒸馏酒酿制技艺为核心，遗址和其沿用了百年的古窖群，既是酿酒微生物的载体和宝库，也是研究酿酒微生物以及酿酒工艺变革难得的素材，是固体生物工程代表，具有重大的科学价值。另外，遗址展示了传统的白酒从制曲、酿酒、续糟配料到贮存、勾兑等完整工艺流程，代表着中国白酒酿造技术的科学性和合理性。中国白酒生产是一种微生物技术，它是将固态的粮食经发酵转变为糖，再转变为醇的过程，与国外葡萄酒生产的液体发酵制酒工艺有很大的差别。四川浓香型大曲白酒的固态泥窖发酵工艺是中国白酒产业的杰出代表，科技含量较高（彩版九七）。全兴大曲（水井坊）是中国著名的白酒品牌，属于浓香型白酒中的清香型。水井街酒坊遗址在中国浓香型白酒作坊遗址中的保存状况最好，年代最早，最具代表性。

　　遗址的发现为中国传统酒文化提供了有利的实物证据。无酒不成礼，中国传统酒文化承载着中国传统礼制文化的重要内容。遗址同时也对研究四川地区的历史文化、古代到近代的社会经济状况和民风民俗具有重大意义。

　　水井街酒坊遗址是中国较晚历史时期考古的重大发现，也是专业门类考古的突破性成果，为考古学研究领域开辟了一个全新的课题，拓宽了学科的研究范围。

　　水井街酒坊遗址是近年来我国城市考古的重大成果之一，极大地丰富了成都城市考古的内容和研究课题，尤其是"前店后坊"的布局，对探讨明清时期的成都城市手工业分布区域、平面格局以及演变特征和规律，认识当时城市工商业与社会发展状况等都有非常重要的学术价值。

　　遗址出土的大量青花瓷片也为探讨成都地区明清时期民间窑场制瓷业的发展水平提供了科学的实物资料，可以弥补既往对于这一领域的研究相对薄弱的状况。

　　水井街酒坊遗址不仅是中国，也是世界上第一次经考古发现的保存较为完整的古代白酒酿造作坊遗址。遗址所揭露的遗迹、遗物现象为我们展示了一幅中国传统白酒酿造工艺演进历程的生动画卷，是全面研究白酒起源及发展的珍贵实物材料。对中国传统工业遗产——水井街酒坊遗址的有效保护及合理利用工作大有可为，在维持原貌的基础之上建立遗址博物馆，突出自己的特色，与旅游业相结合，恢复"前店后坊"平面布局形式进行仿古生产及经营活动，将会取得良好的社会效益和经济效益。

第四节　关于水井街酒坊的人文地理背景及其生成原因

一　东门胜景与水陆辐辏——水井街酒坊生成的人文地理背景

（一）传统东门游乐胜地

水井街地处成都市区东南部，府河与南河交汇点以东，全长不足五里，宽不过 5 米，西接水津街南口，东沿双槐树街、金泉街、星桥街直达九眼桥。虽然自公元前 311 年张仪、张若筑龟城以来，历代统治者在成都修筑城池时，均未将水井街地区纳入城墙包围的范畴之内，但这一地区历来名胜众多、寺庙林立、风景秀丽，一直是成都传统的游乐胜地。根据文献记载，水井街地区历史上是成都"东门之胜"集中分布之地，其名胜、景点主要有合江亭与合江园、锦官驿、回澜寺与回澜塔（白塔寺与白塔）、洪济桥、薛涛井、望江楼、普慈寺、海云山及海云寺等，是历代达官政要、文人骚客登临览胜、吟诗作赋，百姓民众休闲娱乐、参神拜佛的理想之所。

唐代西川节度使韦皋于贞元年间（785～804 年）自西北引水入城，开凿解玉溪，又在郫江与流江（即抱城之二江）汇合处建合江亭，地点在今安顺桥稍东之锦江北岸。合江亭因此与郫江北岸已有的张仪楼、散花楼构成了一条自西向东的风景线。后来又在合江亭旁增筑楼阁台榭，参植美竹异卉，号曰合江园，成为一处著名的游览胜地。明代曹学佺《蜀中名胜记》引唐代史籍云："一都之奇胜也。是亭鸿盘如山，横架赤霄，广场在下，砥平云截，而东南西北迥然矣。"① 宋代蔡迨在《合江园记》中写道："合江园唐尹韦忠武（韦皋卒谥忠武）作，后因其亭为楼阁台榭，参植美竹异卉，荟翳参差，而春芳夏阴，波光月晖，以时献状无不可爱，故为成都园亭胜迹之最。嘉时暇日，方伯刺史与其宾寮名胜登临，燕衎传觞，受简以极，其骎儿与东平之溪堂、山阴之兰亭争长也"②。

唐代晚期，西川节度使高骈筑罗城，郫江断流，缺少了水的滋润就难有灵气，张仪楼、散花楼逐渐失去了往日的风采。改道后的郫江仍然在合江亭下与流江汇合，二江拱亭之景象如故。于是合江园继续成为游人云集之地，到了宋代盛况更为空前。宋人吕大防《合江亭记》云："合江故亭，唐人宴饯之地，名士题诗，往往在焉。久茀不治，余如命葺之，以为船官治事之所。俯而观水，沧波修阔，渺然数里之远。东山翠麓，与烟林篁竹，列峙于其前。鸣濑抑扬，鸥鸟上下，商舟渔艇，错落游衍。春朝秋夕，置酒其上，亦一府之佳观也"③。南宋末年，元军攻入成都，合江亭与合江园皆毁于战火。明代在合江亭旧地设锦官驿，清代于此征收船舶税，再后来此地成为市民聚居之所。

合江亭与合江园毁于兵燹多年以后，在水井街地区东部江滨，明代又兴建了另一处登临胜景——回澜塔与洪济桥。其实此地早在宋代即建有寺庙，1922 年该地曾发现了南宋乾道年间

---

① ［明］曹学佺著，刘知渐点校：《蜀中名胜记》，重庆出版社，1983 年。
② ［明］杨慎：《全蜀艺文志》卷三九，线装书局，2009 年。
③ ［明］杨慎：《全蜀艺文志》卷三九，线装书局，2009 年。

（1165～1173 年）的断碑，碑文内容表明此地宋代建有东山白塔寺（民国《华阳县志·古迹四》）①，后来该寺被毁。明代万历二十一年（1593 年），四川布政使余一龙见南河与府河在城东南汇合后，水势增大，而此地是水陆交通要道，过往行人车马络绎不绝，过河极为不便，夏秋雨季洪水时节尤其困难，遂倡议于两江合流之处修建洪济桥，1597 年十月建成。"桥成为洞者九，纵四十丈，横四十尺。远而望之，虹舒电驰，霞结云构，若跨碧落而太空为门。俯而瞰之，飙涌涛春，鲸飞鲵走，若驾滇渤而巨浪为溜"②。明末遭战乱破坏，清代乾隆五十三年（1788 年），四川总督李世杰又对桥进行了补修。民间习惯上称洪济桥为九眼桥，是锦江上最大的石拱桥。

余一龙建洪济桥同时，又于桥南岸东侧建回澜塔，"为形胜壮观"（天启《成都府志·关梁》）③。塔旁后来有寺，不知建于何年。民国《华阳县志·古迹四》云："以寺前即回澜塔得名。"可知建寺当在建塔之后。明末张献忠义军攻占成都，回澜塔与回澜寺均被毁。清代乾隆三十年（1765 年），四川总督开泰重建回澜寺，又在寺之东侧建造一座三级亭式楼阁并命名"同庆阁"。民间习惯称同庆阁为白塔，同时称回澜寺为白塔寺（嘉庆《华阳县志》卷二绘有回澜寺、同庆阁的鸟瞰图）。白塔直到新中国成立前数年才在一场大火中被焚毁，至今所在街道仍名为白塔寺街。

今望江公园内的薛涛井本来是明代蜀王府仿薛涛法制造纸笺的地方。薛涛是著名的唐代女诗人，与汉代的卓文君、五代前蜀的花蕊夫人并称为蜀中的三大才女。涛字洪度，本长安良家女，其父薛郧，因官寓蜀而卒，母孀居，家贫无归，遂侨居成都百花潭。成年后，"以诗闻外"，又能扫眉涂粉，韦皋镇蜀，召涛充侍酒赋，"涛出入幕府，自皋至李德裕，凡历事十一镇，皆以诗受知"④。相传她有诗作五百首，现仅存八十九首。其诗堪与当时文坛诸才子相媲美，书法也极佳。薛涛还亲自制造出一种深红小彩笺，"裁书供吟，献酬贤杰，时谓之薛涛笺"。薛涛喜欢在她制作的诗笺上以其漂亮的行书题诗于上，成为溶诗、书、画为一体的艺术品。因其典雅美妙，时人多羡而效之，于是以薛涛笺写诗风行一时，甚至成为贡品。五代诗人韦庄《乞彩笺歌》诗云："也知价重连城璧，一纸万金犹不惜。"

据唐、宋人记载，薛涛用浣花溪水造纸笺，其地远在城西的杜甫草堂附近。明代因唐百花潭逐渐淤积，水源不畅，不便沤浸造笺原料，蜀王府于是改至玉女津造作薛涛笺，其地即今望江楼下之锦江（玉女津本渡口名，又泛指津畔一带）。每年三月三日取津侧甘泉井水特制仿薛涛笺式名笺二十四幅（故此井遂名曰薛涛井），以十六幅贡京师（王士祯《池北偶记》，同书又记他曾见井旁有雕镂精丽的造纸所用石臼）。天启《成都府志·古迹》中说："薛涛井旧名玉女津，在锦江南岸，水极清澈，石栏周环，为蜀藩制笺处，有堂室数楹，令卒守之。"明人王士性《入蜀记》也说："过濯锦桥三里，至薛涛井，水味甘冽。"又有好事者在玉女津附近构筑薛涛墓，使胜地平添一段哀婉情趣。清代人在井旁立碑，题薛涛井三字，款书康熙甲辰（即1664 年）三月立，此碑今尚在。

清代光绪初年，华阳县人马长卿看到回澜塔（即同庆阁）毁后，本县科举及第事业衰落，于是创议在薛涛井前造崇丽阁以代之，光绪十五年（1889 年）建成。"阁凡五级，碧瓦朱栏，瓢棱

---

① 陈法驾等修，曾鉴等纂：民国《华阳县志》，《中国地方志集成——四川府县志辑》（第三册），巴蜀书社，1992 年。

② 李长春：《新修洪济桥回澜碑记》，载天启《成都府志》及嘉庆《华阳县志·艺文·古碑记》。

③ ［明］冯任修，［清］张世雍等纂：《天启新修成都府志》，《中国地方志集成——四川府县志辑》（第一册），巴蜀书社，1992 年。

④ ［明］曹学佺著，刘知渐点校：《蜀中名胜记》，重庆出版社，1983 年。

壁当，井干六角，塔铃四响，登高眺望，江天风物，一览在目矣"①。光绪二十五年（1899 年），翰林院编修伍崧生等人，在阁旁大兴土木，构建吟诗、濯锦两楼及浣笺亭、五云仙馆、流杯池、泉香榭、清裂室、画桥碧阴、枇杷门巷、大花亭、小书房诸胜，"于是遂为都人游宴饯别之所，而俗则呼为望江楼云。"（民国《华阳县志·古迹》）。崇丽阁形状虽仿同庆阁却更为宏伟。关于崇丽阁得名望江楼的原因，近人梁伯言《成都近郊名胜望江楼沿革考》称："又闻父老传说：……时总督为刘秉璋，落成之日，大宴宾客幕僚于此。席间占一联云：'望江楼上望江流，江楼千古，江流千古。'……望江楼之名遂自此盛传人口。" 又释崇丽阁之名者，一谓源于左思《蜀都赋》中"既丽且崇，实号成都"二语。一谓崇丽，是根据班固《西都赋》"肇自高而终平，世增饰以崇丽"之意。望江公园到今天仍是成都著名的旅游景点。

普慈寺莲花池东南，旧名净胜院，唐、宋时人多在此聚会饯饮。嘉庆《华阳县志》引宋人汉仲明诗："城东萧寺无人问，几度曾因送客来。"据此可知，该寺之创建至迟在宋代。明代初年重建，万历年间（1573～1620 年）中曾修钟楼、屏墙。寺内有释迦牟尼佛、接引佛、文殊、普贤铜造像各一，阿难、迦叶尊者铁造像各一。

（二）自古水陆交通枢纽

除却传统的游乐、休闲胜地，水井街地区还是唐宋以来成都最主要的水陆辐辏之地，在城市内外交通运输中发挥着至关重要的作用。

由于成都平原地势西北高、东南低，其河道多呈西北—东南流向，平原核心地带极易遭受洪水的侵袭。自远古以来，勤劳、智慧的成都人民就坚持不懈地进行着保卫家园的大规模治水活动。尤其是战国晚期李冰任蜀郡太守以后，"凿离堆，辟沫水之害"，修建了造福子孙万代的都江堰水利工程，并"穿二江成都之中"（《史记·河渠书》），使成都出现了二江从城南"双过郡下"的平面布局形式。唐僖宗乾符二年（875 年），西川节度使高骈动员 10 万之众，把原来经城西流至城南与流江（南河）平行的郫江（旧府河）改道，绕过城北、城东后至合江亭与流江汇合，成都形成"二江抱城"的新格局，历时千余年而无大变。古代的二江，水势丰满，河宽水深，"皆可行舟"，长期作为成都的交通要道。唐代李白在诗中写到："濯锦清江万里流，云帆龙舸下扬州"。杜甫也有"门泊东吴万里船"的诗句。五代前、后蜀的王建、孟知祥在成都称帝时，都曾将水军战船沿江而上，于南河检阅海军。元代《马可·波罗游记》记载，南河水深鱼多，河宽在一里半以上，通向海洋，商船往来不断，"此川之广，不类河流，竟似一海"。

水井街地区正好处于抱城二江（今为府河、南河）交汇点以东，南近南河、西靠府河，毗邻二江航运的黄金水段，其地理位置的重要性不言而喻。在整个成都的内外水上航运系统之中，它既是城内水上交通路线的终点站，又是对外水运航线的始发站，在历史上的成都航运事业中发挥着至关重要的作用。

水井街地区不仅有街名为水津街（彩版九八），还有今望江楼附近的玉女津，所谓津者，渡口

① 四川省文史研究馆编：《成都城市与水利研究》，四川人民出版社，1997 年。四川省文史研究馆编：《成都城坊古迹考》（修订版），成都时代出版社，2006 年。

也，从其字面含义即可遥想当年该地船来船往的一派繁忙的河上交通盛况。当合江亭下尚未修建横跨南河两岸的桥梁时，这里也是一处沟通城南与城内的重要渡口。南宋诗人陆游曾作诗《合江亭涉江至赵园》，何耕也有诗《自合江亭过渡观赵穆仲园亭》，至迟南宋时合江亭下未有桥跨越流江（今南河）南北两岸，故诗人还须由合江园过渡才能到达南岸的赵园。可见，连接成都城内与城东、城内与城南的渡河码头几乎都位于水井街地区。

从水井街地区乘船出发，沿二江上溯也可直抵城西和城北地区；同时，通过唐代韦皋开凿的解玉溪（由西北经城中斜向东南）、白敏中开凿的金水河（横贯城区东西，853 年白任西川节度使时所凿）等人工河道，还能到达城内各主要地点。唐代罗城修筑以后，抱城二江与城内之解玉溪及金水河，合称罗城四江。因此，唐宋以来的成都城区，水道密布，水上交通极为发达，是一座与意大利水上城市威尼斯有相似特征的内陆古城，而水井街地区正是其城内水上交通网络的核心所在。

古代成都与外地的交通，陆路因"蜀道难，难于上青天"，所以对外交往主要靠水路，府南河—岷江—长江航线，沟通了成都和长江中下游及沿海广大地区，商旅人众往来不断，物产上互通有无，文化上交流频繁，两地在经济、文化等多方面的联系均得到了加强。汉晋时期，成都乘舟东下的主要港口码头在锦江之上的万里桥。汉代成都出产的蜀锦闻名全国，称南河为锦江，又名濯锦江，因为"水至此濯锦，锦彩鲜于他水"（《太平寰宇记》卷七二）①。万里桥位于今之老南桥，《元和郡县志》卷三一记载："蜀使费祎聘吴，诸葛亮祖之。祎叹曰：'万里之路，始于此桥。'因以为名"②。

唐宋时代，成都对外交通的主要港口转移至合江亭下，该处还专门设立了"船官"办事处，"商舟渔艇，错落游衍"。成都"处二江之流，为一都之会"，商业非常发达，即将远航的船只，常常在合江亭下停泊，于是合江亭下成为万里桥以东又一处饯别之地（范成大《吴船录》）。元代《马可·波罗游记》称赞成都的水上运输情况：这座城市有许多大小河川发源于远处的高山，河水从不同方向围绕和穿过这座大城。大川细流和城下各支流汇合成一条大江东流入海，全线要航行一百天的路程。沿河两畔和邻近的地方，有着许多市镇和要塞，河中船舶舟楫如蚁，运载着大宗的商品，来往于这个城市。

明清时期，合江亭已遭焚毁，加之修建了洪济桥（俗称九眼桥，亦曰镇江桥），成都外运港口遂移至九眼桥以下。明代在合江亭旧地设锦官驿，清代则于此征收船舶税。迄至新中国成立初期，每年经过府南河漂运的木材近 50 万立方米；成都至乐山还可通行载重 10 吨的木船。

如此看来，成都历史上对外水运的三处主要港口码头，竟有两处位于水井街地区。而唐宋时期更是成都城市经济、文化发展的鼎盛阶段，唐代有"扬一益二"之说（益即指成都），成都形成"喧然名都会，吹箫间笙簧"的空前盛况。位处水井街地区的合江亭港口作为成都对外交通的最大码头及始发港，其规模与繁盛应是国内不多见的，在城市的发展壮大和繁荣昌盛历程中发挥了极其重要的作用。

水井街地区在成都陆路交通方面的枢纽作用也是极为明显的，这里是通向川中、川东、川南

---

① ［宋］乐史：《太平寰宇记》，中华书局，2007 年。
② ［唐］李吉甫：《元和郡县志》，中华书局，2008 年。

等地的始发站。合江亭在南宋末年毁于战火以后，明代于其旧地设立驿站，名为锦官驿（曹学佺《蜀中名胜记》），是过往官民商旅换文验牒、投宿歇息之所。清代沿袭设此驿站，并于此征收船舶税。时至今日附近还有街道名叫锦官驿。今德胜街一带，原为中、小旅店集中分布的地方，是往来东大路（即成都去简阳、资中、内江以至重庆的大道）行商、旅客的主要投宿点。无论是1936 年建成的成渝公路（抗日战争期间是联系成都与陪都重庆之间的重要交通纽带），还是九十年代四川省内修建的第一条高速公路——成渝高速公路，在成都的出发点均位于水井街地区。

成都"二江抱城"的平面格局在唐代即已形成，二江从城南"双过郡下"的布局则出现于更早的战国晚期，唐代又新开凿了解玉溪、金水河等水道。因而在各条河道上架设了众多桥梁，以使城内交通更为便捷。汉代扬雄《蜀都赋》云："两江珥其前，九桥带其流。"《华阳国志》记曰："西南两江有七桥……长老传言：'李冰造七桥，上应七星'。"后世修建的桥梁数量更多，例如仅金水河上的桥梁，宋代有 8 座，清乾隆年间竟达 20 余座。

两江汇流处的水井街地区，桥梁分布的数目虽然不多，但均是连接城内与城南、城内与城东的重要交通纽带。在两江交汇点以下有九眼桥。位于县治城外东大佛寺前的安顺桥，跨内江，长20 丈、阔 1 丈，架木为之，上覆屋顶，创建年月无考。乾隆五十三年（1746 年），县令安洪德重修，并题匾额。修桥费用则由地方绅粮、商贾提供，如敬登元见"安顺桥车马辐辏，岁久木穿"，遂捐赠厚木板作桥板，使桥"坚固如初，行旅便之"。长春桥（旧名濯锦桥，俗称东门大桥），位于府城东门外，天启《成都府志·津梁》已有记载。桥长 10 余丈，高、宽均 2 丈，石砌拱式，有3 洞，中部稍隆起，两侧翼以栏楯。"出东门自西而东者轮蹄络绎，视他路较多，百货交弛，是以本地繁庶而毂击肩摩自朝达旦，必以东门桥为最"。该桥使用频率甚高，又遭明末战乱破坏，后世乾隆五十年（1785 年）和光绪十二年（1886 年）两次对其进行了重修。

二　酒香诗韵与商旅云集——水井街酒坊生成的文化经济动力

（一）游宴饯集与吟诗作赋——甲于四蜀的成都游赏之乐

唐五代两宋时期，与中原、江南相比，成都地区较少受到战乱破坏，社会相对安定。加之成都平原拥有得天独厚的优越自然条件，更有造福万代的都江堰水利工程，于是"水旱从人，不知饥馑，时无荒年，天下谓之天府也"，汉代号为"陆海"，农业生产历来就非常发达。因此，唐宋以来成都社会经济高度发展，物质生产相对丰盛，都市日渐繁荣，市民的文化生活不断丰富多彩，城市的游乐性风俗得以迅速发展起来。蜀人自古以来喜好歌舞娱乐的性格和知足常乐、悠闲自得的传统生活方式，也助长了游乐之风的兴起。成都游乐风尚之盛，不仅甲于四蜀，而且还以游娱无时、动至连月，并在活动中形成了若干不容更改的"常法"，地方官员竞相带头倡导游乐等特点，在全国名噪一时，颇有影响。

受此风气的刺激，成都古典城市文化出现了文学艺术与游赏习俗密切结合的新趋向[①]。宋元之际有了专门记载成都游乐文化内容的专书《岁华纪丽谱》，其书开篇即称："成都游赏之盛，甲

---

① 谭继和：《成都城市历史概述》，成都市城市科学研究会编《成都城市研究》，四川大学出版社，1989 年。

于西蜀，盖地大物繁而俗好娱乐。"其他记述内容涉及成都游赏活动的诗词文章更是不胜枚举。表明文化人的眼光已把游乐这类俗务，正式提高到了文化的高尚地位。宋代苏轼赋诗道："蜀人衣食常苦艰，蜀人游乐不知还。千人耕种万人食，一年辛苦一春闲。"田况作有长篇诗名为《成都遨乐诗》："四方咸传蜀人好游娱无时。""遨游空间巷，碣来喧稚耄。""顾此欢娱俗，良慰羁远报。""登舟恣游娱，戎备渐解驰。"（天启《成都府志·艺文志》）。这种游尚习俗的艺术化，是成都古典城市文化达于极盛的重要标志。

　　成都唐宋以来的游乐活动，上至太守、下至平民参加者甚众，故多数通过岁时节庆来表现，举凡元日、上元灯夕、踏青、清明、乾元、端午、乞巧、中秋、重阳、冬至、除夕等日，皆有游乐，以示吉庆。成都的游乐活动在内容、时间和方式上具有浓郁的地方特色，成为独特的地方习俗。如二月二日名为踏青节，活动内容却是游锦江的水上娱乐项目（宋代张咏将三月三日的游江活动提前至二月二日）。寒食节在"城内辟园张乐，酒垆、花市、茶房、食肆，过于蚕市"，哪有扫墓上坟的祭祀气氛？游乐活动的内容丰富多彩，包括游江、游山、游寺、游园等方式，吸引了众多的市民参加，往往形成"遨游空间巷"、"车马拥行道"的壮观局面①。

　　水井街地区是历史上成都"东门之胜"的汇聚之所，名胜、景点众多，势必成为唐宋以来成都官民游乐的中心地区。位于二江交汇点的合江亭及合江园，唐宋时期时是著名的游览胜地。文人墨客或登亭览胜，或下江泛舟，留下了大量脍炙人口的诗赋佳作。除前文蔡台《合江园记》及吕大防《合江亭记》外，宋人周涛曾有两首《合江亭》诗，其一曰："共思赤脚踏层冰，聊适江皋兴自清。昨夜雨声驱浊暑，晓来烟水快新晴。山疑九迭张云势，滩激千岩落布声。巾屦从来在丘壑，愿陪闲日此闲行。"其二："却暑追随水上亭，东郊乘晓戴残星。余歌咽管来幽浦，薄雾疏烟入画舻。兴发江湖弛象魏，情钟原咏飞鸰。故溪何日垂纶去，天末遥岑寸寸青。"杨甲《合江泛舟》诗云："莫踏街头尘，宁饮城东水。江头放船去，苇间问渔子。岸深鱼有家，凫雁在中沚。得酒可以歌，得树可以舣。年年舟中客，颜色不相似。风波无前期，游者亦如此。短篙醉时策，远山醉时儿。我老不奈醒，日落西风起。"诗人晁公溯《合江舟中》诗云："云气昏江树，春流没钓矶。何如连夜涨，似欲送人归。乱石水声急，片帆风力微。舟师且停橹，白鹭畏人飞。"诗人白麟《合江探梅》诗云："艇子飘摇唤不回，半溪清影漾疏梅。有人隔岸频招手，和月和霜剪取来。"（曹学佺《蜀中名胜记》）。

　　海云山及海云寺是水井街地区的又一处游览胜地，海云寺的游乐活动堪称宋代成都的春游盛会，也富有地方特色。"成都风俗，岁以三月二十一日游城东海云寺，摸石于池中，以为求子之祥。太守出郊，建高旃、鸣箛鼓，作驰骑之戏，大宴宾从，以主民乐。观者夹道百重，飞盖蔽山野，欢讴嬉笑之声，虽田野间如市井，其盛如此。"宋人吴中复与范纯仁、韩宗道、勾士良等"高会于海云，酒既中，（中复）顾谓寮属曰：'一觞一咏，古人之乐事也。'首作七言诗，以写胜事。席客亦有以诗献者，更相酬和，得一十三篇"，取名为《游海云寺唱和》，王霁为其作序（曹学佺《蜀中名胜记》）。类似于此的宴乐饯集、吟诗题词的风雅之事，在海云寺是十分常见的。宋祁、赵抃、苏宋和、邢梦臣、吴师孟、范成大等文人雅士，均有在海云寺观花赏景时留下的诗词作品。

---

①　陈世松：《宋代成都游乐之风的历史观察》，《四川文物》1998 年 3 期。

水井街地区的薛涛井、薛涛墓、望江楼等名胜的修建初衷，即是为了纪念薛涛这位唐代杰出的女诗人。至清代光绪年间，该处建筑规模大备，是历来军政权要、文人墨客聚会游乐之所。薛涛的诗文才华及其艰难身世，长期以来，引得人们常常为其鸣不平。"天涯一片流离泪，哀怨同怜是草堂。"历代在此咏诗题词的骚人墨客甚众，尽抒哀怨凄婉之伤情。

（二）万商荟萃与客旅如云——繁荣的成都商业贸易

随着农业和手工业的发展，商业也进一步繁荣起来。唐宋以来，成都城市布局已突破了历史上传统的坊市制束缚，较多地兴起了临街设店和前店后坊的格式，发展出一些自由集市。城内有东市、南市、新南市、西市和北市，城外有草市，附近各县还有小集市（黄休复《茅店客话》）。成都旧有的习俗，按月有市：正月灯市，二月花市，三月蚕市，四月锦市，五月扇市，六月香市，七月七宝市，八月桂市，九月药市，十月酒市，十一月梅市，十二月桃符市（《成都古今记》，《升庵集》）。在城内还兴起了繁荣的夜市，有的甚至通宵达旦，夜市的传统一直沿袭到现代。由于市场经济发展的需要和黑、红双色套印印刷技术的发展，宋代成都的富商开始使用纸印的"交子"，用来代替铁钱，这不仅是唐代交易信用卷"飞钱"的发展，也是我国甚至世界上最早出现的纸币。迄今，在成都的水井街地区尚有街道名为"椒（交）子街"。

一个地区的经济和商业贸易的发展，与交通的发达程度关系极为密切。由于周围群山阻隔，陆路交通不畅，因此古代成都与外界的联系以水路为主。唐宋以来，成都与外省的水路贸易，主要是以岷江、沱江为依托，长江为主线的水上交通贸易航道。这条贸易线路，以成都的水井街地区为起点，以长江中下游各地区为贸易辐射区，形成了较为广泛的通商贸易关系。成都物产丰富，其商品通过长江航道顺流而下，与各地建立了密切的贸易联系。"蜀为西南一都会，国之宝府，又人富粟多，浮江而下，可济中国。"（《新唐书·陈子昂传》）。沿海江浙等省，又以成都急需的商品溯江而上，满足成都地区的需求。"水程通海货，地利杂吴风"，便是对这种贸易关系的生动写照。

据唐宋时期的文献记载，成都聚集有来自巫峡、黔南、荆州、襄阳、金陵、广州等地的商人进行贸易活动。唐咸通年间（860～874年），巫峡商人尔朱，"每岁贾于荆益"。唐代黔南采药者黄万祐"每二三十年，一出成都卖药"。荆襄商船常贾于蜀。金陵商人亦西上贸易，入蜀经商。广州商人段工曹因作估客，"时寄锦官城"。前后蜀时期，蜀国的东邻南平，"西通于蜀，利其供军财货"。《益州名画记·张玄传》记载：杜敬安的鹤面佛像，"蜀偏霸时，江、吴商贾入蜀，多请其画，将归本道"。"蜀广政初，荆、湖商贾入蜀，竞请（阮）惟德画川样美人卷簇，将归本道，以为奇物。"唐末五代时，成都市场广销香药或称海药，当时李珣著有《海药本草》记录甚详，据辑录该书今存的124种海药，绝大部分是从欧亚各国输入，借助长江水路入川的。

两宋时期，成都以水井街地区为始发点通往东南各地的水上贸易更为发达。成都等地输送中央政府的财帛，主要是通过长江航道，再由湖北转运开封的。"川益诸州金帛及租、市之布，自剑门列传置，分辇负担，自嘉州水运达荆南，自荆南遣吏纲运送京师。"成都与东南各地的大宗商品贸易，亦畅行于长江水道，往来船舶极多，从成都水井街地区出发，"顺流而下，委输之利，通西蜀之宝货，传南土之泉谷。建帆高挂则越万艘，连樯直进则　逾千里，为富国之资，助经邦之略"

（《宋史·食货志》）。成都的茶叶、蜀锦、布帛、药材及各种土特产，均有商人从水路运往全国各地。一些豪商巨贾，或与官府勾结，利用官船押运货物，以私冒公，"影带布帛"，或绕道"私路"，借以偷漏税收，牟取暴利。宋人中由官而商，弃官经商，或亦官亦商、官商合一的现象比比皆是，南宋中期，成都"士大夫之贪黩者，为之巨舰西下，船舻相衔，捆载客货，安然如山。"

唐宋以来，"甲于四蜀"的成都游乐活动常常与商业贸易密切相结合。如农历一月五日在南门蚕市，游人可以观街并"贸鬻百货"；一月二十三日在圣寿寺，可以观街并"蚕市鬻农器"；仅大慈寺一地，二月八日及三月九日有药市，二月十五日"鬻花木蚕器"，五月五日端午节又"鬻香药"。由于岁时娱乐活动选择在春耕前的农闲时间，所以农民既可在紧张繁忙的农事活动之前尽情游乐，也可以在市场上出售农产品，以换回备耕的农具用品。正如田况《成都遨乐诗·正月五日州南门蚕市》所载："齐民聚百货，贸鬻贵及时，乘此耕桑前，以助农绩资，物品何其伙，琐碎皆不遗。"

据有关文献资料记载，水井街地区清代即已有"福升全"、"全兴成"、"彭八百春"[1] 等著名的烧酒作坊（彩版九九，1），前二者与水井街酒坊遗址有着密切的历史脉络关系。其中，"全兴成"烧坊不仅拥有雄厚的经济实力，而且关心社会公众事务，多有善举，如联名向武侯祠赠送匾额等。成都武侯祠是一座君臣合祀的祠庙，它历史悠久，早在唐代就已是一大名胜古迹，声名远播。到清代，武侯祠因环境优美，而逐渐成为商家聚会之地。当时商家有向祠庙赠送匾额的习俗。同治八年，以全兴成为首的九家商号和个人出于对诸葛孔明的敬仰之情，共同出资向武侯祠敬献匾额一幅，上书"伊周经济"（彩版九九，2）。伊周指的是伊尹和周公，他们分别是商初和西周初年的政治家。伊尹传说为奴隶出身，曾辅佐商汤治理国家；周公又名旦，曾助周武王灭商，武王死后，成王继位，由周公摄政，他出师东征，平定叛乱，分封诸侯。相传他制礼作乐，建立各种典章制度。"伊周经济"匾额意在赞扬诸葛亮具有与伊尹、周公一样的经世治国的本领，至今仍悬挂在武侯祠诸葛亮大殿之内。当时"全兴成"赠送匾额，目的是宣传扩大自己的知名度，起到了很好的广告作用。这是水井街酒坊（"全兴成"）历史的重要的实物依据。

还有一件重要的实物材料可以印证水井街酒坊（"全兴成"）的历史。成都一市民家中保存有一件祖传的金属饮酒器具——锡棒子，尤其难得的是外底铸印有"全兴卢记"题款（彩版一〇〇）。锡棒子是清代以来成都传统的饮酒器具，其精巧的设计构思，非常适合饮用白酒（蒸馏酒）这样酒精浓度较高的酒种。该器具选材考究，做工精细。从其底款可以确认为"全兴成"号酒坊专门定制的酒具，并形成了批量化生产。这也充分说明"全兴成"号酒坊的主人不仅拥有相当的经济实力，而且有较为超前的商业意识，善于运用各种广告手段推进企业的发展。

综上所述，作为成都历史上"东门之胜"集中分布之所的水井街地区，唐宋以来经常举行规模空前的游乐活动，从而带动了商业贸易的发展。更兼此地是水陆交通的枢纽之地，成都对外联系的首要水运码头及始发港口即位于此，车水马龙，人气旺盛，愈发刺激和促进了该地商业贸易的繁荣昌盛，当地可谓"水陆所辏、货殖所萃"。

---

[1]　［清］傅崇矩：《成都通览》，成都时代出版社，2006 年。

第五节　水井街酒坊遗址与酒文化考古

考古学可以对源远流长的中国传统酒文化作出独到的贡献。综观历年来的与酒文化有关的考古发现实例，可以初步划分为以下四大类。

第一类　酿酒相关活动图像类

以成都平原的发现最为丰富，主要为大量的汉代画像砖，具体包括《酿酒图》、《酤酒图》、《宴饮图》、《酒肆图》等。如1954年四川省彭山县凤鸣乡出土有一幅"酿酒"画像砖：图案上方显露一单檐五脊顶粮仓，屋檐下摆放有两个酒瓿，其侧各置两罐。往下则有二人，右边一位头梳椎髻，着长服，两手各握一曲罐的口沿；左边的一位是个头梳双髻、阔袖长服的女子，袖子挽得高高的，左手扶着酿缸上的大圆锅，右手正在锅里搅动；缸的右边，一位男子在烧火为酿缸加温；酿缸前方是地槽，槽前有三个椭圆小口的管子，管口对着三只小酒坛，另一位男子正在观察掌握，以便及时启闭开关，将不同质量的酒引入不同的酒坛。

1975年在成都西郊曾家包发现了两座东汉大型砖室墓，墓内共出土13块画像石，质地为细红砂石，其技法是采用凸面浅浮雕。其中一号墓西后壁有一幅画像特别形象、生动，它表现了东汉成都的酿酒场面：一辆牛车满载粮食来到酒坊，妇女在井旁取水，巨大的烧锅前有人忙着烧火，五个大酒坛一字排开，有人正在用瓢掏酒，成群的家禽家畜在四周吃着酒糟。整个酒坊呈现出一派欣欣向荣的气象[1]。

1986年在成都彭州市升平乡收集到一块"酒肆羊尊画像砖"，图案右侧是一座具有汉代风格的木构酒肆建筑，内部摆设着各种各样的盛酒器具。肆内一人当垆，盛酒的大坛置于案下，表面坛口与桌案齐平，以便用勺掏酒。外面两个宽袖长袍者正排队酤酒，店外两人，一人酤酒以毕，正用成都平原独有的一种独轮车推羊尊而去；另一人挑着两个酒瓮仿佛刚刚赶到。酒肆后侧还有一张高台木案，上置一方形酒器和两个盛酒的羊尊，以作储备。整个画面生动地反映了当时那种熙熙攘攘、应接不暇的繁忙情景。

成都市新都区文管所收藏新龙乡出土的两方东汉画像砖，较为客观地反映了当时的酿酒和酤酒场面。其中酿酒画像砖右部有一屋顶，表示酒肆在建筑物内。屋前垒土为垆，垆内安置三只酒瓮。瓮上有螺旋圆圈，形似一条管子。据此有学者推测可能是曲子发酵，淀粉溶化后输入瓮内的冷管。图左端上方一人推一独轮车，车上有一方形圆口器物，可能是往外送酒。左端下方一人担一只酒罐，罐口有套绳。其右有灶一座，灶上有釜，上边一人左手靠于釜边，右手在釜内操作，似乎在和曲。其右一人于一旁观看。垆侧一人亦作观者状。图的上端右边屋檐下有两个酒瓿，瓿的两旁有两个圆形盒子。另一方为酤酒画像砖，在四阿顶式建筑物内垒土为垆，垆内有两只酒瓮。壁上挂两只酒壶，屋内坐一人，正为门前一人作盛酒状，门外一人作接物状。其左一人手推辇，上装一盛酒物正回头观酤酒人。左上部有椎髻短裤者肩荷酒壶，正前来酤酒。

其他地区也有同类图像的发现，如1960年，河南密县打虎亭东汉墓出土的画像石上，有一幅

---

① 成都市文物管理处：《四川成都曾家包东汉画像砖石墓》，《文物》1980年10期。

图经有关专家考证是"酿酒备酒图"①（但也有学者认为反映的是制作豆腐的场景②）；1967 年，山东诸城前凉台东汉墓画像石上也发现了类似的"酿酒图"；甘肃安西榆林窟西夏窟"千手千眼观音"壁画中对称地绘有两幅"酿酒图"。

第二类　酒品实物类

包括液态酒及其残留物。如 1970 年代，河北平山战国中山王墓，一青铜卤发现重十多斤的翠绿色酒，一青铜壶内发现半壶约七、八斤黛绿色酒，密封特别好。1986 年，河南罗山天湖村商墓出土铜卤内发现密闭贮藏的液体，经化验证明是酒。1987 年，河南镇平农民挖出一个西汉铜方壶，壶内盛有无色透明液体，重约 5 公斤，壶内液体手感有轻度黏性，经化验得知，内含乙醇脂和芽胎杆菌的成分，壶底有粟米壳和糟渣的碳化物。后经文物专家鉴定为粟米酒。1990 年，山西平陆一座西汉空心砖墓内发现一件密封完好的青铜提梁卤，启封后发现自内尚存黄绿色浑浊液体320 毫升，无臭无味，有关专家认为是随葬用的西汉酿造酒。1992 年，山东临淄战国墓葬中，出土酒浆实物和壶、罍、耳杯、匜等众多酒楼在两件有盖密封的铜壶和铜罍中，出土时分盛青绿色和黑色液体，当为古酒，与其同出的还有用于汲取酒浆的汲酒器，应与墓中出土的盛酒器和饮酒器配套使用，是目前所见将大气压强原理明确用于器物制造最早的例子。1994 年，滕州前掌大商周贵族墓地 11 号墓，在 2 件提梁卤、2 件提梁壶和 1 件罍内封存有清澈透明的液体，出土时均有子母口盖密封；内装液体可能是当时的酒。1997 年，河南淇县公安局收缴的一批文物中，包括一件汉代铜壶，内装大半壶液体，密封严实。被推测是酒。

2003 年 3～6 月，西安市北郊文景路中段一西汉墓葬发现液态古酒。该墓葬原有封土，早年因平整土地现已无存。墓道现开口位于耕土和扰土层下 0.2～0.5 米。墓道水平全长 38 米，墓室上口南北长 6.3、东西宽 7.5 米。墓室底部有大量积炭，厚 2.6 米。因盗扰严重，墓室内部结构和葬具不清，在填土内发现头骨 1 件。随葬器物主要出土于墓室和侧室，墓室内出土玉片 101 件，侧室内出土了 2 件铜锺和其余 15 件青铜器。其中一件青铜锺腹部破裂，里面空无一物；另一件青铜锺则有液体晃动，考古工作者开封查验后，从中导引出 52 斤西汉美酒③。

此外，中美学者联合对山东省日照两城镇遗址出土陶器残留物所进行了化学分析，第一次提供了中国史前时期生产和使用酒饮料的直接证据④。研究表明，在龙山文化中期，两城镇先民采用稻米、蜂蜜和水果等原料生产出一种混合型酒。人们不但在日常生活中饮酒，而且还将酒用于丧葬行为之中。2004 年 12 月，中美学者联合对河南舞阳贾湖新石器时代遗址历次发掘的 16 个陶器皿碎片的残留沉淀物先后进行了气象色谱、液酱色谱等化学分析，得出最终的定论：这些陶器也曾经盛放过以稻米、蜂蜜和水果为原料混合发酵而成的酒饮料⑤。从而将人类酿酒史提前到了距今 9000 年前，也使贾湖遗址成为目前世界上发现最早酿造酒类的古人类遗址。

---

① 河南省文物研究所：《密县打虎亭汉墓》，文物出版社，1993 年。

② 陈文华：《豆腐起源于何时?》，《农业考古》1991 年 1 期。方殿：《密县打虎亭汉墓的图像是制豆腐》，《农业考古》1999 年 1 期。

③ 孙福喜、杨军昌、孙武：《好酒的贵族——西安北郊西汉墓出土美酒 26 公斤》，《文物天地》2003 年 8 期。西安市文物保护考古所：《西安北郊枣园大型西汉墓发掘简报》，《文物》2003 年 12 期。

④ 麦戈文等：《山东日照市两城镇遗址龙山文化酒遗存的化学分析——间谈酒在史前时期的文化意义》，《考古》2005 年 3 期。

⑤ 葛人：《最初的酒是怎样酿造的——台湾邹族酿酒的启示》，《中国文物报》2007 年 9 月 7 日第 7 版。

第三类　酿酒饮酒器具类

除河北青龙县出土的金代铜蒸酒锅及内蒙古巴林左旗的蒙元时期酿酒锅外，1993 年，有人认为安阳殷墟妇好墓出土的汽柱铜甑作为炊器，也可用于蒸馏白酒。1979 年山东莒县陵阳河大汶口墓葬中，发掘者认为发现了距今五千年的成套酿酒器具，包括煮料用的陶鼎，发酵用的大口尊，滤酒用的漏缸，贮酒用的陶瓮，同处还发现了饮酒器具单耳杯，脚形杯，高柄杯等。1983 年 7 月 4 日，成都北郊凤凰山园艺场砖厂的工人发现一座西汉长方形的木椁墓①，分上下两层，上层为棺室，下层为腰坑，发掘出土的 19 件红漆陶罐皆为小口，卷沿，广肩，大圆腹，罐内有的放有禽畜的骨头及碳化的植物，经鉴定分别为鸡、兔、猪、狗、牛及桃、杏、石榴、五味子、菌灵芝等，陶罐都有盖，盖上部分有刻字，部分有笔书，除少数能辨认外，大都已模糊不清，现能辨认的有"桃"、"酒"、"甘酒"等。1996 年，河北迁安华亭庄金墓内发现三个大"千酒"瓶。酒瓶为鸡腿瓶，上面刻有"千酒"字样，《辞海》中称"千日酒"，"传说中一种极强烈的酒，饮后能使人久醉不醒"，墓主"李酒使"是酒税官。1999 年，四川泸州位于泸州老窖池南侧 60 米处的营沟头发现一处窑址，出土了数百件唐至元代的陶瓷酒具，有学者认为这是一个酒具窑②。

第四类　酿酒作坊遗址类

在水井街酒坊遗址发掘以前，关于酿酒作坊尤其是白酒作坊遗址的考古工作基本处于空白，仅发现有极个别的酿造酒作坊和榷酒遗址。如 1974 年和 1985 年，河北藁城台西商代遗址中发现了一处完整的商代中期酿酒作坊，应属于酿造酒（黄酒）作坊。1985 年，河南省宝丰商酒务发现一处宋代榷酒遗址，发现有烧酒锅灶，古井一口，大量的北宋对子钱，钧瓷、白瓷酒器残片。此前遗址内还曾出土较完整的汝瓷、钧瓷器皿。

继水井街酒坊遗址发掘之后，中国传统白酒工业作坊遗址的又取得了系列重要考古发现。2002 年 6 月，江西李渡酒业有限公司在改造老厂房时，发现地下有古代酿酒遗迹，李渡酒业有限公司立刻报请江西省文物考古研究所进行抢救性发掘，揭露和出土了一批重要的遗迹和遗物，获得重要成果。已发现面积约 15000 平方米，发掘面积约 250 平方米，已发现面积约 15000 平方米，发掘面积约 250 平方米，发现元代酒窖，明代水井、晾堂、酒窖、炉灶、蒸馏设施、水沟、墙基等酿酒遗迹布局配套，完整齐全③。李渡无形堂烧酒作坊遗址位于江西省南昌市进贤县李渡镇。它地处抚河东岸，赣抚平原腹地，西北距南昌市区约 60 千米。考古发现了一批元代采用地缸发酵生产蒸馏酒的酒窖、水井，以及明代的炉灶、晾堂、酒窖、蒸馏设施等种类丰富的酿酒遗迹现象，已发掘的部分出土南宋至清的遗物 300 余件，其中 70 多件是陶瓷酒器，这些发现与李渡酿造白酒历史的文献资料、传说以及地面上保留至今的老街、酒店等古代建筑相联系。该遗址曾荣获 2002 年度"全国十大考古新发现"表彰。

为配合四川绵竹剑南春"天益老号"酒坊的维修、整治工程，2003 年 4~8 月，四川省文物

---

① 徐鹏章：《成都凤凰山西汉木椁墓》，《考古》1991 年 5 期。

② 张自成：《营沟头古窑址清理获重要成果》，《中国文物报》1999 年 9 月 1 日第 1 版。郭可夫：《泸州老窖（营沟头）青瓷窑研究》，《四川文物》2002 年 2 期。《酒文化辉煌历史的新见证——专家笔谈营沟头古瓷窑址》，《中国文物报》1999 年 9 月 1 日第 4 版。

③ 江西省文物考古研究所：《江西进贤县李渡烧酒作坊遗址的发掘》，《考古》2003 年 7 期。杨军、樊昌生：《破解白酒起源之谜——李渡无形堂元代烧酒作坊》，孙家骅、詹开逊主编《手铲下的文明——江西重大考古发现》，江西人民出版社，2004 年。

考古研究院和德阳市文物考古研究所对剑南春"天益老号"酒坊遗址进行了考古勘探和发掘。2004 年 8～11 月，再次在"天益老号"酒坊西南侧进行了发掘①。"天益老号"酒坊遗址位于绵竹市棋盘街传统酿酒作坊区，其保存和延续了传统酿酒生产工具及其工艺流程，是一处较为全面体现剑南春传统酒文化的典型老作坊。共发掘面积 800 平方米，清理出土一大批和白酒酿造工艺密切相关的遗迹现象，包括水井、酒窖、炉灶、晾堂、水沟、池子、蒸馏设施、路基、粮仓、柱础和墙基等类，初步了解到酒坊群布局配套设施齐备、遗迹保存完整。揭示出遗迹表明从原料浸泡、蒸煮、拌曲发酵、蒸馏酿酒到废弃用水的排放等酿酒工艺全过程，工艺流程遗迹比较完整，是一处保存较好的酒坊街区遗址，遗址年代为清代至民国。该遗址也荣获了 2004 年度"全国十大考古新发现"表彰。

2007 年 6～7 月，四川省文物考古研究院和四川沱牌公司组织发掘了四川射洪泰安作坊遗址②。发掘面积逾 300 平方米。经过两个月的发掘，揭露出含有明、清时代文化遗物的堆积层，厚逾 2 米。清理出大量的酿酒遗迹、遗物。主要遗迹有：窖池 6 个、接酒坑 1 个、晾床 3 处、灰坑 3 个，以及酒坊地面建筑的石柱础、踩踏面、石墙基、排水沟等。出土遗物均为日常生活用品，出土的酒具也很发达，有各式酒壶、酒杯、罐、缸。生活用品有：碗、盘、碟、灯盏、盆、钵以及建筑材料的砖、瓦、瓦当、石质工具、石井圈。以瓷器碎片数量最多，出土瓷片几乎全是青花瓷器，不见粉彩瓷器。青花瓷器残片中有江西景德镇的青花瓷器，还有大量属地方窑烧制的土青花瓷器。青花瓷器的装饰图案题材种类繁多，有山水风景类，鱼纹、凤纹、龙纹、杂宝纹、灵芝纹、虎纹、梵文、折枝和缠枝花卉纹，松、竹、梅"岁寒三友"等题材的纹饰图案。这些出土遗物均与酿酒、饮酒、酒肆、酒坊有关，完整、基本完整以及可复原的器物逾 100 件。

鉴于近年来各地均有与古酒相关的考古发现，王仁湘先生倡议考古学应当更进一步关注中国酒史和酒文化的研究，考古学对中国酒文化乃至饮食文化史的整体研究可以作出独到的贡献，故而他提出了"饮食考古"的命名，并预言饮食考古研究将形成规模和提示到一个新的高度③。作为一门学科，饮食考古可以划分为诸多分支学科，"酒文化考古"即是其重要组成内容之一。

目前与传统酒文化相关的各种类型的考古实践活动，可以为"酒文化考古"这门新型学科的建立提供较为坚实的基础。作为一门交叉性的边缘学科，酒文化考古简言之当是以考古学的研究方法、理论为基础，对传统酒文化相关的遗迹遗物进行科学发掘、整理和深入研讨的学科。诚然，一门新型学科的创建，既要有数量众多、类型丰富的资料积累和具体研究工作为基础，同时还应进行多层次理论体系的总结、提炼和搭建。酒文化考古的学科建设工作还处于前景光明、任重道远的状况。

---

① 四川省文物考古研究院、德阳市文物考古研究所、绵竹市文物管理所、剑南春酒史博物馆：《2004 年绵竹剑南春酒坊遗址发掘简报》，《四川文物》2004 年增刊。四川省文物考古研究院、德阳市文物考古研究所、绵竹市文物管理所、绵竹剑南春集团公司：《2004 年绵竹剑南春酒坊遗址发掘简报》，《四川文物》2007 年 2 期。

② 四川省文物考古研究院黄家祥：《沱牌公司泰安作坊遗址发掘获重大成果》，《中国文物报》2008 年 1 月 2 日第 8 版。四川省文物考古研究院、遂宁市宋瓷博物馆、射洪县文物管理所：《射洪泰安作坊遗址》，文物出版社，2008 年。

③ 王仁湘：《酒具窖·酒文化·饮食考古》，《中国文物报》1999 年 9 月 1 日第 4 版。王仁湘：《论考古学与饮食文化史研究》，《中国文物报》1991 年 11 月 17 日第 3 版。

如果说前三类发现尚属考古工作中偶然的附带性收获，可以为中国传统酒文化研究提供新的实物资料。那么，第四类酿酒作坊遗址，尤其是水井街酒坊遗址所开启，包括李渡无形堂烧酒作坊遗址、剑南春"天益老号"酒坊遗址和沱牌公司泰安作坊遗址在内的四例白酒酿造作坊遗址的考古发掘活动，均为主动性的正式田野考古发掘项目，经过了国家文物局的批准，是科学性、目的性特征明显的行为，将使中国传统酒文化研究，特别是世界科技史界的重大课题——中国蒸馏酒（白酒）的身世之谜的破解工作，推向一个崭新的阶段。这就是水井街酒坊遗址重要的学术史价值所在。

附录一

"水井街酒坊"环境中红曲霉的研究
I. 红曲霉 3.56 菌株的分离、鉴定

杨　涛[1]　钱能斌[1]　刘晓蓉[1]　庄名扬[1]　赖登烽[2]　范　鏖[2]　胡　森[2]

(1. 中国科学院成都生物研究所; 2. 成都水井坊有限公司)

对成都市的"水井街酒坊"的考古工作是国内首例对古代酒坊遗址进行全面揭露的专题性考古发掘,具有填补空白性的重要学术价值。该遗址历经明清,延续不断发展至今,其序列性、完整性在国内白酒行业中首屈一指,堪称中国浓香型白酒酿造工艺的一本无字史书,历史、文博专家誉其为"中国白酒第一酒坊"。为了了解"水井街酒坊"的微生物及工艺特性,我们对几个典型酒窖进行了厌氧功能菌群测定和理化分析,并对环境中另一功能菌群,曲霉作了分离鉴定。结果在众多曲霉中红曲霉 3.56 菌株占优势。经形态观察和生理特性鉴定,它归属于红曲霉属红色红曲霉(Monascus ruber)。

1. 材料与方法

1.1 菌种的分离

1.1.1 含菌样品:水井街酒坊的土壤、墙灰及尘埃。

1.1.2 分离培养基:麦芽汁琼脂培养基。

表 1　红曲霉 3.56 菌株的宏观形态

培养基			察氏琼脂	麸皮汁琼脂	麦芽汁琼脂	P. D. A 琼脂
菌丝体			白色 (生长极微弱)	白色→红色	白色→红棕色	白色→浅黄褐色
边缘				光滑	光滑	光滑
	颜色	表面		红色	红棕色	浅黄色
		背面		红褐色	红褐色	浅黄褐色
菌落	大小	96h		(2.5~2.8) × (2.5~3.7) cm	(4.9~5.7) × (5.8~6.6) cm	(2.6~2.9) × (2.6~2.9) cm
		168h		(3.5~5.4) × (4.0~6.2) cm	144h 已布满培养皿 (9×9cm)	(4.2~4.8) × (3.7~5.0) cm
		240h		(4.5~6.5) × (5.0~7.0) cm		(4.2~6.4) × (5.1~6.5) cm

1.1.3 分离方法：稀释平板法，经 30e 培养 72h，平板上长出各种菌落，将黄曲、米曲、红曲分别接种转移到试管斜面培养，保藏，供分类、鉴定及其次生代谢产物活性的研究。

1.2 菌种的分类、鉴定

根据霉菌的常用鉴定方法[1][2]，主要采用形态观察，辅以生理特性实验。

1.2.1 形态观察：平皿培养，肉眼观察和显微观察。

1.2.2 生理特性实验

1.2.2.1 生长温度范围实验

以麸皮汁琼脂和麦芽汁琼脂为培养基，每皿约 20ml，培养温度 20~45e。

1.2.2.2 最适生长温度实验

以麸皮汁琼脂为培养基，每皿 20ml，测定不同温度下菌落的直径，每一温度测 3 皿，求平均值。

1.2.2.3 碳源同化实验

所选碳源：

葡萄糖，纤维二糖，D-甘露糖，D-半乳糖，乳糖，麦芽糖，蔗糖，松三糖，菊糖，木糖，可溶性淀粉，L-鼠李糖，D-山梨糖，甘油，乙醇，棉子糖，L-阿拉伯糖，D-山梨醇，蜜二糖，A-甲基-葡萄糖苷。

A. 发酵实验：基础培养基中加入 2% 碳源，观察有无气泡产生。

B. 同化实验：选取不能发酵的碳源作同化实验，采用液体培养和固体培养相结合的方法。

1.2.2.4 氮源同化实验（生长图谱法）：所选氮源包括硝酸铵、硝酸钾、氯化铵、硫酸铵、硝酸钠等。

1.2.2.5 耐乙醇实验：采用液体发酵培养基灭菌后分别加入 5%、10%、15% 乙醇，于 27e 培养 5 天，再转接入麸皮汁斜面培养基。

1.2.2.6 pH 值实验：液体发酵培养基分别调 pH 值为 2、5、7、9、11，30e 培养，观察有无菌落生长。

2 结果与讨论

2.1 形态观察

2.1.1 肉眼观察（见表 1）

2.1.2 显微镜观察（见表 2）

2.2 生理特性实验

2.2.1 生长温度范围实验

3.56 菌株在 20e、45e 时均生长缓慢，其他温度生长正常，其生长温度范围为 20~45e。结果见表 3。

表2　红曲霉3.56菌株的显微形态

培养基		察氏琼脂	麸皮汁琼脂	麦芽汁琼脂	P. D. A 琼脂
菌丝体		分枝甚繁，有隔	分枝甚繁，有隔，幼时有内含物	分枝甚繁，有隔，幼时有内含物	分枝甚繁，有隔，幼时有内含物
分生孢子	形状	梨形	梨形	梨形	梨形
	大小				$(6.0 \sim 10.0) \times (6.5 \sim 10.0)$ μm
	颜色	无色	无色	无色	无色
	孔口	无	无	无	无
子囊果	附属丝	无	无	无	无
	柄	具短柄	具短柄	具短柄	具短柄 $(4 \sim 10) \times (12 \sim 25)$ μm
	形状	球形	球形	球形	球形
	颜色	无色	无色	无色	无色
	大小				$20 \sim 60$ μm
子囊		未观察到	未观察到	未观察到	未观察到
子囊孢子	形状	椭圆形	椭圆形	椭圆形	椭圆形
	颜色	无色	无色	无色	无色
	大小				$(5.5 \sim 6.5) \times (4.5 \sim 5.5)$ μm

表3　红曲霉3.56菌株在不同温度下的生长情况

温度（℃）	20	25	30	35	40	45
生长状况	极慢	+	+	+	+	极慢

注："＋"表示生长正常。

2.2.2　最适生长温度实验

3.56菌株在温度低于35e时，生长速度随着温度升高而加快，但从30~35e实验看，生长速度的变化幅度很小，因此其最适生长温度为30~35e。结果见表4。

表4　红曲霉3.56菌株在不同温度下的生长速度

温度（e）		20	25	30	35	40	45
菌落直径	96h	0.4×0.6	1.8×2.0	3.5×3.8	3.7×4.2	2.1×2.1	0.6×0.8
（cm）	168h	0.5×0.9	4.2×4.2	6.9×7.1	7.0×7.6	4.5×4.7	0.7×1.2

2.2.3　碳源同化实验

发酵实验：3.56菌株能发酵 D - 半乳糖、棉子糖、蜜二糖、纤维二糖等碳源，不能发酵木糖、菊糖、乙醇、甘油等碳源（结果见表5）。

表 5 红曲霉 3.56 菌株对不同碳源的发酵情况

碳　源	发酵情况		
	No. 1	No. 2	No. 3
葡萄糖	+	+	+
D－半乳糖	+	+	+
蔗糖	−	−	−
麦芽糖	+	+	−
乳糖	−	−	−
棉子糖	+	+	−
蜜二糖	+	+	+
α－甲基－葡萄糖苷	+	+	+
纤维二糖	+	+	+
D－山梨糖	−	−	+
松三糖	−	−	−
可溶性淀粉	+	+	+
木糖	−	−	−
菊糖	−	−	−
D－甘露糖	−	−	−
D－山梨醇	−	−	−
L－阿拉伯糖	−	−	−
L－鼠李糖	−	−	−
乙醇	−	−	−
甘油	−	−	−

注："＋"表示能发酵，"－"表示不发酵。

同化实验：3.56 菌株除了可发酵 D－半乳糖、棉子糖、蜜二糖、纤维二糖等，还可同化乙醇、甘油、蔗糖、木糖等（结果见表6）。

表 6 红曲霉 3.56 菌株对碳源的利用

碳源	液体法			固体法		
	No. 1	No. 2	No. 3	No. 1	No. 2	No. 3
空白	−	−	−	−	−	−
葡萄糖	+	+	+	+	+	+
蔗糖	+	+	+	+	+	+
乳糖	±	+	±	+	+	+
D－山梨糖	−	−	−	−	−	−

续表6

碳源	液体法			固体法		
	No. 1	No. 2	No. 3	No. 1	No. 2	No. 3
松三糖	-	-	-	-	-	-
木糖	+	+	+	+	+	+
菊糖	-	-	-	-	-	-
D - 甘露糖	+	+	+	+	+	+
D - 山梨醇	± -	-	-	-	-	-
L - 阿拉伯糖	+	+	+	+	+	-
L - 鼠李糖	-	-	-	-	-	-
乙醇	+	+	+	+	+	+
甘油	+	+	+	+	+	+

注："空白"为未加任何碳源；"葡萄糖"作为对照；"＋"表示该碳源能被3.56菌株同化；"－"表示不能被同化。

2.2.4 氮源同化实验

3.56菌株除可利用有机氮如蛋白胨等为氮源，还可以硝酸铵、氯化铵等硝态氮和氨态氮为氮源（见表7）。

表7　红曲霉3.56菌株对无机氮源的利用

氮　源	同化情况		
	No. 1	No. 2	No. 3
空　白	-	-	-
硝酸铵	+	+	+
硝酸钾	+	+	+
硝酸钠	+	+	+
硫酸铵	+	+	+
氯化铵	+	+	+

注："空白"为未加氮源。

2.2.5 耐乙醇实验 加入5%乙醇，在液体培养时能明显看到菌的生长；而加入10%乙醇和15%乙醇，在液体培养时不能判断是否有菌生长。

转接入斜面培养基后4天，加5%乙醇和10%乙醇的菌均在斜面上长满；加15%乙醇的菌，在32e培养两周后，试管斜面上也未见生长。因此，3.56菌株耐乙醇度小于15%。

2.2.6 pH 值实验

在pH值2～11的范围在第二天有所差异，4天后生长量相近。

2.2.7 鉴定结果

3.56 菌株在察氏琼脂上生长极弱,在麸皮汁琼脂、麦芽汁琼脂和 P. D. A 琼脂上均生长良好,产生发达的气生菌丝体,菌丝体有隔,分枝甚繁,多核,幼时具有内含物,老后成为空泡;在 P. D. A 琼脂上培养 168h,菌落直径(4.2 ~ 4.8)×(3.7 ~ 5.0)cm(32e),菌落表面浅黄色,背面浅黄褐色;无性繁殖产生分生孢子,无特化的分生孢子梗,分生孢子着生于菌丝体或其分枝顶端,梨形,单个或数个成链,大小为(6.5 ~ 10.0)×(6.0 ~ 10.0)μm;有性繁殖常见,形成的子囊果无孔口,无附属丝,球形,无色,大小为(20 ~ 60)μm,子囊果具短柄,大小为(12 ~ 25)×(4 ~ 10)μm;子囊在成熟过程中破裂,不易观察到;子囊孢子不规则地着生于子囊果内,椭圆形,边缘光滑,大小为(5.5 ~ 6.5)×(4.5 ~ 5.5)μm。

3.56 菌株能在 20 ~ 45e 范围内生长,最适生长温度为 30 ~ 35℃,能发酵纤维二糖、棉子糖、麦芽糖、蜜二糖等,能同化乙醇、甘油等,能利用硝酸钠、硝酸铵、氯化铵、硫酸铵等无机氮源,能耐 pH2,耐乙醇度小于 15% 。

依据以上特征,利用文献[1][2]的检索表,将 3.56 菌鉴定为真菌门(Eumycophyta)、子囊菌纲(Asomycetes)、真子囊菌亚纲(Euascomycetes)、曲霉目(Eurrotiales)、曲霉科(Eurotiaceae)、红曲霉属(Monascus Went)。

由于未查到红曲霉属种的检索表,无法将 3.56 菌鉴定到种,但该菌的分生孢子、子囊果、子囊孢子的形状、大小、颜色及菌落的颜色等都与文献[3]报道的红色红曲霉的特征相同。因此,3.56 菌株在分类上属于红色红曲霉(Monascus ruber)。

参考文献:

① 魏景超:《真菌鉴定手册》,上海科学出版社,1997 年。

② 中国科学院微生物研究所《常见与常用真菌》,科学出版社,1978 年。

③ Kazuhiko Tanzawa, Seigo Iwado, Yosaio Tsujita et al. Preparation of Monacolin K〔P〕. 03204966A.

(原文发表于《酿酒科技》2000 年 5 期)

附录二

<h1 style="text-align:center">"水井街酒坊"环境中红曲霉的研究
II. 红色红曲霉次生代谢产物的研究</h1>

赖登燡[1] 范鏖[1] 胡森[1] 杨涛[2] 钱能斌[2] 刘晓蓉[2] 庄名扬[2]

(1. 成都水井坊有限公司 2. 中国科学院成都生物研究所)

众所周知,红曲的药用价值在《本草纲目》、《兽医本草》和《天工开物》中早有记载,作为改善血液循环的保健食品在我国一直应用到现在。1979 年自日本远藤章教授[1]从红色红曲霉(Monascus ruber)中分离出活性物质蒙纳可林 K(Monacolin K)后,多种生理活性物质相继被发现,取得了令人瞩目的成果。

《天工开物》记载:世间鱼肉是最容易腐败,但薄涂红曲,即使在盛夏也不变质,近 10 天蛆蝇不近,色味不减……这说明红曲有杀菌、抑菌作用。董明盛等用红曲霉固态培养物和液体发酵液对 14 种微生物进行抑菌试验,结果证明,红曲发酵物对多种致病菌有较强的抑制作用,对啤酒酵母、草莓酵母不抑制,但能强烈抑制黑曲霉分生孢子的形成。

红曲霉在生长过程中能产生多种生物酶,如淀粉酶、糖化酶、麦芽糖酶、蛋白酶等,而某些菌种能分泌直接催化己酸与乙醇合成乙酸乙酯的胞外酶。这些生物酶的产生,对浓香型白酒的产量与质量起着决定性的作用。而这显然是红心大曲出好酒这一传统观念的有力佐证。

日本国立健康研究所[2]在进行饲料添加"红曲培养物"的动物试验中,发现添加 0.2% ~ 0.3%"红曲培养物"的饲料可使患有先天高血压症老鼠的血压由超过 2.7×10^{-2}MPa 降至 2.4×10^{-2}MPa 以下,其有效成分为 γ – 氨基丁酸(GABA)。红曲霉培养物中含 GABA 一般为 $5\mu g/g$。在发酵过程中产生的 GABA 能否随蒸馏进入酒体,以及有多少进入酒体,这是非常值得重视的一个问题。蒙纳可林同系物的发现,提出用红曲制剂作为治疗高脂血症的药物,这在我国地奥制药公司已经实现。

鉴于红曲霉次生代谢产物的特殊活性,我们对红色红曲霉 3.56 菌株进行了深入的研究,对其固态培养的次生代谢产物进行分离、鉴定,除含有大环内酯类化合物——蒙纳可林同系物外,还大量存在饱和及不饱和脂肪酸。我们对个别脂肪酸进行了活性测定及动物喂养试验,结果表明,具有分解甘油三酯(TG)、降低极低密度脂蛋白胆固醇(VLDL – C)的功能。而水井坊所产浓香型白酒中存在多种且含量可观的高级脂肪酸及其乙酯,如辛酸、癸酸、月桂酸、豆蔻酸、油酸、亚油酸及它们的乙酯,这些物质,不仅是水井坊系列酒的呈香呈味物质,而且是改善血液循环的生理活性物质。

1 材料与方法

1.1 次生代谢产物的分离 1.1.1 固体发酵:试管斜面种→液体种→固体培养

固体培养以大米为培养基,培养温度 30e,培养时间为 168h。

1.1.2 次生代谢产物的分离

1kg 大米的培养物用 1L 95% 乙醇浸提 30min，过滤，分别收集滤液和培养物；培养物再用 1L 乙酸乙酯浸提 2h，过滤，收集滤液；回收乙醇和乙酸乙酯，水液合并，调 pH4，用 1B2 的乙酸乙酯分 3 次萃取；收集乙酸乙酯液，用无水 Na_2SO_4 脱水；浓缩乙酸乙酯液至干；硅胶柱层析，分别用 200ml 二氯甲烷、500ml 二氯甲烷 B 乙酸乙酯（9B1），500ml 二氯甲烷 B 乙酸乙酯（8∶2）洗脱，分部收集。整个过程用薄层层析（TLC）检测，展开剂为二氯甲烷 B 丙酮（4B1），显色剂为磷钼酸。合并活性组分，1% 活性炭脱色，无水硫酸钠脱水，浓缩至干，在加热情况下，用 80% 含水丙酮溶解，自然冷却结晶，再用 80% 乙醇重结晶。

1.2 次生代谢产物的结构鉴定

1.2.1 TLC：硅胶 GF_{254}

展开剂：2 种，1 二氯甲烷 B 丙酮（4B1）；o 二氯甲烷 B 乙酸乙酯（7B3）。显色剂：磷钼酸。

1.2.2 紫外光谱：溶剂为甲醇。

1.2.3 红外光谱：KBr，压片。

1.2.4 H NMR：Bruker AC－E200 UNTY Varian IND－VA－400，TMS 为内标，CDCl3 为溶剂。

1.2.5 质谱：电离源 70eV，加速电压 6000V。

1.3 次生代谢产物的活性试验

1.3.1 对甘油三酯的影响实验：底物采用橄榄油。

1.3.1.1 供试样品：活性物质 MK－01。

1.3.1.2 方法：按文献[3]报道的比浊法进行，样品用 95% 乙醇溶解，K =600nm 处测 A 值。

1.3.2 动物试验

1.3.2.1 材料

A. 供试样品：红曲原液的混合脂肪酸。

B. 供试动物：SD 大鼠 48 只（川实动管质 71 号），体重 150～200g，雌雄各半。

C. 高脂饲料（%）：基础饲料 93.8，猪油 5，胆固醇 1（胆固醇 CP 级，荷兰进口分装），胆盐 0.2。基础饲料由华西医科大学实验动物中心提供。

1.3.2.2 实验方法

大鼠用基础饲料适应性喂养一周后，取尾血测定基础 TC、TG、HDL－C 及 VLDL－C 水平。根据 TC 水平，按随机分组原则分为下列 4 组：1.7ml/kg 组、3.3ml/kg 组、5.0ml/kg 组（分别相当于人体红曲原液摄入量 10ml/人/日的 10、20、30 倍）及高脂对照组，每组 12 只。3 个剂量组动物均以相应剂量的红曲原液并加 3ml 豆奶灌胃，高脂对照组以 3ml 豆奶灌胃。实验第 30 天，从大鼠股动脉取血测定 TC、TG、HDL－C 及 VLDL－C。

2 结果与分析

2.1 次生代谢产物的分离

分别得到多个无色化合物，命名为 MK－01、MK－02、MK－03、MK－04。质谱分析表明，分子量分别为：284、280、256、312。红外和氢谱结果表明这些物质均属于脂肪酸类物质。以 MK - 01 为例进行结构鉴定。

2.2 MK - 01 结构鉴定

2.2.1 TLC：硅胶 GF$_{254}$

展开剂：①二氯甲烷 B 丙酮（4∶1）；②二氯甲烷∶乙酸乙酯（7∶3）。显色剂：磷钼酸。

①的比移值为 Rf0.90，②的比移值为 Rf0.75，结果在 TLC 上均为单点显示。

2.2.2 溶解性：易溶于甲醇、乙醇、乙酸乙酯等有机溶剂，难溶于水。

2.2.3 紫外光谱：205nm 有 C = 0 的强吸收。

2.2.4 红外光谱：由 3000 ~ 2400cm^{-1}（几个谱带构成），1705cm^{-1}（Vc = 0）以及 955 ~

915cm^{-1}（O - H，= 聚体 V^{OH}）的宽谱带表明 MK - 01 为一羧酸，各峰的归属如下：

波数，cm^{-1}	归属 3000 羧基氢键 V^{OH}⋯0
2955，2918，2871	V^{CH_3}，V^{CH_2}
1705	V$_c$ = 0
	0
1464	- C - CH$_2$ - 的 δ^{CH_2}
1350 ~ 1180	CH$_2$ 面外摇摆振动
943	O - H ⋯0 二聚体 γ^{OH}⋯0
730，720	βCH$_2$

2.2.5 HNMR：由 δ0.84 ~ 0.88（- CH$_3$ 的 3 个质子信号）的积分面积1.99求得1个H的积分

面积为0.67，再由总积分面积之和为23.54求得总质子数为35，其中δ1.19 ~ 1.28 有 25 个 H，有 - CH$_3$ 的质子信号；δ2.31 ~ 2.35 有 2 个 H，是羧基旁的 - CH$_2$ 质子信号。从 H - NMR 可看出 MK - 01 除羧基 H 外有 35 个 H，存在不止一个甲基。

2.2.6 质谱：M$^+$ 的 m/e 为 284，表明分子量为 284，分子式 C$_{18}$H$_{36}$O$_2$。

光谱分析的结果表明，MK - 01 为一饱和脂肪酸，分子量284，分子式 C18H36O2，分子中存在支链甲基。具体 MK - 01 的支链甲基数目，以及甲基的连接方式，还有待今后的进一步探索。

2.3 活性试验

2.3.1 对甘油三酯的影响试验

反应物的吸光度试验结果见表1。

表 1　反应物的 A 值

项　目	A			
	No. 1	No. 2	No. 3	平均值
对　照	0.8	0.8	0.8	0.8
样　品	0.33	0.45	0.69	0.49

根据比浊法的定量公式：

$$\lg \frac{lo}{I} = Kbc \text{ 及 } A = \lg \frac{lo}{I}$$

其中：lo 为透过介质前的入射光强度；

I 为透过介质后的入射光强度；

K 为一常数；

b 为混浊介质的长度；

c 为散射颗粒橄榄油的浓度。

求得：$C_{对照} = 50/Kb$；$C_{样品} = 30.6/Kb$；$C_{对照}/C_{样品} = 1.6$。

未加 MK-01 的反应管中橄榄油的浓度是加了 MK-01 的反应管中橄榄油浓度的 1.6 倍，表明在 37℃（人体温度）条件下，MK-01 可使甘油三酯分解，但其分解的机制还有待进一步研究。

3.3.2 动物试验

3.3.2.1 各组大鼠基础血脂水平

根据大鼠基础 TC 水平，按随机分组原则分为 4 组。各组基础血脂水平见表 2。

表 2 各组大鼠基础血脂水平（X±S） （mmol/L）

组 别	TC	TG	HDL-C	VLDL-C
高脂对照组	1.96±0.21	1.60±0.52	0.98±0.17	0.66±0.20
1.7ml/kg组	1.92±0.35	1.41±0.27	0.99±0.21	0.63±0.14
3.3ml/kg组	1.92±0.32	1.32±0.36	0.94±0.18	0.62±0.18
5.0ml/kg组	1.94±0.30	1.14±0.24	0.99±0.21	0.82±0.3036

2.3.2.2 红曲原液对大鼠血脂的影响

3.3ml/kg 及 5.0ml/kg 组 VLDL-C 水平显著低于高脂对照组（P<0.05，P<0.01）。3 个剂量组的 TG 及 HDL-C 水平与对照组相比，均无统计学差异（P>0.05），结果见表 3。

表 3 实验第 30 天各组血脂水平的比较 （mmol/L）

组 别	TG	HDL-C	VLDL-C
高脂对照组 2.77±0.59	1.12±0.16	1.16±0.31	
1.7ml/kg组	2.29±0.83	1.15±0.15	1.08±0.40
3.3ml/kg组	2.25±0.59*	1.10±0.14	1.05±0.26
5.0ml/kg组	1.84±0.73**	1.08±0.18	0.82±0.30*

注：*与高脂组比较，P<0.05；**与高脂组比较，P<0.01。

结论与评定：红曲原液在动物实验条件下具有调节血脂作用。

2.3.3 结论

Kuroda 等的研究表明[5]，有双键的脂肪酸比饱和脂肪酸对胆固醇合成的抑制活性强，双键越多，活性越强；有支链甲基的脂肪酸比直链脂肪酸的活性强，支链甲基越多，活性越强，如植烷酸（3，7，11，15－四甲基棕榈酸）对胆固醇合成的抑制作用非常强，IC50 为 4.2Lg/ml，与蒙纳可林 K 的活性相当（蒙纳可林 K 的 IC50 为 6.1Lg/ml）。

在微生物领域，有关降胆固醇的代谢产物的研究很多，其中尤以洛伐他丁、美伐他丁类物质的研究最为活跃，而脂肪酸类物质的研究却没有引起人们的注意。本试验结果表明红曲霉的代谢产物中除了少量的洛伐他丁类物质，还有大量的脂肪酸类物质存在，初步的活性试验表明，该脂肪酸具有抗菌活性，并且在人体体温条件下有降低甘油三脂含量的作用。动物试验结果也证明了这一结果。

分析结果表明，水井坊曲酒中含有种类齐全含量甚高的脂肪酸及其乙酯，而脂肪酸乙酯进入人体后，水解成酸与醇，因而人们饮用水井坊曲酒等于吸入了大量的具有生理活性的脂肪酸，必然会改善人们的血液循环，阻止胆固醇的合成或促进胆固醇在血液中运行，达到防治动脉硬化的目的。

3　结束语

我们对水井街酒坊环境中微生物区系的研究结果表明，明初窖池既存在浓香型白酒发酵必需的厌氧功能菌——己酸菌、甲烷酸、硫酸盐还原菌等，且含有一定量的营养有机物质，这表明水井街酒坊是我国浓香型白酒的重要发源地。在耗氧功能菌的分析研究中发现红曲占各种曲霉之首，分类鉴定结果表明它归属于红曲霉属红色红曲霉（Monascus ruber）。红色红曲霉不仅以其淀粉酶、糖化酶、蛋白酶、脂肪酶等多种酶参与酿酒过程，为浓香型大曲酒的产量和质量的稳定提供了可靠而必需的保证，而且它的次生代谢产物含多种脂肪酸及其乙酯，在白酒中具有较强的生理活性，能改善血液循环，阻止胆固醇的合成，达到防治动脉硬化的目的。

参考文献：

① Endo A. Monacolin K, a newhypocholesterolemic agent pro－duced by aMonascusspecies ［J］. *The Journal ofAntibiotics*, 1979, 32（1）：852～854.

② Tsuji K, Ichikawa T, Abe S et al. Effects of mycelial weight on hypotensive activity of BeniKoji in spontaneously hypertensiverats［J］. *Nippon Shokuhin Kogyo Gukkaishi*, 1992, 39（8）：795.

③ 陈惠梨：《生物化学检验技术》，人民卫生出版社，1990 年。

④ 林启寿：《药成分化学》，科学出版社，1977 年。

⑤ Kuroda M, EndoA. Inhibitors ofinvitro cholesterol symthesis by fatty acid. ［J］ *Bicchimica et Biophysica Acta*. 1997, 486：70～81.

（原文载于《酿酒科技》2000 年 6 期）

附录三

温湿度对水井街酒坊遗址的影响

谢振斌　韦　荃　龙　涛

（四川省文物考古研究院）

1 引 言

　　水井街酒坊遗址位于成都市锦江区水井街西段南侧，在府河与南河的交汇点"合江亭"以东300 米的原全兴酒厂曲酒生产车间内，总面积大约 1700 平方米，已发掘揭露约 280 平方米。水井街酒坊遗址是一处明、清时期典型的"前店后坊"式酿酒遗址。发掘的只是酿酒的"后坊"遗址。发掘揭露和出土了自明代以来地层连续不断的不同时期的酿酒灶台、晾堂、酒窖、蒸馏器基座和众多、丰富的酿酒工具，陶瓷酒具等遗迹、遗物，再现了从原料加工、拌发酵到蒸馏烤酒等各个环节和前店后坊式生产的全过程以及与现代酿酒技术相差无几的高超工艺水平，堪称中国白酒酿造工艺的一部无字史书，为研究古代酿酒史和蒸馏白酒发展史提供了大量珍贵的实物资料，填补了我国酒坊遗址专题考古发掘的空白。其丰富的酒文化内涵更是蜀酒文化，特别是蜀名酒文化传统的生动再现。

　　水井街酒坊遗址已发掘部分现保存在一个"工棚式"砖瓦结构的生产厂房内，由于年久失修，建筑屋面多处漏水，四周砖墙和门窗破烂不堪。由于这种开放式的环境，遗址发掘不到两年时间，酒窖已出现开裂、崩塌、酥碱、粉化等多种病害。主要病害表现为：酒窖 J2 的窖壁开裂十分严重，宽度大于 1 厘米的裂隙有 13 条，细小裂隙不可计数，窖壁竹篾糟朽、窖泥酥碱也特别严重。酒窖 J3 的窖泥呈块状崩裂，宽度在 0.5 厘米以上的裂隙有 9 条。酒窖 J4 窖泥从墙体剥离，有两块面积为 1100 毫米 ×1150 毫米和 770 毫米 ×870 毫米的块体随时都可能崩塌。酒窖 J8 窖泥酥碱粉化严重，窖泥不断呈粉状脱落，有些部位窖泥脱落厚达 1.5 厘米。明代晾堂 L3 已发掘面积为 92.96 平方米，晾堂表面的三合土均受到不同程度的腐蚀破坏，表面凹凸不平。清代晾堂 L2 已发掘面积 35.34 平方米，晾堂青砖出现风化酥碱病害。这些病害的出现严重破坏了遗址的历史、文化和研究价值。为了探索水井坊遗址窖泥开裂、崩塌、酥粉的病害根源，我们对遗址土样成分、遗址小环境温湿度变化、监测点环境湿度与该点表层土样含水量的关系进行了分析测试。

2 分析测试和结果

2.1 水井坊遗址土样成分分析

　　化学成分按原"地矿部矿物原料分析法"标准进行，具体方法如下：SiO_2：重量法；Fe_2O_3：重铬酸钾容量法；Al_2O_3：EDTA—NaF 容量法；CaO：EDTA 容量法；MgO：EDTA 容量法；TiO_2：

安替比林甲烷比色法，使用仪器 T21 型分光光度计；P_2O_5：磷钼兰比色法；MnO_2、K_2O、Na_2O：使用日立 18080 偏振塞曼原子吸收分光光度计测试；土样 pH 值使用 PHs—2D 型精密酸度计测定；土的矿物组成：采用 X 射线晶体衍射法测定，使用仪器为 D/MAX3C 型衍射仪器。分析结果见表1、2 所示。

表1　水井坊遗址土样化学成分

试样编号	取样位置	SiO_2	Al_2O_3	CaO	MgO	Fe_2O_3	Na_2O	K_2O	TiO_2	P_2O_5	pH
1#	J2 内壁窖泥	65.4	14.38	1.10	1.30	5.40	0.36	1.61	0.85	0.35	7.01
2#	清代晾堂砖下面泥土	64.14	14.35	1.97	2.01	5.00	1.41	2.11	0.75	0.70	6.99
3#	J4 内壁泥土	65.20	14.63	1.64	1.60	5.20	0.81	2.14	0.78	0.50	7.06
4#	J8 内壁表层窖泥	63.62	13.66	1.98	1.42	4.40	0.31	2.37	0.75	2.78	6.88
5#	J8 内壁内层窖泥	58.80	13.37	1.81	1.89	5.50	0.32	2.33	0.75	4.95	6.75
6#	蒸馏器基座周边的土样	61.76	13.16	3.12	2.13	4.80	1.24	2.03	0.70	0.98	7.14

注：MnO 含量及烧失量在表中略去。

表2　水井坊遗址土样的矿物组成

样品编号及取样地址	蒙脱石	伊/蒙混层 + 伊利石	高岭石	石英	长石	其他
1#J2 内壁窖泥	<1	31	6	60	2	
6#蒸馏器基座周边的土样	2	33	绿泥石	38	16	闪石
			10			
						1

注：X 射线衍射实验条件：Cu 靶 Ni 滤光；35kV，25mA；4°/分，0.02°/步；DS = SS = 1°；RS = 0.3mm。

2.2 水井坊遗址小环境温湿度测量

根据水井坊遗址的病害状况、病害程度和遗址内各遗迹的分布情况，选择清代晾堂 L2（该点处于地平面，与已发掘酒窖所处环境条件相同）和 J8 解剖坑（该坑深 1.7 米）作为测试点，从 2001 年 3 月 17 日至 2002 年 3 月对测试点的温湿度进行检测。温湿度测量采用天津气象海洋仪器厂生产的 WHM3 型温湿度计。根据测试点每天的温湿度值，绘制测试点最高温度、最低温度、最大湿度、最小湿度与时间关系图，结果见图 1、2 所示。

2.3 土样含水量的测定

从监测点的周边取表层土样。用 TG328A 型分析天平称取一定量的湿土样，在 100 ± 2℃ 条件下烘至恒重后称其重量。计算土样含水量：$M = (W - W_s)/W_s \times 100\%$（$M$ 为土样中水的百分含量，W 为湿土重量，W_s 为土恒重后的重量）。绘制土样含水量与监测点取样前 24 小时平均相对湿度的对应关系图，L2 表层土样和 J8 表层土样含水量与环境相对湿度关系见图 3、4 所示。

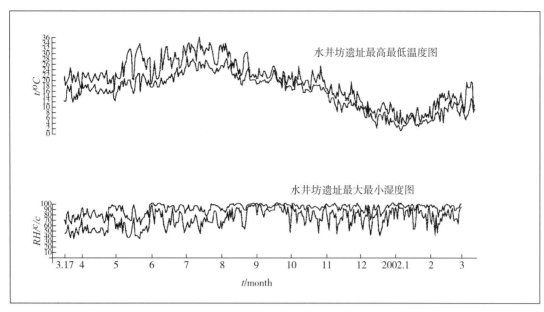

图 1　测试点 L2 的温湿度图

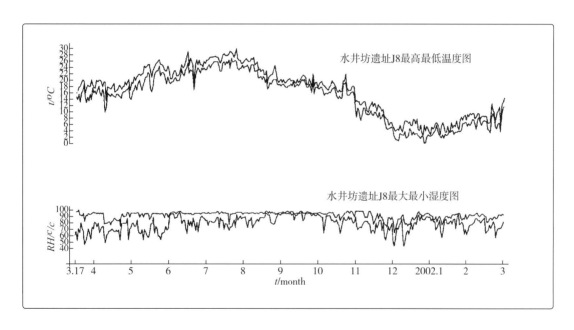

图 2　测试点 J8 的温湿度图

3　讨　论

（1）蒙脱石水合物的稳定性及 R_2O_3 的性质。酒窖窖泥化学组成中 R_2O_3 平均含量为 19.14%，R_2O_3 是一种两性体，遇不同性质的水能发生不同的胶体化学作用。因谷物发酵所产生的水呈弱酸性，在此条件下，土粒聚沉作用增强，粘粒间吸引力增大[①]，从而使酒窖窖泥的强度增大，亲水性降低，另外，土样矿物分析表明：土样中含有一定量的蒙脱石和伊/蒙混合层，蒙脱石在干燥条件

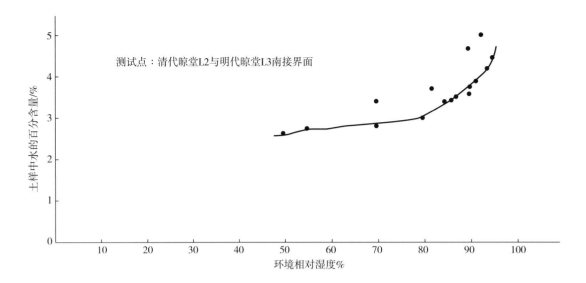

图 3　L2 表层土样含水量与环境相对湿度关系图

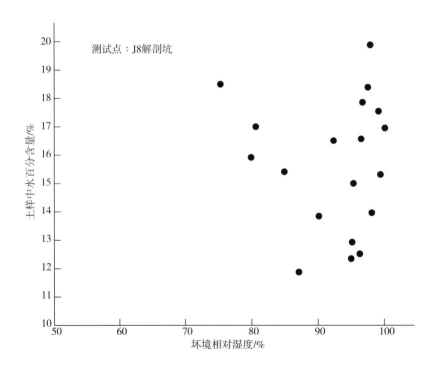

图 4　J8 表层土样含水量与环境相对湿度关系图

下是相当稳定的，在一定的湿润条件下，经过长时间后发展成为稳定的水化物，这种水化物在水化度上能维持不变，但当外界湿度条件变化时，水化物的水化度就会发生改变，即使是非常轻微的变化，蒙脱石的稳定性即猝然完全丧失。因此，当大气湿度随昼夜气温的变化、天气的变化和季节的变化而变化时，对泥土中蒙脱石的作用是比较明显的。

（2）温度对遗址的影响。遗址内全年最低温度为 0℃左右，窖泥不会因冻融而发生破坏[②]，温度变化使水蒸气凝聚到窖泥表面或使窖泥中的水分蒸发，造成窖泥表面"干湿"交替变化。

（3）环境湿度对遗址的影响。影响水井街酒坊遗址土样含水量的因素包括：①屋面漏水；②

地下毛细水；③空气温湿度变化所产生的冷凝水；④周边酒窖中的谷物发酵产生的水。从图 3 看出，清代晾堂 L2 测试点表面土样含水量随着环境相对湿度的增大而呈增大趋势，这是由于考古发掘使该点周围的水位大大降低，上升到表面的毛细水非常少，而且周围没有正在使用的酒窖，屋面也不漏水，因此湿度变化是影响该点表层土样含水量的主要因素，酒窖窖泥会随湿度的频繁波动而发生病变。对于 J8 解剖坑，从图 4 看到，该测试点土样的含水量与解剖坑内的相对湿度没有明显的关系，这是由于解剖坑上面的屋面常年漏水，该点距地表深 170 厘米，地下毛细水特别丰富，坑的周围都是正在使用的酒窖，酒窖中发酵谷物产生的水不断向坑壁渗透，这三项是影响该点土样含水量的主要因素，而空气中的冷凝水相对这三项而言只是次要因素。

4　结　论

由于两个监测点所处的保存环境条件不同，温度变化和湿度波动对各点土层表面干湿循环的影响也不同，温湿度变化对 L2 及周边酒窖的影响比对 J8 解剖坑要明显。结合对 L2 周边酒窖和 J8 解剖坑裂隙、酥粉病害发育状况的观察，我们认为温度变化和湿度波动是引起水井坊遗址酒窖开裂、酥粉的主要因素，因此在选择保护材料时，既要考虑材料的加固性能，还要考虑材料的憎水性和透气性。

参考文献：

① 铁道部第一勘测设计院编：《工程地质试验手册》，铁道出版社，1982 年。
② 李最雄编著：《丝绸之路古遗址保护》，科学出版社，2003 年，45～46 页。

（原文载于《文物保护与考古科学》2005 年 3 期）

附录四

水井街酒坊遗址出土瓷器检测报告

——成都华通博物馆文物检测研究中心

一　样品概况

1 样品编号及数量：水井街酒坊遗址出土瓷器残片 37 份

2 送样单位：成都文物考古研究所

3 送样日期：2009 年 5 月 26 日

4 送样人员：杨盛

5 样品测试项目：热分析 – 热膨胀【　】热重【　】差热【　】；X 射线衍射分析【　】；X 射线能谱分析【√】；X 射线荧光分析【　】；激光显微拉曼分析【　】；扫描电镜能谱分析【　】；热释光分析【　】；X 射线 – CT【　】（自己所测项目打勾，加红）

在所需测试项目【　】中打"√"

6 样品照片：

| 样本 1 | 样本 2 | 样本 3 | 样本 4 |

| 样本 5 | 样本 7 | 样本 8 | 样本 9 |

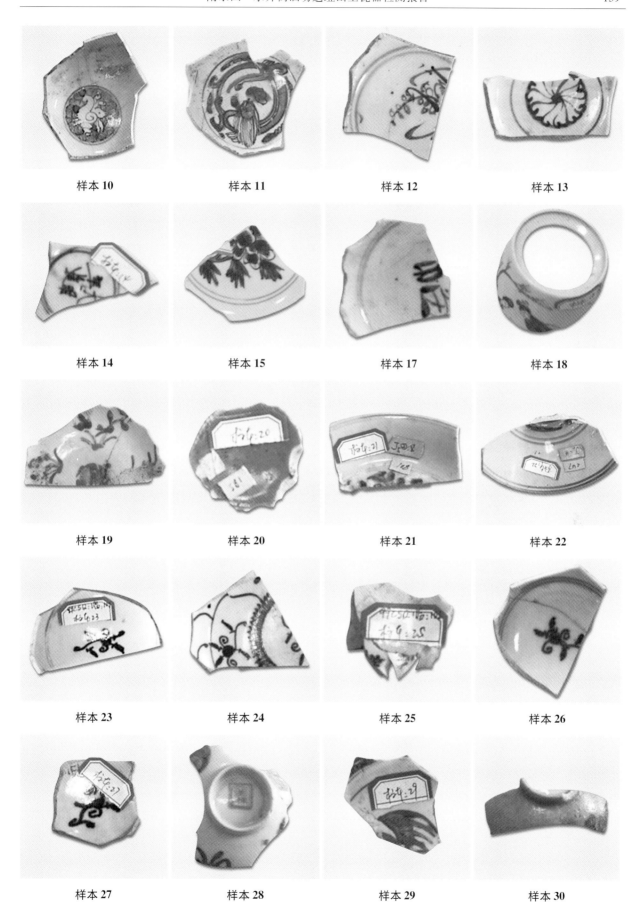

样本 10　　　　　　样本 11　　　　　　样本 12　　　　　　样本 13

样本 14　　　　　　样本 15　　　　　　样本 17　　　　　　样本 18

样本 19　　　　　　样本 20　　　　　　样本 21　　　　　　样本 22

样本 23　　　　　　样本 24　　　　　　样本 25　　　　　　样本 26

样本 27　　　　　　样本 28　　　　　　样本 29　　　　　　样本 30

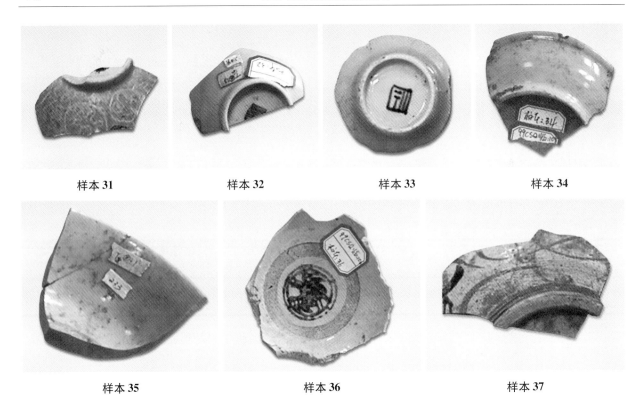

样本 31　　　　　　　　样本 32　　　　　　　　样本 33　　　　　　　　样本 34

样本 35　　　　　　　　　　　样本 36　　　　　　　　　　　样本 37

二　样品测试

1　测试人员：陈德春

2　测试日期：2009 年 5 月 26 日 – 6 月 5 日

3　测试样品编号：与样品号相同

4　测试所用仪器及条件：

仪器型号：EAGLE Ⅲ 能量色散 X 射线荧光波谱仪

分析条件：侧窗铑（Rh）靶 40WX 光管下照射式、掠射角 65°，毛细管光学系统聚焦，照射在样品上的光斑直径（d）为 40μm，样品被受激产生的 X 射线荧光以 60°出射角射出，经狭缝被 Si（Li）探测器记录下来。采用 Al – Cu 合金的 AlKa 和 CuKa 峰来标定能量刻度。实验测试条件为：X 光管管压—管流（30 – 40）KV – （200 – 500）mA，死时间为 30% – 40% 利用 VISION32 软件进行收谱和谱分析。

5　分析方法：

将整件器物直接放置于样品仓内，将需要测定的部位调整至最高点，并固定器物防止样品架移动时产生震动影响测试结果。

三　分析结果

s – 1	Al_2O_3	SiO_2	S	K_2O	CaO	TiO_2	Ce	MnO	Fe_2O_3	Co	Cu	Zn
L	14.73	67.78	0.31	5.17	7.3	0.14	0.12	2.5	1.54	0.39	0.01	0.02
L	15.18	67.21	0.25	4.72	8.5	0.12	0.1	2.07	1.49	0.33	0.01	0.01

s-1	Al$_2$O$_3$	SiO$_2$	S	K$_2$O	CaO	TiO$_2$	Ce	MnO	Fe$_2$O$_3$	Co	Cu	Zn
Y	12.49	72.94	0.42	4.75	8.74	0.04	0.05	0.06	0.47		0.01	0.01
L	14.13	68.49	0.3	4.99	8.1	0.1	0.12	2.02	1.4	0.32	0.01	0.01
Y	13.18	71.94	0.36	4.48	9.38	0.04	0.07	0.06	0.45		0.01	0.01
QL	13.66	70.77	0.32	4.77	8.87	0.06	0.04	0.59	0.8	0.09	0.01	0.01
QL	13.62	70.06	0.66	4.74	8.98	0.07	0.07	0.79	0.83	0.14	0.01	0.02
Y	12.36	72.84	0.69	4.75	8.67	0.06	0.02	0.02	0.5		0.01	0.01
T	18.7	70.99	3.83	4.33	1.28	0.07	0.02	0.03	0.73		0.01	0.02
T	17.9	71.54	4.16	4.2	1.25	0.08	0.06	0.03	0.75		0.02	0.02
T	17.1	71.96	3.9	4.49	1.23	0.09	0.11	0.05	0.95		0.01	0.08

s-2	Al$_2$O$_3$	SiO$_2$	S	K$_2$O	CaO	TiO$_2$	Ce	MnO	Fe$_2$O$_3$	Co	Ni	Cu	Zn
L	13.99	69.8	0.39	5.6	7	0.08	0.12	1.74	1.04	0.19	0.02	0.01	0.02
L	14.34	69.49	0.2	5.22	7.37	0.08	0.13	1.93	1	0.2	0.02	0.01	0.02
QL	14.76	68.28	0.24	5.07	8.97	0.09	0.09	1.25	1.1	0.12	0.01	0.01	0.02
QL	14.6	68.9	0.25	5.01	8.43	0.09	0.12	1.24	1.17	0.14	0.02	0.02	0.03
Y	14.35	69.53	0.54	5.08	9.66	0.06	0.07	0.05	0.6		0.01	0.01	0.02
Y	13.87	70.48	0.45	5.06	9.25	0.07	0.06	0.06	0.64		0.01	0.02	0.02
T	17.67	72.03	1.87	5.94	1.01	0.11	0.09	0.05	1.16		0.01	0.03	0.02
T	16.43	73.99	2.02	5.66	0.73	0.1	0.07	0.04	0.92		0.01	0.02	0.01
T	18.39	72.46	1.54	5.48	0.77	0.1	0.06	0.12	1.02		0	0.03	0.01

s-3	Al$_2$O$_3$	SiO$_2$	P	S	K$_2$O	CaO	TiO$_2$	Ce	MnO	Fe$_2$O$_3$	Co	Ni	Cu	Zn
L	15.61	57.87	4.57	1.55	3.53	9.98	0.08	0.18	4.31	1.52	0.63	0.12	0.03	0.03
L	15.91	58.68	3.18	1.23	3.25	10.55	0.08	0.17	4.6	1.5	0.67	0.14	0.03	0.03
QL	12.81	69.93	0.35	0.13	3.76	10.71	0.05	0.07	1.11	0.93	0.11	0.02	0.01	0.01
QL	12.82	69.8	0.37	0.19	4.01	10.95	0.04	0	0.8	0.87	0.1	0.02	0.01	0.02
Y	12.48	71.47	0.22	0.13	4.2	10.66	0.05	0.05	0.03	0.68			0.01	0.01
Y	12.34	70.35	0.49	0.33	4.06	11.57	0.07	0.06	0.04	0.63			0.01	0.01
Y	12.69	70.83	0.28	0.13	4.24	11.11	0.04	0	0.04	0.61			0.01	0.02
T	16.32	71.32	1.58	3.04	4.83	0.84	0.12	0.14	0.07	1.73			0.01	0.01
T	16.14	72.43	2.12	2.05	4.76	0.84	0.11	0.1	0.06	1.37			0.01	0.01

s-4	Al$_2$O$_3$	SiO$_2$	P	S	K$_2$O	CaO	TiO$_2$	Ce	MnO	Fe$_2$O$_3$	Co	Ni
L	15.55	67.98			5.87	4.4	0.1	0.22	3.95	1.37	0.53	0.03
L	15.8	67.25	0.38	0.1	5.75	4.43	0.1	0.17	4.17	1.29	0.52	0.03
QL	13.94	71.71	0.26	0.06	6.56	3.61	0.07	0.13	2.41	0.92	0.31	0.02
QL	13.75	73.07	0.31	0.13	6.62	4.05	0.04	0.08	1.09	0.7	0.14	0.02
Y	13.48	73.47		0.3	6.89	4.97	0.04	0.06	0.08	0.69		0.02
Y	13.31	74.04		0.14	6.83	4.89	0.05	0.02	0.07	0.61		0.01
T	20.01	72.62		0.57	4.95	0.72	0.06		0.02	1.04		
T	19.01	69.75		3.7	4.64	1.22	0.16		0.02	1.48		
T	17.99	74.35		0.4	5.41	0.8	0.06		0.05	0.84		
T	19.24	73.5		0.51	4.97	0.72	0.07		0.04	0.96		

s-5	Al$_2$O$_3$	SiO$_2$	P	S	K$_2$O	CaO	TiO$_2$	Ce	MnO	Fe$_2$O$_3$	Co	Ni	Cu	As
L	14.32	65.21		0.44	7.4	4.32	0.1	0.11	4.99	2.53	0.45	0.09		0.03
QL	12.08	72.39		0.57	6.68	7.16	0.03		0.4	0.61	0.04	0.03		0.01
Y	13.24	71.29		0.63	6.95	7.42	0.02		0.05	0.38				
L	12.93	69.94		0.26	7.36	3.5	0.07	0.1	3.82	1.69	0.28	0.04	0.02	
QL	12.05	74.32		0.15	6.78	6.1	0.03		0.1	0.42	0.01	0.03		
Y	11.99	72.92		0.33	7.21	6.98	0.03		0.05	0.46				
L	16.48	60.09	0.51	0.51	6.76	4.32	0.16	0.15	7.14	3.33	0.5	0.05	0.02	0.01
QL	12.75	71	0.13		6.62	7.6	0.03		0.94	0.81	0.06	0.04		0.01
Y	11.71	68.78	3.86	0.54	6.97	7.59	0.04		0.06	0.43	0.01	0.01		0.01
T	17.55	71.63	1.05	1.3	6.34	0.7	0.1	0.09	0.04	1.18				
T	18.14	71.32	1.51	0.99	5.87	0.5	0.19	0.09	0.06	1.32				

s-7	Al$_2$O$_3$	SiO$_2$	P	S	K$_2$O	CaO	TiO$_2$	MnO	Fe$_2$O$_3$	Co	Ni
L	13.61	68.52		0.29	5.17	6.37	0.06	3.88	1.42	0.49	0.09
Y	12.83	72.91		0.14	4.55	8.84	0.05	0.05	0.61		
T	17.81	71.14	1.23	2.27	5.22	1	0.14	0.03	1.12		
T	16.95	72.24	1.41	2.69	4.79	0.91	0.09	0.03	0.89		
T	17.48	71.18	0.66	2.74	5.53	1.21	0.16	0.04	1.00		
Y	12.8	72.67	0.23	0.26	4.59	8.72	0.03	0.05	0.65		
L	12.61	71.39	0.35	0.46	5.17	7.74	0.05	1.1	0.96	0.13	0.05

续表

s－7	Al_2O_3	SiO_2	P	S	K_2O	CaO	TiO_2	MnO	Fe_2O_3	Co	Ni
T	17.79	68.96	4.3	1.85	5	0.87	0.14	0.03	1.05		
T	17.06	75.27	0.97	0.85	4.38	0.66	0.07	0.04	0.7		
T	17.98	74.75	0.73	0.8	4.38	0.59	0.09	0.03	0.66		

s－8	Al_2O_3	SiO_2	P	S	K_2O	CaO	TiO_2	MnO	Fe_2O_3	Co	Ni	Cu	Zn
L	12.94	70.84		0.34	5.97	4.2	0.06	3.99	1.11	0.43	0.08	0.01	0.01
L	12.67	71.55		0.23	5.55	5.79	0.05	2.68	1.11	0.27	0.06	0.02	0.02
Y	12.53	73.38		0.18	5.51	7.51	0.05	0.06	0.77				
Y	11.53	73.49		0.27	5.55	8.28	0.05	0.05	0.75				
QL	12.83	72.16		0.2	5.06	8.66	0.03	0.18	0.82	0.03	0.02		
QL	12.24	73.02		0.3	5.27	7.9	0.04	0.39	0.79	0.04	0.01		
T	19.49	71.84	0.86	1.35	4.5	0.71	0.11	0.04	1.1				
T	18.93	73.07	0.97	0.88	4.16	0.67	0.28	0.03	1.01				

s－9	Al_2O_3	SiO_2	P	S	K_2O	CaO	TiO_2	MnO	Fe_2O_3	Co	Ni	Cu
L	13.24	69.63		0.38	6.12	4.86	0.07	4.34	0.77	0.53	0.07	
QL	12.4	72.04		0.26	5.28	6.99	0.04	1.77	0.92	0.16	0.09	0.03
Y	12.18	73.55		0.26	5.56	7.6	0.05	0.03	0.74			0.02
Y	12.12	72.26	0.67	0.63	5.73	7.77	0.05	0.04	0.7			0.03
L	13.75	69.22		0.24	6.38	4.8	0.05	4.04	0.93	0.46	0.1	0.03
QL	12.24	73.06		0.23	5.58	7.1	0.05	0.79	0.8	0.08	0.06	0.02
T	17.54	73.27	1.67	0.69	4.54	1.28	0.14	0.03	0.83			0.02
T	17.86	74.26	0.79	0.68	4.3	1.19	0.08	0.03	0.8			0.02

s－10	Al_2O_3	SiO_2	S	K_2O	CaO	TiO_2	Ce	MnO	Fe_2O_3	Co	Ni	As
L	14.39	67.9	0.28	5.01	7.81	0.13	0.22	2.8	1.07	0.33	0.06	0.02
QL	12.79	71.23	1.81	5.71	6.86	0.04		0.68	0.74	0.09	0.04	
L	15.36	64.19	0.64	4.46	8.39	0.18	0.29	4.38	1.41	0.63	0.05	0.02
QL	12.56	74.14	0.22	6.08	6.11	0.03		0.24	0.59	0.03	0.01	
Y	12.54	74.24	0.25	5.97	6.34	0.03		0.04	0.59			
Y	12.96	73.44	0.25	6.15	6.49	0.03		0.05	0.63			

s－11	Al₂O₃	SiO₂	P	S	K₂O	CaO	TiO₂	MnO	Fe₂O₃	Co	Ni	As
L	12. 77	73. 11	0. 27	0. 38	5. 42	3. 08	0. 07	3. 2	1. 02	0. 5	0. 04	0. 03
L	11. 88	74. 74	0. 32	0. 71	5. 27	4. 17	0. 04	1. 87	0. 73	0. 24	0. 02	
T	19. 4	70. 74	0. 37	2. 93	4. 49	1. 04	0. 07	0. 06	0. 87			
T	19. 4	68. 89	0. 82	3. 48	4. 91	1. 41	0. 06	0. 09	0. 95			
QL	11. 87	75. 78	0. 24	0. 37	4. 94	5. 31	0. 04	0. 76	0. 58	0. 1		
QL	12. 71	74. 75	0. 23	0. 34	4. 76	6. 47	0. 06	0. 19	0. 44	0. 03		
Y	11. 48	76. 35	0. 3	0. 63	5. 17	5. 5	0. 05	0. 06	0. 46			
Y	12. 3	75. 23	0. 23	0. 34	4. 88	6. 46	0. 04	0. 05	0. 47			

s－12	Al₂O₃	SiO₂	S	K₂O	CaO	TiO₂	MnO	Fe₂O₃	Co	Ni
L	12. 53	72. 44	0. 24	6. 78	6. 23	0. 05	0. 82	0. 79	0. 09	0. 03
Y	12. 26	73. 43	0. 19	6. 92	6. 24	0. 04	0. 04	0. 87		
QL	12. 48	71. 7	0. 22	6. 42	7. 9	0. 04	0. 27	0. 9	0. 04	0. 02
L	12. 24	73. 44	0. 21	6. 61	6. 26	0. 04	0. 42	0. 71	0. 05	0. 03
QL	12. 82	72. 57	0. 22	6. 6	6. 89	0. 03	0. 12	0. 73	0. 02	0. 01
Y	12. 39	73. 24	0. 2	6. 87	6. 58	0. 02	0. 04	0. 65		
QL	12. 31	73. 15	0. 14	6. 76	6. 61	0. 05	0. 24	0. 69	0. 03	0. 01
QL	12. 18	73. 34	0. 17	6. 76	6. 55	0. 08	0. 23	0. 62	0. 04	0. 02
Y	12. 53	72. 85	0. 26	6. 92	6. 64	0. 03	0. 05	0. 72		
T	18. 86	70. 16	3. 58	4. 63	1. 77	0. 08	0. 03	0. 88		
T	19. 83	67. 24	4. 65	5. 5	1. 76	0. 11	0. 03	0. 88		
T	19. 05	68. 76	4. 6	4. 81	1. 83	0. 05	0. 04	0. 86		

s－13	Al₂O₃	SiO₂	P	S	K₂O	CaO	TiO₂	MnO	Fe₂O₃	Co	Ni
L	12. 86	68. 38		0. 78	6. 4	6. 69	0. 03	3. 62	0. 86	0. 36	0. 01
L	13. 04	69. 18		0. 28	6. 55	6. 29	0. 05	3. 14	0. 93	0. 32	0. 02
QL	12. 34	72. 4		0. 32	6. 6	7. 00	0. 01	0. 61	0. 65	0. 05	0. 01
QL	11. 95	72. 72		0. 24	6. 55	7. 19	0. 02	0. 56	0. 71	0. 04	0. 01
Y	12. 79	70. 55		0. 42	6. 21	9. 21	0. 02	0. 08	0. 72		
Y	12. 24	72. 04		0. 23	6. 6	8. 24	0. 01	0. 05	0. 59		
T	17. 06	68. 04	2. 67	3. 91	5. 05	1. 2	0. 36	0. 06	1. 65		
T	16. 2	72. 31	0. 9	2. 8	4. 93	0. 82	0. 22	0. 06	1. 76		

s－14	Al$_2$O$_3$	SiO$_2$	P	S	K$_2$O	CaO	TiO$_2$	MnO	Fe$_2$O$_3$	Co	Ni	Zn
L	12.78	70.98	0.28	0.14	5.38	5.83	0.06	2.98	0.97	0.4	0.17	0.02
L	13.08	69.79		0.12	5.64	5.71	0.06	3.74	1.15	0.6	0.1	0.02
QL	12.25	72.85	0.39	0.06	4.7	8.53	0.04	0.41	0.69	0.04	0.03	
QL	12.11	72.94	0.38		5.08	7.59	0.04	0.89	0.73	0.1	0.06	0.02
Y	12.07	73.7	0.32	0.1	4.78	8.28	0.03	0.06	0.62			
Y	11.98	72.68	0.63	0.16	4.69	9.12	0.07	0.06	0.60			
T	18.58	74.41	0.56	0.63	4.47	0.56	0.06	0.08	0.62			
T	18.38	74.62	0.43	0.76	4.41	0.67	0.04	0.05	0.63			

s－15	Al$_2$O$_3$	SiO$_2$	P	S	K$_2$O	CaO	TiO$_2$	MnO	Fe$_2$O$_3$	Co	Ni
L	14.81	71.47			5.05	2.48	0.1	3.63	1.66	0.73	0.07
QL	13.87	75.16			4.76	3.69	0.06	1.36	0.87	0.22	0.03
Y	13.23	76.13			4.79	5.03	0.05	0.1	0.67		
L	14.52	71.36			5.16	2.91	0.09	3.61	1.58	0.72	0.06
QL	13.02	75.67			4.73	4.21	0.07	1.3	0.79	0.19	0.03
Y	12.5	76.58		0.32	4.76	5.01	0.05	0.08	0.69		
T	21.74	68.55		1.73	5.11	1.38	0.11	0.12	1.26		
T	20.6	65.26	3.01	2.59	5.28	1.83	0.09	0.11	1.24		

s－17	Al$_2$O$_3$	SiO$_2$	P	S	K$_2$O	CaO	TiO$_2$	MnO	Fe$_2$O$_3$	Co	Ni	Cu	Zn
L	10.82	76.29		0.31	6.59	3.83	0.04	1.41	0.48	0.19	0.03	0.01	0.01
L	14.51	68.04		0.22	6.14	6.21	0.08	3.19	0.98	0.39	0.05	0.02	0.02
Y	10.4	73.74	0.61	1.18	5.85	7.65	0.04	0.07	0.43			0.02	0.01
Y	12.43	71.85	0.68	0.55	6.3	7.65	0.04	0.06	0.43				
QL	12.77	70.81	0.5	0.42	6.45	6.39	0.06	1.65	0.7	0.21	0.04		
QL	11.9	73.79	0.18	0.34	6.77	4.59	0.05	1.53	0.61	0.22	0.03		
T	17.24	73.22	0.42	1.35	5.67	0.82	0.1	0.05	1.07			0.01	0.02
T	16.9	72.05	1.64	1.99	5.15	1.06	0.08	0.05	1.03			0.02	0.02

s－18	Al$_2$O$_3$	SiO$_2$	P	S	K$_2$O	SnL	SbL	CaO	TiO$_2$	Cr	MnO	Fe$_2$O$_3$	Co	Zn	PbL
红L	5.03	77.26	3.34	4.7	2.88			1.79	0.14		0.06	3.54			0.41
Y	14.28	78.32	0.31	0.33	4.07			1.96	0.04		0.04	0.6			0.05
黄L	5.87	62.7	2.1	6.45	1.44	5.3	9.69	1.42	0.07	0.13	0.04	0.82		0.15	3.82

s－18	Al$_2$O$_3$	SiO$_2$	P	S	K$_2$O	SnL	SbL	CaO	TiO$_2$	Cr	MnO	Fe$_2$O$_3$	Co	Zn	PbL
黑 L	9.88	74.61	2.12	4.55	4.29			2.37	0.1	0.03	0.42	1.05	0.36	0.04	0.18
蓝 L	9.79	66.71	3	11.06	4.32			2.15	0.08	1.4	0.02	0.74	0.31	0.22	0.2
深蓝 L	27.73	60.08	2.36	1.77	4.05			1.88	0.05	0.04	0.06	0.87	0.83	0.13	0.15
Y	14	78.8	0.28	0.22	4.09			1.91	0.06		0.03	0.55			0.05
T	22.25	69.79	0.53	1.34	4.24			0.66	0.08		0.05	1.06			0.01
T	19.77	72.07	0.58	2.43	3.6			0.52	0.06		0.06	0.92			
T	19.28	69.44	0.55	4.51	4.37			0.7	0.06		0.05	1.01		0.02	

s－19	Al$_2$O$_3$	SiO$_2$	P	S	K$_2$O	SnL	CaO	TiO$_2$	MnO	Fe$_2$O$_3$	Cu	Zn	PbL
绿 L	4.49	58.64	3.79		1.49	1.17	2.07			0.29	0.51		27.55
黑 L	3.47	62.13	2.68		0.96	1.14	1.16		0.05	0.18	0.5		27.69
红 L	11.18	72.38			4.65		6.26	0.1	0.07	1.59			0.62
红 L	10.85	73.45			5.42		6.74	0.08	0.07	2.3	0.04		1.04
浅绿 L	6.72	56.13	5.41	8.8	1.57		2.35	0.06	0.02	0.48	1.06		17.4
粉红 L	8.38	72.03	8.64		2.94		3.7	0.16	0.07	0.89	0.04	0.03	3.13
深绿	6.14	53.77	3.82	6.66	1.91		1.57	0.04	0.05	0.32	1.52	0.06	24.13
浅绿 L	6.12	51.8	4.94	7.4	1.21	1.32	2.22			0.31	0.47		24.2
粉红 L	5.23	62.95	5.83	0	2.54		2.59	0.08		0.35	0.07	0.04	20.3
Y	11.71	76.49	0.29	0.77	4.82		5.04	0.05	0.05	0.71			0.09
Y	11.67	77.37	0	0.62	4.75		4.81	0.04	0.04	0.64			0.07
T	21.33	72.3	0.14	0.84	3.47		0.93	0.06	0.04	0.88			
T	20.14	69.51	1.83	1.88	4		1.3	0.1	0.05	1.19			

s－20	Al$_2$O$_3$	SiO$_2$	P	S	K$_2$O	CaO	TiO$_2$	MnO	Fe$_2$O$_3$
黄 Y	13.99	74.8	0.4	0.19	5.54	2.67	0.24	0.12	2.05
黄 Y	14.11	73.47	0.55	0.09	5.49	3.43	0.21	0.18	2.46
T	16.93	73.25	1.63	1.41	4.79	0.99	0.08	0.06	0.87
T	17.08	74.16	1.1	1.46	4.58	0.79	0.07	0.04	0.72

s－21	Al$_2$O$_3$	SiO$_2$	S	K$_2$O	CaO	TiO$_2$	MnO	Fe$_2$O$_3$	Co	Ni
L	13.45	76.11	0.1	6.18	2.52	0.04	0.84	0.62	0.09	0.06
L	13.23	76.47	0.15	6.09	2.61	0.04	0.69	0.62	0.05	0.06
QL	13.24	76.07	0.17	6.22	3.12	0.04	0.3	0.76	0.04	0.05

s-21	Al_2O_3	SiO_2	S	K_2O	CaO	TiO_2	MnO	Fe_2O_3	Co	Ni
QL	13.06	76.86	0.19	5.99	2.93	0.04	0.25	0.61	0.04	0.05
Y	12.41	77.67	0.1	6.15	2.97	0.03	0.05	0.61	0.01	
Y	12.42	76.95	0.05	6.29	3.46	0.03	0.06	0.7		0.03
T	18.92	74.78	0.68	3.99	0.46	0.06	0.03	0.82		
T	19.43	74.69	0.72	3.99	0.4	0.07	0.02	0.68		

s-22	Al_2O_3	SiO_2	P	S	K_2O	CaO	TiO_2	Ce	MnO	Fe_2O_3	Co	Ni
L	15.33	61.53		0.45	3.7	6.76	0.14	0.28	7.62	3.24	0.81	0.14
L	12.69	70.87		0.24	4.43	6.56	0.05	0.08	2.97	1.73	0.3	0.08
QL	12.47	72.65		0.15	4.24	8.16	0.04	0.05	1.03	1.07	0.1	0.04
Y	12.72	72.1		0.21	4.04	9.84	0.05		0.07	0.96		
杂物	15.62	53.37	2.51	8.4	2.8	9.87	0.46		2.65	4.13	0.14	0.04
L	13.02	68.95		0.26	4.7	6.28	0.09		3.88	2.3	0.44	0.09
QL	12.59	72.89		0.21	4.27	7.93	0.06		0.9	1.02	0.08	0.04
Y	12.05	73.5		0.27	3.98	9.26	0		0.07	0.86		

s-23	Al_2O_3	SiO_2	P	S	K_2O	CaO	TiO_2	MnO	Fe_2O_3	Co	Ni	Cu
L	12.18	68.28	0.31	0.11	3.43	9.83	0.08	4.23	0.97	0.53	0.02	0.02
L	12.98	64.73	0.42	0.22	3.14	9.8	0.05	6.56	1.17	0.69	0.02	0.03
QL	11.65	71.6	0.41	0.17	3.28	11.38	0.05	0.74	0.57	0.12	0.02	0.02
QL	11.55	70	0.45	0.12	2.97	12.8	0.02	1.08	0.78	0.18	0.02	0.03
Y	11.22	71.8	0.36	0.14	3.24	12.63	0.02	0.05	0.49			0.02
Y	11.23	72.34	0.32	0.37	3.24	11.89	0.04	0.06	0.51			
T	20.71	72.72	0.24	0.22	4.36	0.81	0.05	0.09	0.8			
T	18.34	75.04	0.35	0.88	3.91	0.59	0.04	0.05	0.79			
T	18.23	74.48	0.79	0.47	4.23	0.76	0.1	0.06	0.87			

s-24	Al_2O_3	SiO_2	S	K_2O	CaO	TiO_2	MnO	Fe_2O_3	Co	Ni	Cu	As
L	13.01	67.71	0.4	4.57	7.38	0.04	4.42	1.56	0.81		0.02	0.07
QL	12.11	72.54	0.84	4.84	7.35	0.08	0.96	1.04	0.2		0.05	
Y	11.27	72.9	1.62	4.59	8.11	0.15	0.04	0.83		0.18	0.28	
QL	11.74	72.55	0.38	4.76	7.76	0.07	1.37	1.04	0.27		0.03	0.03

s－24	Al$_2$O$_3$	SiO$_2$	S	K$_2$O	CaO	TiO$_2$	MnO	Fe$_2$O$_3$	Co	Ni	Cu	As
L	12.83	65.21	0.25	4.57	7.99	0.06	6.07	1.83	1.08	0.04	0.03	0.05
Y	11.86	72.88	0.16	4.53	9.5	0.06	0.05	0.93			0.03	
T	20.7	68.08	3.72	4.91	1.66	0.06	0.05	0.78			0.03	
T	19.93	68.39	3.24	5.42	1.82	0.11	0.07	1.01			0.02	

s－25	Al$_2$O$_3$	SiO$_2$	S	K$_2$O	CaO	TiO$_2$	MnO	Fe$_2$O$_3$	Co	Ni	Cu	Zn	As
L	13.76	69.14	0.31	5.09	7.15	0.05	3	1.06	0.34	0.04	0.01	0.01	0.03
L	12.86	71.41	0.1	5.23	5.88	0.05	3.07	1	0.32	0.03	0.01	0.01	0.03
QL	12.42	72.47	0.17	5.05	8.32	0.04	0.66	0.73	0.08	0.02	0.01	0.01	
QL	12.52	71.85	0.45	5.08	7.97	0.07	0.93	0.76	0.1	0.02	0.02	0.02	
Y	12.15	73.1	0.34	5.06	8.66	0.05	0.04	0.58			0.01	0.01	
Y	12.14	72.51	0.21	4.98	9.31	0.04	0.06	0.72			0.02	0.02	
T	22.68	69.2	1.35	5.17	0.71	0.04	0.06	0.77			0.01	0.01	
T	22.85	70.24	0.63	4.82	0.6	0.05	0.04	0.75			0.02	0.01	

s－26	Al$_2$O$_3$	SiO$_2$	S	K$_2$O	CaO	TiO$_2$	MnO	Fe$_2$O$_3$	Co	Ni	Cu	As
T	21.03	71.08	0.97	4.41	1.14	0.15	0.05	0.86				
T	21.34	71.87	0.66	4.08	1.2	0.04	0.05	0.77				
T	20.63	72.28	0.65	4.39	1.1	0.05	0.08	0.75				
L	11.85	72.93	0.35	3.99	9.28	0.06	0.66	0.72	0.1	0.01	0.02	0.02
Y	12.11	74.48	0.27	3.98	8.62	0.01	0.02	0.51			0.02	
L	12.92	71.11	0.21	3.99	8.46	0.03	2.05	0.91	0.24	0.02	0.03	0.03
Y	11.86	73.26	0.38	4.19	9.6	0.04	0.03	0.58	0.02	0.01	0.03	
QL	12.33	72.05	0.31	4.15	9.61	0.03	0.66	0.75	0.09	0.01	0.03	
QL	11.74	72.86	0.27	3.9	9.61	0.04	0.67	0.78	0.09	0.01	0.02	

s－27	Al$_2$O$_3$	SiO$_2$	P	S	K$_2$O	CaO	TiO$_2$	Ce	MnO	Fe$_2$O$_3$	Co	Ni	Cu	Zn	As
L	12.66	69.13			2.93	9.71	0.05		3.86	1.02	0.54	0.02	0.02	0.01	0.04
L	13.24	66		0.56	3.07	8.54	0.05	0.27	6.08	1.28	0.78	0.04	0.04		0.04
L	13.36	62.99		2.14	2.88	8.9	0.08	0.48	6.73	1.46	0.93		0.03		0.03
QL	12.04	71.54		0.14	2.98	9.58	0.04	0.09	2.34	0.8	0.37	0.03	0.03		0.02
QL	12.19	71.02		0.22	2.89	10.39	0.02	0.11	1.97	0.81	0.32	0.02	0.03		0.03

续表

s-27	Al$_2$O$_3$	SiO$_2$	P	S	K$_2$O	CaO	TiO$_2$	Ce	MnO	Fe$_2$O$_3$	Co	Ni	Cu	Zn	As
Y	11.68	70.78		0.77	2.67	13.36	0.06	0.05	0.04	0.57			0.02		
QL	12.15	71.05		0.65	2.59	11.04	0.05	0.08	1.53	0.6	0.19	0.02	0.03		
Y	11.73	72.37		0.41	2.6	12.28	0.04	0.04	0.02	0.48			0.02	0.01	
Y	11.63	72.68		0.51	2.75	11.91	0.05		0.04	0.41			0.02		
T	18.53	73.35		1.8	3.95	1.53	0.06		0.03	0.73			0.01	0.01	
T	18.2	71.34	1.83	2.14	4.06	1.19	0.18		0.04	0.99			0.01	0.01	
T	17.73	73.88	0.62	2.13	3.38	1.19	0.08		0.04	0.95					

s-28	Al$_2$O$_3$	SiO$_2$	P	S	K$_2$O	CaO	TiO$_2$	MnO	Fe$_2$O$_3$	Cu	Zn	PbL
黄L	5.12	47.32	12.58	5.94	1	2.51	0.04	0.02	0.25	0.1		25.13
蓝L	4.51	51.68	9.18	6.08	1.34	2.51	0.02	0.05	0.2	1.39		23.05
黑L	6.44	36.73	15.32	14.4	1.03	6.21	0.17	0.18	0.66	1.04	0.06	17.76
红L	11.53	73.84	0.38	2.3	4.44	5.72	0.08	0.06	1.24	0.02		0.39
Y	11.7	75.4	0.33	1.56	4.49	5.27	0.06	0.04	0.82	0.03		0.31
Y	12.05	75.57	0.3	1.54	4.26	5.15	0.08	0.04	0.69	0.02		0.32
T	17.88	75.03	0.41	0.93	4.01	0.8	0.07	0.04	0.81			
T	17.95	73.81	0.14	1.74	4.11	1.16	0.03	0.07	1			

s-29	Al	Si	P	S	K$_2$O	CaO	TiO$_2$	Cr	MnO	Fe$_2$O$_3$	Co	Ni	Cu	Zn	PbL
红L	11.13	65.69	1.6	6.85	2.9	6.91	0.05	0.08	0.11	2.39			0.05		2.24
黑L	14.69	58.81	2.27	8.03	2.59	5.9	0.22		0.97	3.03	0.17	0.04	0.09		3.18
绿L	7.73	25.99	24.48	7.2	1.54	11.13	0.13		0.1	0.78	0.04		1.11	0.08	19.7
Y	11.7	73.7		2.24	3.97	6.71	0.04		0.07	0.99			0.02	0.02	0.54
T	21.13	69.82	0.63	1.98	4.07	1.25	0.08		0.09	0.95					

s-30	Al$_2$O$_3$	SiO$_2$	P	S	K$_2$O	SnL	CaO	TiO$_2$	MnO	Fe$_2$O$_3$	Cu	PbL
T	22.27	71.25	0.27	0.36	4.09		0.64	0.07	0.08	0.98		
T	21.54	71.76	0.47	0.69	3.68		0.83	0.05	0.05	0.92		
T	22.34	70.68	0.43	0.57	4.13		0.69	0.09	0.07	1.01		
绿Y	3.68	66.86	5.75		0.97	1.8	0.89			0.2	0.45	19.39
绿Y	3.86	74.4	1.61		0.9	2.03	0.43			0.18	0.43	16.16
黑L	5.78	50.41	13.53	8.59	1.7		2.13	0.4	0.33	0.91	0.41	16.13
黑L	8	55.84	6.4	7.45	2.49		1.53	0.11	0.28	0.64	0.41	16.85

s－31	Al$_2$O$_3$	SiO$_2$	P	K$_2$O	SnL	CaO	TiO$_2$	MnO	Fe$_2$O$_3$	Co	Ni	Cu	Zn	PbL
绿Y	2.84	69.85		1.57	2.07	0.54			0.15			1.02		21.96
绿Y	3.71	68.65		1.62	2.83	0.62			0.19			1		21.37
绿Y	3.58	67.94	2	1.64	2.3	0.66			0.2			1.01		20.66
黑L	5.78	60.11	5.43	1.99	0.69	1.09		1.5	0.72	0.22	0.05	1.13	0.03	21.26
黑L	4.84	61.02	3.02	2.01	0.77	0.82		0.84	0.58	0.16	0.05	1.17	0.06	24.64
T	19.75	73.82	0.38	3.54		0.53	0.1	0.04	0.84					
T	19.71	73.02	0.3	3.69		0.87	0.08	0.04	0.83					
T	19.08	74.85	0.08	3.48		0.57	0.08	0.04	0.81					

s－32	Al$_2$O$_3$	SiO$_2$	P	S	K$_2$O	CaO	TiO$_2$	MnO	Fe$_2$O$_3$
Y	12.25	74.94	0.4	0.12	4.33	6.86	0.23	0.03	0.85
Y	11.71	76.02	0.42	0.17	4.08	7.06	0.07	0.03	0.86
Y	12.2	74.43	0.45	0.11	4.28	7.44	0.08	0.03	0.98
T	22.34	69.27	0.4	1.07	4.71	1.31	0.07	0.07	0.78
T	21.59	69.37	0.38	1	5.34	1.25	0.09	0.09	0.89
T	22.1	70.21	0.35	0.63	4.71	1.06	0.07	0.07	0.81

s－33	Al$_2$O$_3$	SiO$_2$	P	S	K$_2$O	CaO	TiO$_2$	MnO	Fe$_2$O$_3$
NY	12.47	74.26	0.49	0.58	3.97	7.36	0.06	0.07	0.73
NY	12.6	74.11	0.35	0.56	3.94	7.61	0.06	0.07	0.7
NY	12.69	75.04	0.17	0.41	3.64	7.25	0.05	0.07	0.68
T	19.22	71.45	0.44	2.38	4.03	1.22	0.1	0.08	1.08
T	19.58	72.16	0.32	1.86	3.88	1.1	0.09	0.07	0.95
T	18.33	72.12	0.66	2.78	3.94	1.07	0.06	0.08	0.97
Y	11.31	76.25	0.41	0.14	3.6	7.59	0.03	0.04	0.62
Y	11.11	77.28	0.43	0.23	3.62	6.71	0.05	0.03	0.53
Y	10.98	76.11	0.41	0.34	3.5	7.91	0.06	0.04	0.66

s－34	Al$_2$O$_3$	SiO$_2$	P	S	K$_2$O	CaO	TiO$_2$	MnO	Fe$_2$O$_3$
Y	13.22	70.62	0.72	0.48	3.79	10.55	0.03	0.06	0.52
Y	12.15	69.32	2.64	0.52	4.04	10.71	0.06	0.06	0.51
Y	13.09	70.62	0.4	0.38	3.86	10.96	0.06	0.07	0.57
T	16.19	75.25	0.96	0.75	5.13	0.74	0.04	0.05	0.89
T	16.67	76.82	0.23	0.33	4.6	0.5	0.06	0.03	0.75
T	17.21	75.61	0.24	0.46	4.84	0.63	0.08	0.06	0.86

s－35	Al$_2$O$_3$	SiO$_2$	P	S	K$_2$O	CaO	TiO$_2$	MnO	Fe$_2$O$_3$
Y	12.16	66.97	1.39	0.41	3.11	14.19	0.13	0.45	1.21
Y	12.36	67.07	1.13	0.79	3.56	13.04	0.15	0.44	1.45
Y	12.1	67.57	1.16	0.29	3.46	13.6	0.13	0.45	1.24
T	13.96	73.94	0.44	5.23	3.83	0.78	0.21	0.07	1.54
T	15.23	73.07	0.34	3.64	4.34	1.22	0.34	0.04	1.78
T	14.69	76.49	0.4	1.63	4.21	0.51	0.34	0.03	1.7

s－36	Al$_2$O$_3$	SiO$_2$	P	S	K$_2$O	CaO	TiO$_2$	MnO	Fe$_2$O$_3$	Co
T	25.68	65.56	0.25	1.3	5.04	0.42	0.65	0.01	1.09	
T	22.65	68.68	0.25	1.93	4.51	0.47	0.49	0.01	1	
T	24.96	67.56	0.11	0.64	4.9	0.28	0.5	0.02	1.03	
L	11.83	72.64	0.63	0.19	4.11	7.51	0.25	0.05	0.83	1.94
L	11.63	73.27	0.58	0.07	4.04	8.74	0.23	0.04	0.94	0.46
L	10.91	74.67	0.41	0.17	4.22	8.03	0.24	0.04	0.91	0.41
Y	11.49	74.13	0.55	0.11	3.75	9	0.18	0.04	0.76	
Y	11.04	73.55	0.69	0.12	3.54	9.87	0.17	0.04	0.98	

s－37	Al$_2$O$_3$	SiO$_2$	P	S	K$_2$O	CaO	TiO$_2$	CeL	MnO	Fe$_2$O$_3$	Co	Ni	Cu
T	22.43	69.11	0.44	0.83	5.42	0.64	0.34		0.02	0.79			
T	22.38	69.08	0.35	0.65	5.79	0.48	0.35		0	0.92			
L	11.8	65.13	0.39	0.39	3.66	9.12	0.42	0.32	5.87	2.13	0.66	0.03	0.07
L	12.14	66.54	0.33	0.14	3.66	8.67	0.36	0.3	5.15	2.05	0.58	0.03	0.06
Y	11.15	72.61	0.41	0.1	4.03	11.06	0.15		0.04	0.44			
Y	11.02	71.58	0.6	0.55	3.51	11.82	0.12		0.05	0.75			
QL	8.82	76.27	0.5	0.42	3.58	7.9	0.2	0.13	1.11	0.93	0.13		0.01
QL	9.86	72.99	0.62	0.37	3.97	7.89	0.23	0.12	2.27	1.37	0.26	0.02	0.03

T：表示胎

Y：表示釉

L：表示彩料（颜色浓重的地方，成分包含了彩料和釉）

Q：表示颜色相对较浅的地方，成分包含了材料和釉

元素成分一般以氧化物的形式表示。

S－1～S－37：编号分别对应送检样本1～样本37。

附录五

水井街酒坊遗址出土"天号陈"暨
酒文化研讨会纪要

陈 剑

四川省成都市水井街酒坊遗址考古发掘曾荣获 1999 年度全国十大考古新发现表彰，2001 年又被国务院公布为第五批全国重点文物保护单位。为了深入研讨水井街酒坊遗址所蕴涵的历史文化内容，并合理利用其丰富的传统文化资源，实现学术研究成果的社会效益和经济效益，从而为成都的现代化建设和社会经济发展服务，水井街酒坊遗址考古队、四川成都全兴股份有限公司于 2002 年 6 月 4 日在成都联合举办"水井街酒坊遗址出土'天号陈'及酒文化研讨会"。来自四川大学、四川省社科院、四川省民研所、西南民族学院、四川师范大学、四川省文物局、四川省博物馆、四川省文物考古研究所及成都文物考古研究所等单位的历史学、考古学、民族学、民俗学、文学等学科领域的专家学者和领导 20 余人出席了会议。

会议由四川省文物局副局长高大伦主持。四川省文化厅副厅长、四川省文物局局长徐荣旋出席会议并讲话，他指出，科学决策应更多地依靠专家的献言献策，而不是依靠行政长官的发号施令。现代企业应重视自身的文化建设，没有文化底蕴的企业，其生命力是非常有限的，难以实现可持续发展。水井街酒坊遗址具有极其重要的学术意义和潜在的经济资源价值，它是迄今为止中国唯一经过科学发掘的"前店后坊"布局的明清时期酒坊遗址，被誉为"中国白酒第一坊"。这是一笔巨大的无形资产，拥有很高的含金量。企业的发展应从文化上挖掘内涵，在保护文化、发展文化的同时也能创造经济效益，全兴集团要充分利用水井街酒坊遗址这一巨大的无形资产。本次研讨会主题之一就是要发掘出"天号陈"的深厚历史底蕴，让水井街酒坊遗址的文化分量更重，以产生更大的社会影响。这项工作不仅为考古研究提出了新的课题，对水井街酒坊遗址的深入研究有重要意义，同时对企业的发展也会有明显的促进作用。他还对与会专家学者表示热烈欢迎和衷心感谢。

全兴集团副董事长兼水井坊有限公司总经理陈可、"天号陈"有限公司总经理李溢中分别在会上发言，感谢与会专家学者对全兴酒业的大力支持。会上，水井街酒坊遗址考古队代表陈剑利用幻灯片介绍了遗址的地层堆积、发掘揭露的各类酿酒遗迹现象以及出土的主要陶瓷文物等基本情况。在 1999 年的发掘工作中，水井街酒坊遗址出土有一件青花瓷盘（发掘出土时编号为 T2②：2），敞口，折腹，圈足略内斜，内腹及内底表面装饰山水田原家居题材的图案，外底有题款"成化年制"，内壁面钻刻"天号陈"字样。该青花瓷盘为晚期地层出土的清代遗物。瓷盘内壁面钻刻"天号陈"字样，这是水井街酒坊遗址出土的除了青花瓷器的题款内容之外数量不多的文字资料。与会的各位专家围绕水井街酒坊遗址出土的钻刻"天号陈"款识青花瓷器的时代和文物价值、"天号陈"款识所富含的历史文化内涵及其所处的时代背景、"天号陈"款识的品牌资源开发价值、成都城市酒文化及民窑陶瓷文化等主题，从不同角度展开了详细的研讨。

一　"天号陈"款识青花瓷器的时代、窑口和文物价值

该件青花瓷盘虽然出土于遗址的近现代地层，但其本身的年代却更早。四川大学博物馆陈德富副研究员提出，"天号陈"铭瓷盘为敞口，折腹，圈足微内斜，足脊微圆，胎质白中泛灰黄较粗，胎釉交接处现火石红。里、外、底均施浅豆青釉，里釉下青花绘山水田园农舍图，底釉下青花斜体行书双竖行"成化年制"款。里钻刻"天号陈"铭。此盘为典型青釉青花瓷器，为清中叶乾隆晚期至嘉庆初期景德镇民窑所产。据《中国陶瓷史》研究，直至明清时期，瓷器，特别是瓷都是景德镇所产"细瓷"（相对于各地大小民窑所产瓷器而言）仍为贵重物品，自明晚期始，便有在新购瓷器上凿刻、钻刻购买者、所有者姓氏、人名、商号、斋堂号及时间（多为干支）等的习俗。由此我们知道，此"天号陈"铭盘产于清乾嘉之际，由当时水井街坊人（可能是酒坊主人或其他人）购得并刻上"天号陈"铭以示物有其主。四川省社会科学院谭继和研究员认为，清代瓷器使用"成化年制"底款的现象并不罕见，成都明清时代盛行使用景德镇生产的瓷器，水井街酒坊商家购买大批景德镇瓷器使用并在器物上刻字，符合成都陶瓷史的历史背景。四川大学考古学系林向教授、成都文物考古研究所江章华研究员等专家也认为此青花瓷盘的时代为清代中叶。西南民族学院中文系祁和晖教授还指出，在瓷器上钻刻文字的现象在晚清百日维新以后基本不复存在，该青花瓷盘的年代应为乾嘉时期。

与会专家高度评价"天号陈"款识青花瓷盘的文物价值。林向教授提出，"天号陈"铭青花瓷盘的来历不凡，第一，它不是传世的，而是考古学家用科学方法从地层中发掘出来的；第二，它是从成都全兴酒厂水井街车间的地下出土的，也就是说它是出自全国文物保护单位——水井街酒坊遗址；第三，它的内腹还钻刻着"天号陈"三字款识，可见它是明清水井街酒坊遗址出土的，有商号款识，清代中期的青花瓷器。所以，"天号陈"款青花瓷盘作为出土文物是无价之宝，非常珍贵，将永远珍藏在博物馆里。四川大学考古学系宋治民教授也认为，即使该青花瓷盘是清代器物也是有其意义的，它虽然出现于近现代地层，但它是发现在"酒坊三叠层"之内，证明它是水井街酒坊遗址出土的，应该是酒坊之器物。四川省博物馆李复华研究员指出，不管文献有无记载，水井街酒坊遗址出土的"天号陈"文字材料则是客观实物，文献漏记的现象过去很多，"天号陈"是对酒史的补充，有较高的学术价值。

二　"天号陈"款识的历史文化内涵及其时代背景

关于"天号陈"款识的历史文化内涵，一开始便成为与会专家学者热烈探讨的中心问题。四川省博物馆王家祐研究员认为："天号陈"的含义即"天字第一号陈酿"，"陈"非姓氏，这与清代乾隆时期的政治背景相符。"天号陈"佳酿在清乾隆年间有可能为贡酒，或许与乾隆五次下江南有关。四川省社会科学院段渝研究员也认为"天号陈"中的"陈"应为"陈酿"的含义，不应是姓氏。如果清代成都有如此规模的陈姓字号酿酒作坊，在《成都通览》等文献中应有相应记载；清代文字狱盛行，乾嘉时期对汉人控制甚严，以"天号陈"为酒坊的字号，用"天号"标榜姓氏，不符合当时的政治环

境，如用"天号"来命名"陈酿"则不会有政治风险。从此件"天号陈"瓷盘还可看出，清代成都酒坊对外的经济文化交流范围较广，采用远方的江西景德镇窑烧制的瓷器为餐具，而不使用本地的土瓷品，表明其经济实力雄厚。酒坊从景德镇购买成批青花瓷餐具后，均钻刻文字，这类高级瓷器只有在高档酒店中才会使用。四川大学文学院江玉祥教授也赞同"陈"字的含义为即"陈酿"。

林向教授指出，"天号陈"款青花瓷盘的发现，表明全兴酒厂水井街大曲酒车间在清代乾隆嘉庆时期曾是一家前店后坊的老糟坊——"天号陈"，这是过去从不知道的历史。过去的商号名一般都冠以店主的姓氏。钻刻有"天号陈"款的青花瓷盘，不会是糟房酿酒工具，也不会是店主家用的家私，因为家私只需刻姓氏，无需刻店号的，所以只能是开设的前让店酒肆里的餐具。"天号陈"的前店酒肆要比《成都通览》所载的"四百九十六家"酒坊的规格高多了。"花生豆腐干、炙卤肉品"之类的下酒菜是不需要高级餐具——景德镇青花瓷器七寸盘来装盛的，联系到遗址同出的各式众多的高级碗、杯等，它们只会用作佳肴盛宴的器皿。由此可知"天号陈"必是一家财力雄厚的、拥有宽敞高档酒店的、具备能稳定供应自酿美酒的大作坊。

谭继和研究员指出，"天号陈"中的"号"字来源很早，这种俗写字在敦煌文献中即已出现，明清时期使用此字不足为奇，古代商人多用此"号"字，它是商界的常用术语，由此看来"天号陈"是商号无疑。"天号"、"地号"、"人号"之类的称法在明清时期行会兴起的情况下较为多见，在成都的酒行、酒帮中也会有这种字号。至于"天号陈"的解释，则是一项需作深入研究的新课题，"陈"解释为姓氏或陈酿均有道理。四川省民族研究员李绍明研究员认为，"天号陈"可能有各种解释，在学术上值得深入研究。从字面上看，"天号陈"似为字号，酒坊为"前店后坊"布局，"前店"可能有多间，类似于今日酒店有诸多雅间，分别命名为"天号"、"地号"、"日号"、"月号"等，明清时期常见此类编号，不足为奇，"天号"应为其中最为豪华者，所使用餐具的规格也最高。

四川大学考古学系宋治民教授指出，从"天号陈"的铭文看，似和酒坊有关，"陈"字理解为姓大概不误，是否和酒坊主人有关，值得考虑。"天"字也可做一些猜测，我国古代民间用于排序的有"天、地、人"、"天、地、玄、黄"、"天、地、君、亲、师"等，天都是排在首位，最好的事物有称"天字第一号"的。是否可以说此"天"字是最好的意思。"号"为简笔字，因系出自民间，也可能当时有这种写法，如汉简中就有简笔字。如果这种猜测尚有一点道理，此"天号陈"可否认为是和酒坊的招牌之类有关。

四川师范大学文学院魏启鹏教授从词源学角度对"天号陈"进行了考证，"号"字应是民间流行的俗写法，与今日的简化字号相似，但却不一样，不能因其与今日的简化字号相似而怀疑该瓷盘的准确性和真实性。晋唐以后假借字很多，明清时期则更多，用金刚钻刻字时常从简作号，而不作號。"天号"一词早在东汉初即有，文为"帝者，天号；王者，人称。""天号"的准确含义应为帝号之称，即"天子所赋予的名号"。"天号陈"可以解释为"天所赐予的陈酿"，"天号"只有皇家可以使用，在乾隆时代（五次游江南）"天号陈"还可能是贡酒。祁和晖教授认为，在瓷盘上钻刻"天号陈"铭文的行为是个性化的表现，该瓷盘并非酒坊成批购买品（酒店成批购买品刻字可以统一印制），其拥有者可能为某位个人，是酒客或品酒师的专用食具。高大伦教授主张参照遗址的性质、知名度、使用者等情况来判定"天号陈"铭文瓷盘的性质。作为珍贵用品，该瓷盘的埋藏年代与制造年代、使用年代之间有较大差异。水井街酒坊为"前店后坊"布局，出土食具文物较多，低档酒坊不会使用此类高档瓷盘，客人饮酒时自带餐具的情况不多（尤其是高档酒坊），因此，该瓷盘为酒坊本身拥有的可能性较大。

三　"天号陈"款识的品牌资源开发价值

鉴于水井街酒坊遗址出土的"天号陈"具有非常丰富的历史文化内涵，与会专家一致赞同全兴集团对其进行品牌资源的开发利用、以之命名推新产品、全力打造四川文化名酒的设想与实施。李绍明研究员指出，"天号陈"的学术研究与开发利用两回事应分开对待，学术上的探讨刚开始，没有研究透彻并不意味着不能使用。"天号陈"出土于水井街酒坊遗址，是与全兴有关联的历史文物，理所应当予以重视并加以利用。在开发使用时要保持"原汁原味"，可以采用原有的青花瓷器装饰风格，包装上注重古色古香。陈德富副研究员也建议在设计产品包装时，充分利用此盘彩釉图案之独特艺术成果，如将酒瓶改用青釉青花瓷瓶，外包纸盒亦用这种色调图案，将出土瓷盘之山水田园村舍图案原样用上（且不宜补全，残图自有一种残缺美）。品牌名如用"天号陈"，其字即用出土盘上之原字原体，因原字为民间艺术家凿刻，有一种劲朴拙之美，千万不可请现代所谓书法家们写那种没有任何功力、没有个性的怪字。瓶底亦可书原盘底之款"成化年制"，使此种酒瓶成一仿古名瓷器。仅这个酒瓶即有相当创意，极富收藏价值，能引起全国千万收藏家极大兴趣，爱饮者自不待言将踊跃大量购此品牌酒饮之，不饮酒者也会仅为了收藏此独特酒瓶而买这个品牌酒。

谭继和研究员也强调开发新品时，要把用小钢钻钻刻文字的做法保留作为"天号陈"新酒的图徽，别有韵味。他还建议，围绕"天号陈"的酒文化开发，首先应特别注意开发成都的酒市，文献记载，自唐宋以来成都十二月每月有市，明清时期也盛行，其中十月为酒市，这是成都的传统，全兴可考虑设立十月酒市节并充分发掘其中的文化内涵。其次，要多从《竹枝词》中发掘与"天号陈"及全兴有关的酒文化内容，《竹枝词》在成都明清时期甚多，其中有很多涉及酒和酒家字号的内容，如果从中发现或考证出"天号陈"则为学界幸事。四川大学考古学系马继贤教授认为，从开发酒业的角度看来，宣传"天号陈"定位要准确，"陈"字应取"陈酿"之义。其次，要妥善处理"天号陈"与"水井坊"的关系，"天号陈"出土于水井街酒坊遗址，从层次上讲它应低于水井坊，要利用已有的水井坊品牌宣传"天号陈"。开发"天号陈"新酒还要注意人群及地域的定位，确定适宜的档次和口味。

四川省博物馆李复华研究员相信，历史事实证明开发新的全兴佳酿品牌，是完全可能的和必要的，用"天号陈"为名开发新品更有意义。因为全兴有五千年的酿酒历史，有五千年的酿酒技艺积累，有中华人民共和国成立以来 50 年的新鲜酿酒经验，再加上全兴的庞大技术力量均是极大的优势，又何患新的全兴佳酿开发无术。魏启鹏教授认为，全兴开发"天号陈"的品牌资源，将其作为酒名是非常有远见的。现代中国酒业要与国际接轨，取"帝"、"王"之类文字为酒名也是具体表现（欧洲名酒中有"拿破仑"、"路易"之类名称）。但目前看来，中国酒取名用"王"者较多，而用"帝"者较少，"天号陈"即包含帝王之义，表示天所赐予的第一级的美酒，可与法国白兰地中的拿破仑酒比美。

四 水井街酒坊遗址与成都城市酒文化

与会专家还对水井街酒坊遗址与成都城市酒文化的相关问题进行了详细阐述。宋治民教授分析了水井街酒坊遗址发现的重大意义，它是第一处经过考古发掘的酿酒作坊遗址，发现的考古遗存最早的为明代，其次为清代，再次为现代。这种叠压关系可称为"酒坊三叠层"，它揭示出全兴酒生产的历史，各个时期的酿酒设施，通过这些实物史料可以探讨全兴酒的悠久历史，也可以研究酒坊各个时期的酿造工艺。为全兴酒今后的发展、工艺的改进、提高，提供了历史的、科学的依据。遗址被评为1999年十大考古新发现，国务院公布为全国重点文物保护单位，都是当之无愧的。兴建全兴酒史博物馆作为企业文化的内容之一，作为企业的历史发展表现，都是有积极意义的。关于水井街酒坊遗址的始建年代，需要用考古学的方法论即地层学、类型学的方法来加以探讨。

四川大学历史系李映发教授指出，明清水井街酒坊是当时成都最具盛名的酒坊，规模大、产量高、质量好。它是川酒历史文化的集大成者，也是当今全兴酒的祖迹。遗址地，明朝于此设锦官驿。它是官差来往、商贸货运的水陆码头。它的设置与热闹，促进了水井街酒坊的发达与历久不衰。其兴业的历史经验为今天的发展提供了宝贵的启示。锦官驿的历史岁月也为当前此地的旅游景点开发具有一定参考价值。

成都文物考古研究所陈剑认为，从水井街酒坊遗址着眼进行一番透视，不难发现明清时期的成都城市酒业具有如下特征：（1）生产工艺上精益求精，科技含量高。成都城市酒业一直致力于改进酿酒技艺，力争生产出品质上乘的佳酿，对中国蒸馏酒的生成有一定的促进作用。（2）生产与销售紧密结合，独具一格的"前店后坊"格局是成都酒业尤其是私营酒坊中流行的产销模式，"前店后坊"布局形式也代表了中国传统私营手工业的特征。（3）成都是中国几处名酒之乡中的唯一大都市，继承发展了历代成都酒文化所拥有的都市化特色，发扬光大了成都酒文化的游乐性特征，造就了成都名酒的浓郁的文化品位。（4）较为鲜明的开放性特征，生产技术上广采博收，营销体系上广开门路。

高大伦副局长最后作总结发言。他认为本次研讨会具有非常重要的意义，首先，它有利于考古研究的深化，也充分说明水井街酒坊遗址的发掘及研究工作远未结束，考古发掘报告的整理要更多地吸收各学科专家研究的成果，今后水井街酒坊遗址的研究应拓宽眼界。其次，它大大丰富了水井街酒坊遗址的酒文化、历史文化内涵，水井坊作为历史文化酒，拥有深厚的底蕴，应进行多品牌开发。再次，水井街酒坊遗址及"天号陈"具有广阔的开发利用空间，与会专家学者发表的意见较为全面，体现出考古工作者与时俱进的时代特征，希望全兴集团尽快推出水井坊系列酒产品，全力打造"天号陈"品牌。此外，与会专家学者的发言对于正在修建的水井街酒坊遗址博物馆也有较大的促进作用，有关部门在进行博物馆陈列设计及古锦官驿景区的规划时应多方吸收专家意见。

（兹据录音整理，未经发言专家审校）

（原载《中华文化论坛》2002 年 3 期）

附录六

第二批国家级非物质文化遗产名录

传统工艺类

蒸馏酒酿制技艺：水井坊酒酿造技艺
（ⅤⅢ-332，四川省成都市）

工艺流程

分布区域以成都市内水井街、牛王庙、土桥为核心，地处成都市府河、南河（原锦江）的交汇处及延伸区域（东经103°59′49″～104°06′，北纬30°38′～30°44′04″）。

一　工艺概述

（一）制曲：配料、踩制成型、培菌管理。

（二）酿酒：1. 原料的粉碎处理、辅料糠壳的清蒸、大曲的粉碎。2. 起窖（起糟）：剥窖皮泥、起面糟、起红糟、起母糟、打黄水坑、滴窖。3. 出窖鉴定。4. 续糟配料：水井坊传统酿酒技艺的配料，采用的是续糟配料法，即在上排发酵好的糟醅中投入原、辅料，拌料后进行混合蒸煮，工艺上称之为续糟配料。5. 量质摘酒：上甑、馏酒、量质摘酒、原料糊化（蒸粮）。6. 出甑、打量水、地晾堂摊晾。7. 加曲、入窖、踩窖整理、发酵。8. 封窖和窖池管理：封窖、清窖、看吹口、看跌头。

（三）贮存、勾兑。

二　要点描述

（一）制曲

"曲"是酒之骨，水井坊的酒曲早已经受了岁月的检验，其制曲技术的精湛，闻名蜀中。曲分两类，在三月桃花盛开的季节，先制得中温大曲，俗称"桃花曲"。在盛夏所制的高温曲名为"伏曲"。

配料、踩制成形、培菌管理等各个环节的把握上都有自己的特色。制成的两种曲在色泽和香气上都明显不同。配料以100斤的上等优质小麦，添加5斤高粱（踩制桃花曲时还需加1斤陈曲）用石碾磨成"烂心不烂皮"的梅花瓣状。

砖曲由人工踩制而成，每块砖曲必须经过5位工人的反复踩制，才能进入曲房培菌。培菌要求更为精细，晾、翻、堆、烘等数次工序、分寸的掌握都要恰到好处，制成的成曲必须存放三个月以上，谓之"陈曲"，才能用于酿酒，届时将"桃花曲"和"伏曲"碾碎，按不同比例混合。在不同的季节酿酒，使用不同混合比例的曲药，酿制出风格各异的原酒。

（二）酿酒

水井坊的酿酒师傅们，在配料、上甑、蒸馏、摘酒、观火、摊晾、下曲等关键环节上都有自己独到的体会和技艺，使他们在实施水井坊一整套特殊传统酿造工艺时是如此的出神入化。

1. 起窖（起糟）：经过上轮发酵好的糟醅，剥开封窖泥，人工用铁叉分层起糟于大筐之中，用手推车推于晾堂之上，此时就能闻到浓郁的酒香，然后分层堆糟。

2. 出窖鉴定、确定配料：大酢师是烧坊中的关键人物，尤其是配料比例必由他亲自掌握，精髓是"稳、准、细、净"四个字。起窖完毕后，大酢师即到现场，用手抓起一把糟醅闻酒糟的香气，用手捏感受糟醅是否柔熟不腻、疏松不糙，并观糟醅颜色，再到存放黄水陶坛，看黄水颜色，下流时的挂丝情况，俗称"挂排"，最后用手指捻黄水放入口中，尝它的酸、涩味。通过这一系列的鉴定，大酢师即能判断当排出酒量和酒的品质，同时就能确定下排配料的比例。特殊和正确的配料比例，保证了水井坊酒四季稳定的产量和独具风格的品质。水井坊师傅做的糟醅每一甑的投粮用糠，打量水，下曲，甚至入窖温度都是不一样的。

3. 拌料：水井坊的配料讲究分甑拌粮，时间也有明确要求。拌料必须每甑糟醅拌入每甑的原料，拌料在上甑前两小时进行，原料拌和两次，拌料不能过早，否则润粮时间过长，原料吸水过多，蒸粮时易使粮食蒸得太软，糟醅骨力差。拌料过晚，则润粮时间不够，原料吸水不充分，不易蒸熟，出甑糟醅粮有生心。拌粮要求拌散拌匀，无灰包疙瘩，倒熟糠，将糟醅盖好，减少挥发。在上甑前15分钟再拌和辅料（糠壳）拌和完毕后要求"不见黄、不见白"。

4. 上甑蒸馏，量质摘酒：上甑前掺足底锅水，甑桶、甑箅冲洗干净，准备好摘酒桶，盖好接酒布，甑内撒糠壳一层，调节好火力，开始上甑。装甑是专门师傅，用人工装，要求轻装匀铺，探气上甑，切忌重倒多上，以免塌气，对手上技术要求很高，不是学徒可干的工序。

装满甑圆气后，即将天锅盖于甑口上，掺足冷凝水，开始接酒。接酒也必须由师傅掌握，酒头香而糙辣，要单独接开一瓢，原酒分三段摘取（前段、中段、后段）接酒师傅边尝边看酒花，以判断酒质、酒度，以达到分段摘取的目的。在摘酒的同时，要用手感受酒的温度，看流酒快慢，以调整火力和给天锅换冷水。取酒完成后，加大火力蒸粮，再用100斤左右大桶接尾酒一桶，用于下甑回底锅。整个装甑、蒸酒，蒸粮过程都有时间要求，不能有半分马虎。

5. 出甑打量水：蒸粮结束后即可出甑，边出甑边打量水，边翻躁，量水必须是手摸有烧灼感的烫水，打量水多少须用水桶量。出甑打完量水后还必须收堆20分钟才可摊晾。

6. 摊晾下曲：将糟醅厚薄均匀一致地摊于晾堂上，给糟醅扇风的同时两人手持木锨翻躁，边感受糟醅温度。摊晾温度合适后即可下曲。曲要均匀撒满铺齐糟醅，厚薄一致，厚薄度要根据季节，糟醅不同而定。再拌和均匀装入大筐，入窖。

7. 入窖：用推车将糟醅转移到窖内，进窖的糟醅每入一甑即耙平踩窖，先沿窖池边踩两转，踩得略紧，然后再将中心轻踩一转（四周踩密脚，中间踩花脚）。入窖完毕踩紧理好、拍光后，用踩柔熟的黄泥封窖，用泥掌刮平皿光。

窖封完后，在前 15 天以内，必须每天清一次窖，看吹口，看跌头，以判断糟醅发酵的好坏。检查封窖泥是否有裂口，防止烧窖。

水井坊酿酒用水分为五类：

量水——水温以用手触摸有烧灼感以上为宜。

黄水——要勤舀勤滴，滴尽舀干。

冷却水——必须澄清透明。

底锅水——要不混不酽。

加浆水——须清冽甘爽。（现需达到国家规定的饮用水标准）

（三）贮存、勾兑

蒸馏摘取原酒送入酒库分级并坛、贮存。通过几年贮存后，新酒刺激性、辛辣味明显减少，香味更协调，酒味芳香柔和，口味绵软醇厚。

出售的酒必须勾兑，勾兑是酒坊生产过程中最神秘有趣的工序，必须由经验丰富的作坊主亲自操作，手艺决不外传。对贮存的每坛酒水细细品尝，体会各坛酒不同的香、味，根据每坛酒的不同特点，相互搭配混合，最后加入清冽甘爽的加浆水，使原酒和水达到完美结合，再经过一年左右的存放，即可得到香气幽雅，酒体绵柔，醇香味美的佳酿。

在生产操作过程中，人们十分重视匀、透、适、稳、准、细、净、低。

匀，指在操作上，拌和糟醅，物料上甑，泼打量水，摊晾下曲，入窖温度等均要做到均匀一致。

透，指在润粮过程中，原料要充分吸水润透，在蒸煮糊化过程中要熟透。

适，则指糠壳用量、水分、酸度、淀粉浓度、大曲加量等入窖条件，都要做到适宜于与酿酒有关的各种微生物的正常繁殖生长，这才有利于糖化、发酵。

稳，指入窖、转排配料要稳当，切忌大起大落。

准，指挖糟、配料、打量水、看温度、加大曲等在计量上要准确。

细，凡各种酿酒操作及设备使用等，一定要细致而不粗心。

净，指酿酒生产场地、各种工用器具、设备乃至糟醅、原料、辅料、大曲、生产用水都要清洁干净。

低，则指填充辅料、量水尽量低限使用入窖糟醅，尽量做到低温入窖，缓慢发酵。

水井坊酿酒的主要器具设施和产品

一　水井坊酿酒的主要器具和设施

1. 窖池：窖池乃酿酒之根本。现代仪器检测表明：老窖泥中栖息着成千上万的酿酒微生物，这些菌落由于长年与糟醅、黄水接触，形成了强大的群落优势。窖池越老（酿酒时间越长），酿酒微生物越强大，产出的酒又香又醇。所以好酒必出自老窖，没有几十年窖龄的老窖是烤不出好酒的。水井坊从建窖选址就极其讲究。酿酒作坊要选上风上水之地，环境优美，地势相对较高处。

筑窑更是远至凤凰山取土，因凤凰山泥土黄得发亮，粘得腻人，保水持久，极其难得。筑成的窑壁按菱形钉上楠竹钉，钉间用麻绳缠绕连接，最后将秘制老窑泥搭于窑壁上。水井坊酒的各种呈香呈味的香味成分多与老窑泥有关。

更佳之处在于成都夏无酷暑，冬无严寒，气候温润，雨量充足，一年四季阴天在 265 天左右，这种气候极适合窑池中微生物生长繁殖和糟醅的发酵。得天独厚的自然条件养育了水井坊。精心养护窑池是水井坊作坊的传统，在长期实践中总结出"以糟养窑，以窑养糟"的口诀，并辅之以独具特色的技艺，直至今日，水井坊烧坊遗留下来的六百年老窑仍然在为我们奉献醇香的美酒。

2. 地晾堂：地晾堂原用纯黄泥，后用石板相砌，面积约 40m²。在糟醅打完水后，再经充分翻拌，然后用锨一铲一铲地从晾堂的外端开始撒开，要求撒平整，一直撒到内端。在接近甩撒完毕时，由 1 人从外端开始犁埂，一行一行的，在犁了数埂后，再由一人将犁好的埂子破开，行话称这种操作为"拉犁埂"、"打冷铲"。"打冷铲"要将糟醅甩平甩匀，厚薄要大体一致，这样才易于冷却。打冷铲接近完毕时，再由 1 人用耙来回上下、左右拉，这时扇冷风吹凉，直吹至温度合适为止。

3. 天锅：天锅是传统白酒蒸馏器，包括地锅、甑桶、天锅三个组成部分，它是中国古代酿酒技术上的一大突破，是伟大的发明，其诞生直接催生了中国白酒。在水井坊发现了迄今为止最早的天锅相关遗存，在酿酒史上具有十分重要的地位。水井坊天锅结构上所显示的三大特征：大通道、短汽程、集团型汽－液相变模式，把中国白酒的风韵提高到一个完美的程度。

4. 工用具：木锨、木抱板、竹挑箢、竹编大扇、竹编端撮、铁扒梳。

二　水井坊传统酿制技艺酿制的主要产品

1. 著名品牌水井坊酒系列：井台瓶水井坊、水井坊·典藏、水晶装水井坊及各种礼品装水井坊；

2. 获国家金奖的全兴大曲、精制全兴大曲、虹彩装全兴大曲、祥云装全兴大曲、全兴 520 系列；

3. 部优产品：全兴头曲；

4. 市优产品：成都大曲；

5. 天号陈品牌等

水井坊酒传统酿制技艺在浓香型白酒中的显著特色

水井坊酒传统酿制技艺在浓香型白酒中具有显著特色，突出表现在：

一　制曲："曲"是酒之骨，水井坊酒曲以上等小麦为主要原料并独特添加高粱培制。曲分两类，在三月桃花盛开的季节，先制得中温大曲，俗称"桃花曲"。在盛夏所制的高温曲名为"伏曲"。制成的成曲必须存放三个月以上，谓之"陈曲"，才能用于酿酒，届时将"桃花曲"和"伏曲"碾碎，按不同比例混合。在不同的季节酿酒，使用不同混合比例的曲药，酿制出风格各异的原酒。

二　配料：完美融合单粮、多粮酒风格。

三　发酵蒸馏：采用"原窖分层堆糟法"。

"原窖分层堆糟法即：出窖时分层起糟，分层堆糟，除底、面糟外，各层糟混合使用、母糟添加新料拌和，采用混蒸混烧法分甑蒸馏。蒸馏取酒后的粮糟摊晾至适宜的温度后下曲回入原窖，进行下一轮发酵。如此周而复始，以糟养窖、以窖养糟，即所谓"千年老窖万年糟"，对老窖泥菌群的繁衍和水井坊酒独特风格的传承至关重要。

水井坊采用的原窖分层堆糟法，其具体操作工艺流程，详见水井坊酒传统酿制技艺生产操作流程相关图片。

原窖分层堆糟法工艺的优点：

（1）入窖糟醅的质量基本一致，甑与甑之间产酒质量比较稳定。

（2）糠壳、水分等配料，甑与甑间的使用量有规律性，易于掌握入窖糟醅的酸度、淀粉含量，糟醅含水量基本一致。

（3）有利于微生物的驯养和发酵。因为微生物长期生活在一个基本相同的环境里。糟醅经过滴窖、分层堆糟后，能保持入窖糟醅的一致，并装入在同一个窖池里，这样糟醅中和窖池中的微生物的营养成分、环境条件变化不大，使生长繁殖顺利地进行，从而提高其作用能力，克服了微生物不适应或重新适应新环境的困难。

（4）有利于"丢面留底"措施。即每一排均把窖上层少许质量较差的红糟堆放在堆糟坝的一角，蒸馏后作下一轮的面糟，窖中、下层的糟醅继续蒸成粮糟入窖，这对提高糟醅质量、提高酒质均有积极作用。

（5）有利于总结经验与教训。开窖后与入窖前可以对糟醅、黄水等情况进行充分讨论与分析，找出上排配料、操作、入窖条件中影响产量质量的各种因素，再来确定本排操作应该采取的措施，摸索出每一个窖池的性质和规律。这样为扩大生产、搞好科学管理打下了良好的基础。

四　勾兑调味：多年储存后的原酒，经勾兑调味，最终形成"浓而不艳，雅而不淡"的浓香型淡雅风格。

附录七

水井街酒坊遗址研究资料索引

曹元宇：《烧酒史料的搜集和分析》，《化学通报》1979 年 2 期。

曹元宇：《关于唐代有没有蒸馏酒的问题》，《科学史集刊》总第 6 期，科学出版社，1963 年。

陈剑：《成都水井街酒坊遗址发掘记略》，《文物天地》2000 年 1 期。

陈剑：《四川酒文化考古新发现述析》，《中华文化论坛》2001 年 2 期。

陈剑：《成都水井街酒坊遗址初步研究》，《四川文物》2001 年 6 期。

陈剑：《浅析水井街酒坊的生成原因》，《四川文物》2001 年 6 期。

陈剑：《中国白酒第一窖——成都水井街酒坊遗址》，国家文物局、中国考古学会、中国文物报社编，李文儒主编《十年百大考古新发现》，文物出版社，2002 年。

陈剑：《四川成都水井街酒坊遗址》，国家文物局主编《1999 中国重要考古发现》，文物出版社，2001 年。

陈剑：《中国首例酒坊遗址考古获重大成果》，《荣宝斋》2000 年 1 期。

陈剑：《挖掘水井街酒坊遗址：追溯中国白酒起源》，《中国国家地理》2001 年 12 期。

陈剑：《水井街酒坊遗址出土天号陈暨酒文化研讨会纪要》，《中华文化论坛》2002 年 3 期。

陈剑：《水井街酒坊遗址与成都明清城市酒业》，《中华文化论坛》2002 年 3 期。

陈剑：《白酒酿造工艺的无字史书——解开成都水井街酒坊遗址的谜底》，《最新中国考古大发现——中国最近 20 年 32 次考古大发现》，山东画报出版社，2002 年。

陈剑：《成都水井街酒坊遗址》，《中国考古学年鉴（2000）》，文物出版社，2002 年。

陈剑：《水井街酒坊与明清成都城市酒业》（提要），何一民、王毅、蒋成主编《文明起源与城市发展研究》，四川大学出版社，2004 年。

陈剑：《美酒是怎样酿成的》，《中国科学探险》2007 年 4 期。

陈剑：《水井街酒坊遗址的发现与探索》，《中国考古学会十次年会论文集》，文物出版社，2008 年。

陈剑：《中国白酒酿造古遗址（水井街酒坊遗址）》，中国文物学会、罗哲文主编《世界遗产大观》（增订版），五洲传播出版社，2008 年。

陈剑：《从地下冒出的巴蜀酒文化》，《中国西部》2002 年 1 期。

陈剑：《挖掘水井街酒坊 追溯中国白酒起源》，《中国食品》2011 年 12 期。

陈德富：《成都水井街酒坊遗址出土青花瓷及相关问题初探》，《四川文物》2001 年 6 期。

陈德富：《成都水井街酒坊遗址出土"天号陈"铭瓷盘简论》，《中华文化论坛》2002 年 3 期。

陈伟明：《唐宋时期的酿酒工艺与生产》，《大陆杂志》1993 年 2 期。

陈世松：《宋代成都游乐之风的历史考察》，《四川文物》1998 年 3 期。

陈衍德：《唐代的酒类专卖》，《中国社会经济史研究》1986 年 1 期。

承德避暑山庄博物馆：《金代蒸馏器考略》，《考古》1980 年 5 期。

成都文物考古研究所、四川省文物考古研究所：《四川成都水井街酒坊遗址发掘简报》，《文物》2000 年 3 期。

丁邦清、彭永健、刘建松、杨明蓉：《酒后话整合传播——水井坊品牌整合传播之道》，《中国广告》2003 年 7 期。

杜金鹏：《汉代的蒸馏器与蒸馏酒》，《中国文物报》1994 年 5 月 15 日第 3 版。

杜金鹏：《妇好墓汽柱铜甑可用于蒸馏酒》，《中国文物报》1993 年 9 月 12 日第 3 版。

段渝：《五千年中华文明史 孕育出蜀都水井坊——水井坊 天下白酒第一坊》，《四川文物》2001 年 6 期。

方北辰：《成都酒馆和全兴美酒》，《四川文物》2001 年 6 期。

方心芳：《曲蘗酿酒的创始时期问题》，《化学通报》1979 年 3 期。

方心芳：《曲蘗酿酒的起源与发展》，《科技史文集》1980 年 4 辑。

冯健、陈文：《川酒传统酿造中的文化遗产因素分析》，《中华文化论坛》2009 年 1 期。

傅金泉：《中国古代酿酒遗址及出土古酒文化》，《酿酒科技》2004 年 6 期。

傅金泉：《谈谈对几种白酒蒸馏器的看法》，《第六届国际酒文化学术研讨会论文集》，2000 年。

傅崇矩编：《成都通览》，巴蜀书社，1987 年。

高大伦：《中国白酒第一窖》，《中国文物报》1999 年 7 月 7 日第 53 期（总第 720 期）第 4 版。

高景炎：《中国白酒业的骄傲》，《中国文物报》1999 年 7 月 7 日第 53 期（总第 720 期）第 4 版。

高月明：《酒文化魅力无穷》，《中国文物报》1999 年 7 月 7 日第 53 期（总第 720 期）第 4 版。

郭长海：《中国蒸馏酒史探源》，《酿酒》1998 年 4 期。

郭胜强：《略论殷代的制酒业》，《中原文物》1986 年 3 期。

《古代酿酒工艺过程的再现——专家笔谈水井街酒坊遗址》，《中国文物报》1999 年 7 月 7 日第 53 期（总第 720 期）第 4 版。

韩忠智编：《蜀中第一街东大街》，中国人民政治协商会议成都市锦江区委员会文史和祖国统一联谊委员会编《锦江区政协文史资料》第 12 辑。

洪光住：《古代白酒酿造工艺过程的再现》，《中国文物报》1999 年 7 月 7 日第 53 期（总第 720 期）第 4 版。

洪光住：《中国食品科技史稿》，中国商业出版社，1985 年。

洪光住编著：《中国酿酒科技发展史》，中国轻工业出版社，2001 年。

黄景略：《考古发掘的新收获》，《中国文物报》1999 年 7 月 7 日第 53 期（总第 720 期）第 4 版。

黄剑华：《蜀酒文化与水井坊遗址》，《四川文物》2001 年 6 期。

黄世礼：《川酒文化古今谈》，《四川商业高等专科学校学报》2000 年 1 期。

黄时鉴：《阿剌吉与中国烧酒的起始》，《文史》第 31 辑，1988 年。

贾大泉：《宋代四川的酒政》，《社会科学研究》1983 年 4 期。

（日）营间诚之助：《日本正宗烧酒的起源与发展》，《辉煌的世界酒文化》，成都出版社，1993 年。

蒋英炬：《酿酒起源辩》，见《中国酒文化研究文集》，广东人民出版社，1987 年。

蒋成：《蜀地酒文化传统的实证》，《中国文物报》1999 年 7 月 7 日第 53 期（总第 720 期）第 4 版。

竟然：《水井坊 庆功酒的巅峰桂冠》，《中国品牌》2008 年 2 期。

康伯康、何天正主编：《四川酒文化与社会经济研究》，四川大学出版社，2000 年。

赖登焊、范鏖：《水井坊酒的研发——传统工艺的继承与创新》，《酿酒》2005 年 3 期。

赖登焊、范鏖等：《水井坊红色红曲霉次生代谢产物的研究》，《四川文物》2001 年 6 期。

赖登焊、范鏖、范威：《古代酿酒遗址——水井坊"活文物"——全国重点文物保护单位"水井坊"揭秘》，《酿酒科技》2006 年 5 期。

赖登焊、范鏖、胡森等：《"水井街酒坊"环境中红曲霉的研究Ⅱ. 红色红曲霉次生代谢产物的研究》，《酿酒科技》2000 年 6 期。

赖登焊、彭明启、丁志贤：《中国白酒的蒸馏技术（上篇）》，《酿酒科技》2004 年 5 期。

利文骅：《成都水井街酒坊遗址的研究探讨》，《四川文物》2001 年 6 期。

李明斌：《关于水井街酒坊遗址几个问题的探讨》，《四川文物》2001 年 6 期。

李映发：《蒸馏酒的起源与发展》，《自然辩证法通讯》1993 年 6 期。

李映发：《13 至 15 世纪亚洲酿酒技术考察》，《中国文化研究》1997 年 2 期。

李映发：《中华"老字号"的祖迹——明代全兴酒坊遗址十谈》，《四川文物》2001 年 6 期。

李映发：《明代水井街酒坊与锦官驿》，《中华文化论坛》2002 年 3 期。

李伟纲：《全兴水井街老烧房遗址的保护与利用研究》，《四川文物》2001 年 6 期。

李复华：《从历史上看开发全兴新品的优势》，《中华文化论坛》2002 年 3 期。

李昭和、王鲁茂：《水井街酒坊遗址的发掘与思考》，《中国文物报》1999 年 7 月 7 日第 53 期（总第 720 期）第 4 版。

李仰松：《对我国酿酒起源的探讨》，《考古》1962 年 1 期。

李仰松：《我国谷物酿酒起源新论》，《考古》1993 年 6 期。

李争平：《中国酒文化》，时事出版社，2007 年。

李琳：《民国时期四川酿酒业研究》，四川大学历史学硕士学位论文，2007 年。

李斌：《唐宋文献中的"烧酒"是否是蒸馏酒问题》，《中国科技史料》1992 年 1 期。

李志英：《近代中国传统酿酒业的发展》，《近代史研究》1991 年 6 期。

李华瑞：《宋代酒的生产与征榷》，河北大学出版社，1995 年。

李华瑞：《中国烧酒起始的论争》，《中国史研究动态》1990 年 8 期。

李华瑞：《中国烧酒起始探微》，《历史研究》1993 年 5 期。

李天一：《"水井坊"酒整合营销传播模式研究》，四川大学硕士学位论文，2003 年。

李大和：《中国蒸馏酒传统酿造技艺浅释》，《酿酒》2008 年 1 期。

李肖：《蒸馏酒起源于唐代的新论据》，《文献》1999 年 3 期。

黎虎：《唐代的酒肆及其经营方式》，《浙江学刊》1998 年 3 期。

黎永毅：《老字号下说川酒》，《中国外资》2009 年 1 期。

林向：《巴蜀酒文化的比较研究——考古、典籍与民族调查的结合》，《辉煌的世界酒文化》，成都出版社，1993 年。

林向：《蜀酒探源——巴蜀的"萨满式文化"研究》，《南方民族考古》第一辑，四川大学出版社，1987 年。

林向：《水井街酒坊遗址发掘的收获》，《中国文物报》1999 年 7 月 7 日第 53 期（总第 720 期）第 4 版。

林向：《"天号陈"小议》，《中华文化论坛》2002 年 3 期。

刘春：《抗战时期的四川酒精工业》，四川师范大学历史学硕士学位论文，2004 年。

刘光烨、侯明贞等：《液体培养条件对根霉 CS825 菌株酯化活性的影响》，《酿酒科技》2002 年 2 期。

龙晦：《蜀酒与烧酒》，《中华文化论坛》2001 年 2 期。

罗丰：《蒙元时期的酿酒锅与蒸馏乳酒技术》，《考古》2008 年 5 期。

罗志腾：《我国古代的酿酒发酵》，《化学通报》1978 年 5 期。

毛超群：《成都水井坊遗址出土文物鉴赏》，《四川文物》2001 年 6 期。

孟乃昌：《中国蒸馏酒年代考》，《中国科技史杂志》1985 年 6 期。

秦含章：《白酒春秋——中国蒸馏酒的演变及发展趋向（上）》，《酿酒科技》2000 年 5 期。

秦含章：《白酒春秋——中国蒸馏酒的演变及发展趋向（中）》，《酿酒科技》2000 年 6 期。

秦含章：《白酒春秋——中国蒸馏酒的演变及发展趋向（下）》，《酿酒科技》2001 年 1 期。

秦含章：《新编酒经》，人民日报出版社，1993 年。

青龙县井丈子大队革委会、承德市避暑山庄管理处：《河北省青龙县出土金代铜烧酒锅》，《文物》1976 年 9 期。

全兴：《溯说中国名酒全兴大曲》，《今日四川》1996 年 1 期。

荣远大、陈剑：《成都平原各个历史时期的酒具》，《成都文物》2008 年 3 期。

荣远大、陈剑：《蜀中名酒概说》，《成都文物》2008 年 4 期。

荣远大、陈剑：《成都明清时期的酒业》，《成都文物》2009 年 2 期。

荣远大、陈剑：《民国时期成都的酒业》，《成都文物》2012 年 2 期。

沈怡方：《关于全兴烧坊遗址若干问题的认识》，《中国文物报》1999 年 7 月 7 日第 53 期（总第 720 期）第 4 版。

　　宋治民：《水井街酒坊遗址的几点意见》，《中华文化论坛》2002 年 3 期。

　　孙方勋：《世界葡萄酒和蒸馏酒知识》，中国轻工业出版社，1993 年。

　　孙机：《我国谷物酒和蒸馏酒的起源》，杨泓、孙机著《寻常的精致——文物与古代生活》，辽宁教育出版社，1996 年。

　　孙机：《我国古代的葡萄和葡萄酒》，杨泓、孙机著《寻常的精致——文物与古代生活》，辽宁教育出版社，1996 年。

　　《水井街酒坊（全兴烧坊）遗址考古发现获重大成果》，《酿酒》1999 年 4 期。

　　《水井坊·中国高尚生活元素》，《瞭望》2008 年 10 期。

　　《水的外形，火的性格——深圳首届中国酒文化学术研讨会论文集》，广东人民出版社，1988 年。

　　《全兴大曲史话》编写组：《全兴大曲史话》，巴蜀书社，1988 年。

　　《四川省文化厅副厅长、省文物管理局局长徐荣旋在水井街酒坊遗址出土"天号陈"暨酒文化研讨会上的讲话》，《中华文化论坛》2002 年 3 期。

　　王聪、恒达：《名至实归 源远流长 活文物"水井坊"改写中国白酒的历史》，《酿酒》2001 年 5 期。

　　王纲：《清代禁酒政策论》，《文史杂志》1991 年 1 期。

　　王航：《全兴酒业白酒经营战略研究——以水井坊酒为龙头，力拓高端白酒市场》，西南财经大学硕士学位论文，2003 年。

　　王惠霞：《成都水井坊营销有限公司的库存研究》，四川大学硕士学位论文，2002 年。

　　王家祐：《诚造名牌，兴、兴、兴》，《中华文化论坛》2002 年 3 期。

　　王赛时：《中国烧酒名实考辨》，《历史研究》1994 年 6 期。

　　王炎：《水井街酒坊遗址与蒸馏酒起源研究》，《四川文物》2001 年 6 期。

　　王炎：《近代成都的酒业》，《成都文物》1988 年 3 期。

　　王炎、何天正主编：《辉煌的世界酒文化——首届国际酒文化学术讨论会论文集》，成都出版社，1993 年。

　　王有鹏：《"我国蒸馏酒起源于东汉说"》，《水的外形，火的性格——深圳首届中国酒文化学术研讨会论文集》，广东人民出版社，1988 年。

　　王有鹏：《试论我国蒸馏酒之起源》，《四川文物》1989 年 4 期。

　　王宇：《成都水井街古酒坊及遗址保护》，西安建筑科技大学建筑设计及其理论硕士学位论文，2007 年。

　　王晓田：《关于建立全兴烧坊博物馆的设想》，《中国文物报》1999 年 7 月 7 日第 53 期（总第 720 期）第 4 版。

　　吴德铎：《烧酒问题初探》，《史林》1988 年 1 期。

　　吴德铎：《阿剌吉与蒸馏酒》，《辉煌的世界酒文化》，成都出版社，1993 年。

　　吴德铎：《唐宋文献中关于蒸馏酒与蒸馏器问题》，《科学史集刊》总第 9 期，科学出版社，

1966 年。

吴国峰、谢晓丹等：《中国蒸馏酒发展中的几个问题》，《酿酒》2008 年 1 期。

肖俊生：《民国时期四川酒业资本与经营管理》，《四川师范大学学报》（社会科学版）2008 年 3 期。

晓易：《源远流长的水井坊遗址》，《北京日报》2001 年 8 月 24 日第 15 版。

谢丹、章江心：《从福昇全到全兴成——话说明清至民国全兴酒史的发展》，《四川文物》2001 年 6 期。

谢志成、谢丹：《蜀酒与全兴酒文化》，《四川文物》2001 年 6 期。

谢振斌、韦荃、龙涛：《温湿度对水井坊遗址的影响》，《文物保护与考古科学》2005 年 3 期。

谢文逸：《论中国古代蒸馏酒的起源和蒸馏工艺的发展》，《酿酒科技》2001 年 3 期。

谢文逸：《唐代蒸馏酒辨疑》，《酿酒》2001 年 6 期。

邢润川：《"我国蒸馏酒起源于何时?"》，《微生物学报》1981 年第 8 卷 1 期。

邢润川：《论蒸馏酒源出唐代——关于我国蒸馏酒起源年代的再探讨》，《酿酒科技》1982 年 2 期。

熊四智、杜莉：《举箸醉杯思吾蜀——巴蜀饮食文化纵横》，四川人民出版社，2001 年。

熊子书：《国外蒸馏酒的一些情况》，《酿酒》1980 年 1 期。

许蓉生：《美酒成都堪送老——古典成都城市文化的一个侧面》，《中华文化论坛》2006 年 1 期。

徐建青：《清代前期的酿酒业》，《清史研究》1994 年 3 期。

徐学书：《唐宋以来成都的酒文化》，《四川文物》2001 年 6 期。

徐亦非：《醇醪飘香六百年——浅析水井坊的企业文化》，《商业文化》2003 年 2 期。

杨虎：《考古学研究的新课题》，《中国文物报》1999 年 7 月 7 日第 53 期（总第 720 期）第 4 版。

杨荣新：《从考古发现看蜀酒文化与水井街酒坊遗址》，《四川文物》2001 年 6 期。

杨涛、钱能斌等：《"水井街酒坊"环境中红曲霉的研究 I . 红曲霉 3.56 菌株的分离、鉴定》，《酿酒科技》2000 年 5 期。

杨肇基：《水井街全兴烧（酒）坊遗址发掘成果汇报》，《酿酒》1999 年 4 期。

余华青、张廷皓：《汉代酿酒业探讨》，《历史研究》1980 年 5 期。

喻宁：《全兴更名水井坊 剑指白酒高端》，《经理日报》2006 年。

袁尧、陈颖：《成都水井坊历史街区保护规划思考》，《中国名城》2010 年 9 期。

袁翰青：《酿酒在我国的起源和发展》，《中国化学史论文集》，生活·读书·新知三联书店，1982 年。

袁庭栋：《酒在我国是何时起源的》，《文史知识》1984 年 11 期。

袁永明：《对中国谷物酿酒起源问题的若干思考》，《文物春秋》（总第 57 期）2001 年 1 期。

曾纵野：《我国白酒起源的讨论》，《黑龙江发酵》1978 年 2 期。

张灿：《水井坊的文化营销》，《企业改革与管理》2007 年 11 期。

张驰：《水井坊 MBO 悬疑》，《法人杂志》2007 年 5 期。

张子高：《论我国酿酒起源的时代问题》，《清华大学学报》第 7 卷 2 期。

张弘、练红宇：《水井坊遗址的考古发现与蜀酒文化》，《成都大学学报》（社会科学版）2007 年 1 期。

张学君：《清代四川酒业的几个问题》，《社会科学研究》2000 年 3 期。

张东霞、孙良刚、许蕾：《中国白酒第一坊》，《考古中国（壹)》，中国青年出版社，2006 年。

张润生：《水井街酒坊遗址中的陶瓷文化》，《四川文物》2001 年 6 期。

张自成：《水井街酒坊遗址考古获重大成果》，《中国文物报》（总第 720 期）1999 年 7 月 7 日第 53 期第 1 版。

张自成：《酒文化溯源——成都水井街全兴酒坊遗址钩沉》，《中外文化交流》2000 年 3 期。

张书田：《中国蒸馏酒的起源和发展》，《酿酒科技》2008 年 1 期。

章克昌主编：《酒精与蒸馏酒工艺学》，中国轻工业出版社，1995 年。

赵永康：《清代酒禁与川酒的发展》，《成都大学学报》（社会科学版）1995 年 1 期。

赵建华、宋书玉：《蒸馏酒的起源》，《酿酒科技》2007 年 11 期。

周嘉华：《中国蒸馏酒源起的史料辨析》，《自然科学史研究》1995 年 3 期。

（陈剑/辑录）

后　记

　　水井街酒坊遗址 1998 年的勘探与调查工作、1999 年的发掘工作均得到了四川省成都全兴集团公司、四川省成都水井坊有限责任股份公司以及水井街酒坊遗址博物馆的大力支持和协助，谨致谢忱！

　　参加 1998 年勘探与调查工作、1999 年发掘工作的人员有成都文物考古研究所的蒋成、黄晓枫、李明斌、陈剑、李平、倪林忠、高攀、邓元波，四川省文物考古研究院的戴堂才、李昭和、王鲁茂，四川省博物馆的范桂杰、毛运波。

　　资料整理及发掘报告的编修工作在 2000 年全面启动，并形成了报告初稿；后由于种种原因，报告编写的后续工作处于停滞状态。

　　2007 年，发掘报告编写工作重新启动。蒋成、李昭和、陈剑讨论了报告初步编写体例。黄晓枫、易立参加了出土瓷器部分的重新编写工作；汤诗伟参加了遗址厂房建筑部分的撰写工作；陈剑负责其他部分的编写及修订工作，并负责报告的统稿工作。

　　《水井街酒坊遗址发掘报告》是集体智慧的结晶：线图由曾霁、陈睿、张玲丽、郑永霞绘制；出土瓷器照片由文物出版社刘小放拍摄，现场及其他照片由陈剑、李绪成、李升、汤诗伟拍摄或加工；英文提要由中国社会科学院考古研究所李新伟翻译。

　　在本报告出版之前，已在《文物》2000 年第 3 期发表了《水井街酒坊遗址发掘简报》，关于遗址的原始资料如有抵牾之处则以本报告为准。

　　《水井街酒坊遗址发掘报告》的编写工作得到了四川省文物管理局的高度重视，原四川省文化厅副厅长、四川省文物管理局局长梁旭仲、徐荣旋，四川省文物管理局王琼局长、朱小南副局长、濮新副局长、何振华处长等对报告编写给予了大力支持。成都文物考古研究所王毅所长等也充分重视支持报告的编写工作，尤其是江章华副所长对报告编写体例及具体文字内容进行了悉心指导。在此一并致以诚挚谢意。

编者

2013 年 4 月

Excavation Report of the Shuijingjie Distillery Site

(Abstract)

The *Shuijingjie* 水井街 distillery site (E 104°10′, N30°42′) is located at No. 15 to 23 *Shuijingjie* Street, *Jinjiang* 锦江 District, Chengdu City, Sichuan Province. It is between the *Jinquanjie* 金泉街 in the east, *Huangsanxiang* 黄伞巷 in the southwest and *Shuijinjie* 水津街 in the north, about 150 m east of the *Fuhe* 府河 River and 350 m north of the *Jinjiang* 锦江 River. The site now is the workshop of the *Quanxing* 全兴 Distillery. From March to April of 1999, a cooperative team of the Chengdu City Institute of Archaeology and Cultural Relics, Sichuan Provincial Institute of Archaeology and Cultural Relics and Sichuan Museum conducted an 280 sq m excavation at the site, and confirmed that it had been a distillery from the Ming Dynasty to present.

The excavation unearthed 3 *liangtang* 晾堂 airing yards (L1 to L3), 8 cellars (J1 to J8), 4 hearths (Z1 to Z4), 4 ash pits, 1 ash ditch, the base of a distiller, roads, stone foundation of walls, wooden posts and post bases. Airing yards L1 to L3 were found one above another, all paved with gray square bricks and *sanhetu* 三合土 concrete made of lime, clay and sand. Their surfaces are accidented because of the long – term corrosion of acid liquid in the sour grains. The cellars are square pits with larger mouth and smaller bottom, and had been paved with pure yellow clay on the walls and bottom. Only the bottom of the hearth Z3 had been preserved. It is made of bricks and red sand stones and has gray bricks made edges. Only the lower part of the distiller base had been preserved. It is round in shape, with a stone bottom and a brick and stone made round wall paved with white lime.

Artifacts found at the site include porcelain, pottery, stone tools, iron tools, animal bones, bamboo slips, and distillers' grains. The porcelain vessels were mainly from the official *Qingyang* 青羊 kilns and Qiong 邛 kilns in the Chengdu Basin, the *Jingdezhen* 景德镇 kilns in Jiangxi Province, and the Longquan 龙泉 kilns in Zhejiang Province. Some were from un – known kilns. The types of porcelain include celadon, white porcelain, black porcelain, on – glaze or under – glaze painted porcelain and other color porcelain. Celadon products are brown or dark brown in colors and various in types. They were mainly made in local kilns, some might from the Longquan kilns and a few might be the imitations of the Longquan celadon made in Jingdezhen. Most of the on – graze painted products are *fencai* 粉彩 porcelain, and the color porcelain products are blue in color. They might both made by folk kilns in Jingdezhen. Blue and white porcelain is the largest in quantity. Those with fine white body might be the products of Jingdezhen kilns, while those with coarse clay body might be made by local kilns. Pottery is small in number and might have been make locally. The pottery products usually have thick red body, some with glaze on the surface. Besides, clay made bricks, tiles, tile – ends and *zhiding* 支钉 supporters were also found. Stone artifacts include the mortar, roller and alcohol container. Iron spades were also unearthed.

Remains of the site can be divided into three phases based on the stratigraphy of features and the characteristics of distillery techniques. Phase I is obviously earlier than the Ming Dynasty, thought its exact date is still unclear. Phase II can be dated between the mid Ming to mid Qing Dynasties. Remains of phase III can be dated from late Qing to present. Features of the three phases show a complete process of traditional distillery techniques.

The Shuijingjie site is among the earliest, largest, and most complete archaeological discoveries of ancient distillery workshops. It is an important discovery of historic archaeology in China, and a milestone discovery for the research on traditional distillery in China. The abundant features and artifacts pertaining to alcohol making provide valuable data for the reconstruction of ancient distillery techniques. This discovery is also significant for the understanding of local craft industry in Chengdu during the Ming and Qing Dynasties.

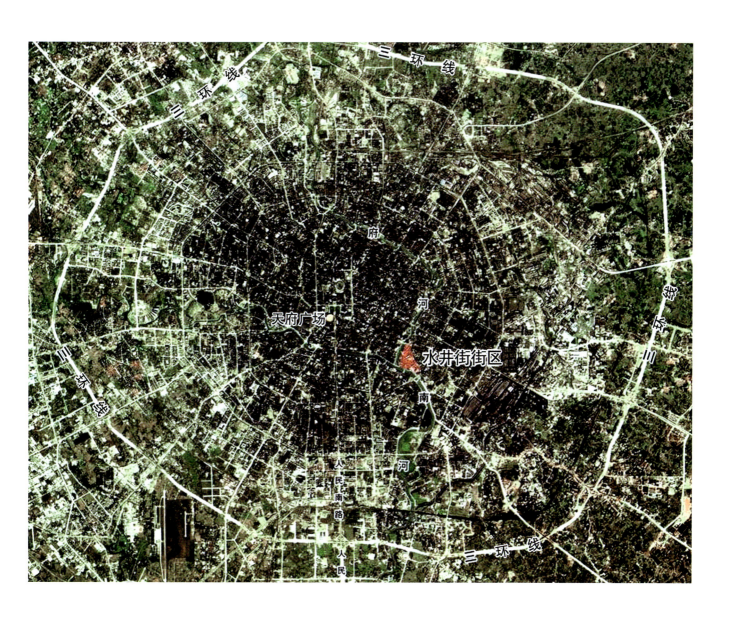

彩版一　水井街酒坊遗址航拍位置图

北

水井街酒坊遗址

水 井 街

水井街社区中心（已建成）

香格里拉酒店

滨 江 东 路

府 河

南 河

黄 伞 巷

大 同 巷

存 古 巷

50米

彩版二　水井街酒坊遗址所处街区现状图

彩版三　水井街酒坊遗址街区原貌（东—西）

1. 时任国家文物局局长张文彬先生（右）参观水井街酒坊遗址出土瓷器

2. 宿白（左三）、张忠培（左一）、严文明（左四）、徐光冀先生（左五）参观水井街酒坊遗址

彩版四　领导和专家参观指导水井街酒坊遗址考古工作

1. 徐苹芳（左二）、张忠培（右三）、严文明（右二）、徐光冀先生（左一）参观水井街酒坊遗址出土瓷器

2. 俞伟超先生（左三）参观水井街酒坊遗址出土瓷器

彩版五　专家参观指导水井街酒坊遗址考古工作

1. 水井街酒坊遗址所处水井街风貌（东北—西南）

2. 水井街酒坊遗址外观（东—西）

彩版六　水井街风貌及水井街酒坊遗址外观

1. 水井街酒坊遗址外景（东—西）

2. 水井街酒坊遗址俯瞰（东—西）

彩版七　水井街酒坊遗址外景及俯瞰

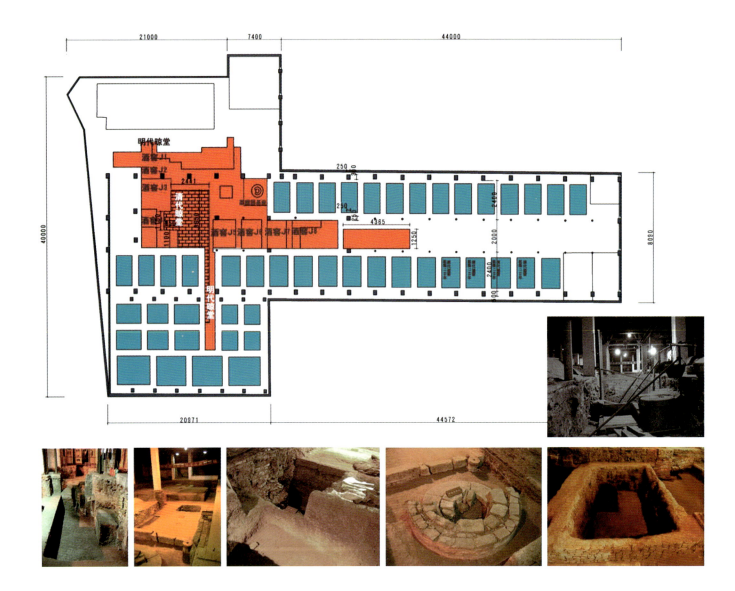

彩版八　水井街酒坊遗址现状图和遗迹分布图

1. 水井街酒坊遗址全景之一（东—西）

2. 水井街酒坊遗址全景之二（西—东）

彩版九　水井街酒坊遗址全景

晾堂L1
蒸馏设备
冷凝器基座
酒窖J7
酒窖J6
酒窖J5
晾堂L2
酒窖J2

彩版一〇　水井街酒坊遗址全景（西—东）

1. 晾堂L1、L2、L3、酒窖J5、J6、J7（西—东）

2. 晾堂L1、L2、L3、蒸馏设备冷凝器基座（西—东）

彩版一一　晾堂、酒窖、蒸馏设备冷凝器基座

酒窖J5
酒窖J6
酒窖J7

晾堂L1

酒窖J8

1. 晾堂L1、酒窖J5、J6、J7、J8（东—西）

蒸馏设备
冷凝器基座

酒窖J7
酒窖J6
酒窖J5

晾堂L1

晾堂L2

晾堂L3

2. 晾堂L2、L3及酒窖J5、J6、J7（西—东）

彩版一二　晾堂、酒窖

酒窖J4　　酒窖J3

晾堂L3

晾堂L2

1. 晾堂L2、L3及酒窖J3、J4（东—西）

2. 晾堂L2、L3局部（南—北）

彩版一三　晾堂、酒窖

酒窖J7

酒窖J6

酒窖J5

晾堂L3

1. 晾堂L3、酒窖J5、J6、J7（西—东）

2. 晾堂L2局部（东—西）

彩版一四　晾堂、酒窖

1. 晾堂L3局部（西—东）

2. 晾堂L3西北角的出水口及石础（东—西）

彩版一五　晾堂L3局部及L3西北角的出水口、石础

1. 晾堂L3东北转角石板

酒窖J8

酒窖J7

酒窖J6

酒窖J5

晾堂L3

2. 酒窖J5、J6、J7、J8、晾堂L3（西—东）

彩版一六　酒窖J5、J6、J7、J8、晾堂L3

蒸馏设备
冷凝器基座

酒窖J7
酒窖J6

酒窖J5

彩版一七　酒窖J5、J6、J7（经保护处理）与蒸馏设备冷凝器基座（西—东）

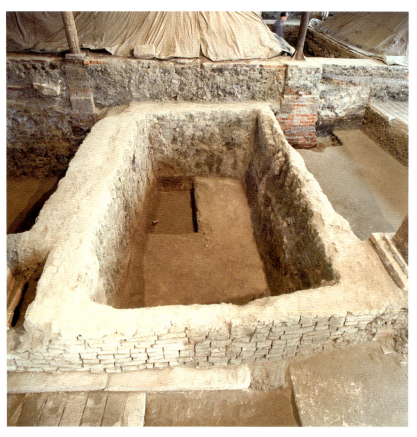

1. 酒窖J5（底部解剖发掘前）（北—南）

2. 酒窖J5（底部解剖发掘后）（南—北）

彩版一八　酒窖J5

1. 酒窖J6（南—北）

2. 灶坑Z3（南—北）

彩版一九　酒窖、灶坑

彩版二〇　酒窖J8（东—西）

1. 蒸馏设备冷凝器基座（西—东）

2. 蒸馏设备冷凝器基座（内部经解剖）
（北—南）

彩版二一　蒸馏设备冷凝器基座

1. 2号枕木基础（北—南）

2. 水井街酒坊遗址厂房建筑内部空间（东—西）

彩版二二　水井街酒坊遗址厂房建筑内部空间

1. 水井街酒坊遗址厂房建筑南立面（南—北）

2. 水井街酒坊遗址厂房建筑天窗细部（北—南）

彩版二三　水井街酒坊遗址厂房建筑

彩版二四　水井街酒坊遗址厂房建筑梁架结构

彩版二五　水井街酒坊遗址范围内的民居建筑门洞（东—西）

1. Ⅰ式（99CSQJ5②：101）

2. Ⅱ式（99CSQT4③：19）

3. Ⅱ式（99CSQJ5①：2）

彩版二六　景德镇窑青花Aa型瓷碗

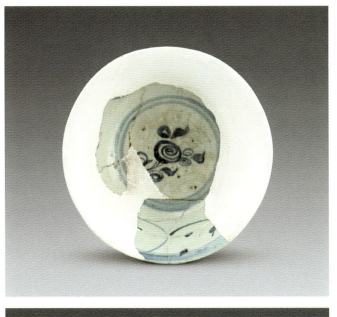

1. Ⅱ式（99CSQT4③：11）　　　　　　3. Ⅱ式（99CSQ采：7）

彩版二七　景德镇窑青花Aa型瓷碗

1. Aa型Ⅲ式（99CSQT8⑥：8）　　　　　　2. Ab型Ⅰ式（99CSQJ2：1）

彩版二八　景德镇窑青花A型瓷碗

1. Ⅰ式（98CSQ北探：4）　　　　　　2. Ⅱ式（99CSQT4③：25）

彩版二九　景德镇窑青花Ab型瓷碗

1. Ba型（99CSQT8⑤：8）　　　　　　　2. D型Ⅰ式（99CSQT8⑤：3）

彩版三〇　景德镇窑青花瓷碗

1. Ba型（99CSQJ6：3）　　　　　　　　　2. C型（99CSQJ2：2）

彩版三一　景德镇窑青花瓷碗

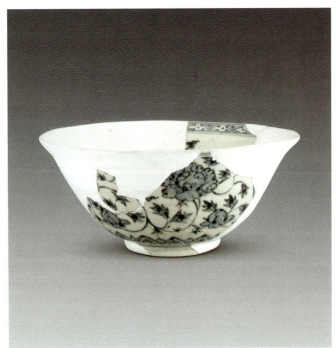

1. D型Ⅱ式碗（99CSQT2⑤：3）　　　　　　2. 大碗（98CSQ北探：5）

彩版三二　景德镇窑青花瓷碗、大碗

2. Ⅰ式（99CSQT3④∶8）

1. Ⅰ式（99CSQJ5②∶3）

3. Ⅲ式（98CSQ北探∶6）

彩版三三　景德镇窑青花Aa型瓷盘

1. Ⅱ式（98CSQ北探：8）

2. Ⅱ式（99CSQT4③：9）

3. Ⅲ式（99CSQT8⑥：4）

彩版三四　景德镇窑青花Aa型瓷盘

2. Ab型Ⅰ式（99CSQT4③：26）

1. Aa型Ⅳ式（99CSQT6⑤：4）

彩版三五　景德镇窑青花A型瓷盘

1. Ab型Ⅰ式（99CSQT4③：36）

2. Ac型（99CSQT8⑥：6）

3. B型（99CSQ采：15）

彩版三六　景德镇窑青花瓷盘

彩版三七　景德镇窑青花Ca型瓷盘（99CSQ采：1）

1. Cb型盘（99CSQT2②∶2）

2. A型大盘（99CSQJ6∶2）

3. B型大盘（98CSQ北探∶18）

彩版三八　景德镇窑青花瓷盘、大盘

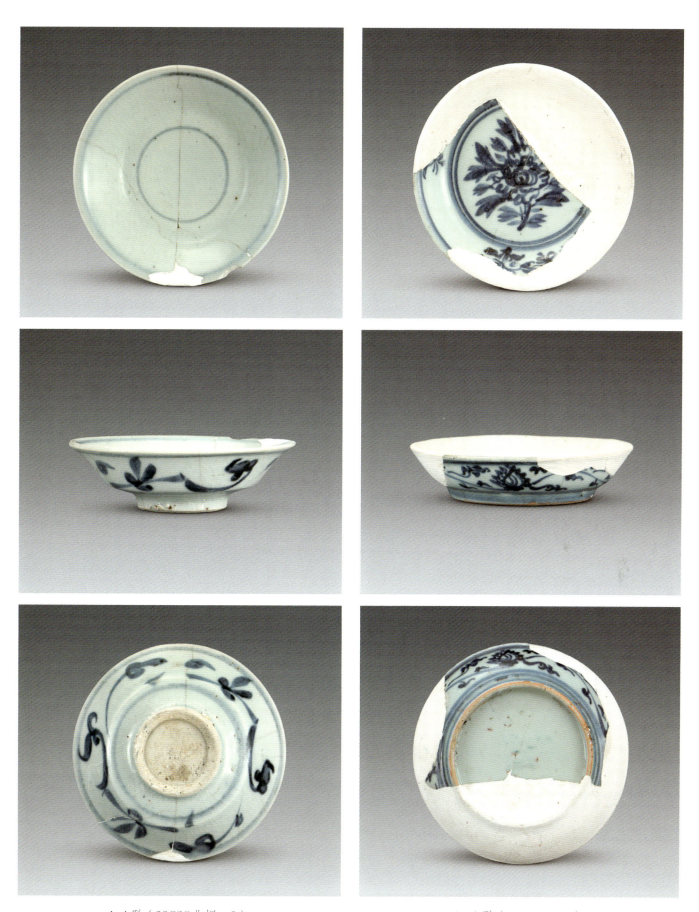

1. A型（98CSQ北探：9）　　　　　　　2. Bb型（99CSQJ6：1）

彩版三九　景德镇窑青花瓷碟

1. A型（99CSQT8④：4）

2. A型（99CSQH8：1）

3. C型Ⅰ式（99CSQT8⑥：5）

彩版四〇　景德镇窑青花瓷碟

1. C型Ⅱ式（99CSQT8⑤：2）　　　　　　　　2. Da型Ⅰ式（99CSQT2⑤：1）

彩版四一　景德镇窑青花瓷碟

彩版四二　景德镇窑青花Da型Ⅱ式瓷碟（99CSQ采：33）

彩版四三　景德镇窑青花Db型瓷碟（99CSQT4③：3）

1. 99CSQT6⑤：1   2. 99CSQT6⑤：3

彩版四四　景德镇窑青花Db型瓷碟

1. A型（99CSQT8⑤：5）　　　　　　　　2. B型（99CSQT4③：1）

彩版四五　景德镇窑青花瓷盅

彩版四六　景德镇窑青花C型Ⅰ式瓷盅（99CSQT8④：41）

彩版四七　景德镇窑青花C型II式瓷盅（99CSQ采：36）

彩版四八　景德镇窑青花C型Ⅱ式瓷盅（98CSQ北探：16）

彩版四九　景德镇窑青花C型Ⅱ式瓷盅（99CSQ采：2）

1. I式（99CSQ采：14）

2. II式（99CSQT4③：21）

彩版五〇　景德镇窑青花Da型瓷盅

1. Da型Ⅲ式（99CSQT4③：2）　　　　　　　2. Db型（98CSQ北探：10）

彩版五二　景德镇窑青花Db型瓷盅（99CSQT8②：10）

1. Ⅰ式（99CSQT3④∶6）

2. Ⅱ式（99CSQT8③∶6）

彩版五三　景德镇窑青花Aa型瓷杯

1. Ab型（99CSQT4③：18）

2. B型（99CSQ采：35）

彩版五四　景德镇窑青花瓷杯

1. Ⅰ式（99CSQT3④：9）　　　　　　　2. Ⅱ式（99CSQ采：32）

彩版五五　景德镇窑青花C型瓷杯

1. C型Ⅱ式（99CSQ采：31）

3. D型Ⅰ式（99CSQT8③：5）

2. D型Ⅰ式（99CSQT8⑤：7）

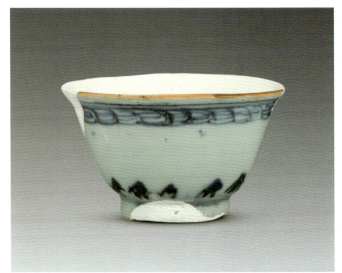

4. D型Ⅱ式（99CSQT1②：2）

彩版五六　景德镇窑青花瓷杯

1. Ⅱ式盏（99CSQT4③：31）

2. B型器盖（99CSQT2⑤：4）

3. A型器底（99CSQT8⑥：20）

4. A型器底（99CSQ采：47）

彩版五七　景德镇窑青花瓷盏、器盖、器底

1. 99CSQ采：38

2. 99CSQT4③：6

3. 99CSQT8⑤：21

彩版五八　景德镇窑青花B型瓷器底

1. C型（99CSQT8⑦：2）

2. C型（99CSQ采：40）

3. D型（99CSQ采：45）

彩版五九　景德镇窑青花瓷器底

1. D型（99CSQJ7∶6）

2. D型（99CSQJ7∶10）

3. E型（99CSQ采∶39）

彩版六〇　景德镇窑青花瓷器底

1. E型（99CSQ采：50）

2. F型（99CSQT4③：15）

3. G型（99CSQ采：46）

彩版六一　景德镇窑青花瓷器底

1. 99CSQ采：44

2. 99CSQT4③：5

3. 99CSQT8④：1

彩版六二　景德镇窑青花G型瓷器底

1. 99CSQT8⑤：23

2. 99CSQT4③：8

3. 99CSQ采：48

彩版六三　景德镇窑青花G型瓷器底

1. G型（99CSQ采：55）

2. H型（99CSQJ7：1）

3. I型（99CSQT8③：1）

彩版六四　景德镇窑青花瓷器底

1. J型（99CSQJ7∶5）

2. L型（99CSQJ5②∶5）

3. L型（99CSQ采∶41）

彩版六五　景德镇窑青花瓷器底

1. M型（99CSQ采：42）

2. M型（99CSQ采：59）

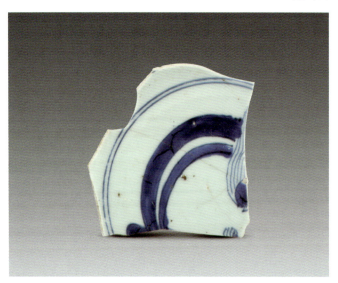
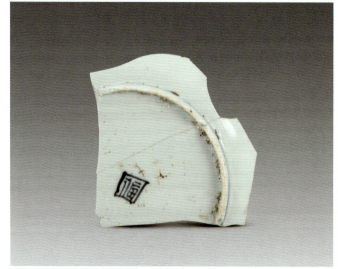

3. N型（99CSQT4③：141）

彩版六六　景德镇窑青花瓷器底

1.99CSQT4③：13　　　　　　　　2.99CSQJ5②：12

彩版六七　景德镇窑青花瓷器底

1. 99CSQ采：51 2. 99CSQ采：52

1. A型（99CSQJ5②：10）

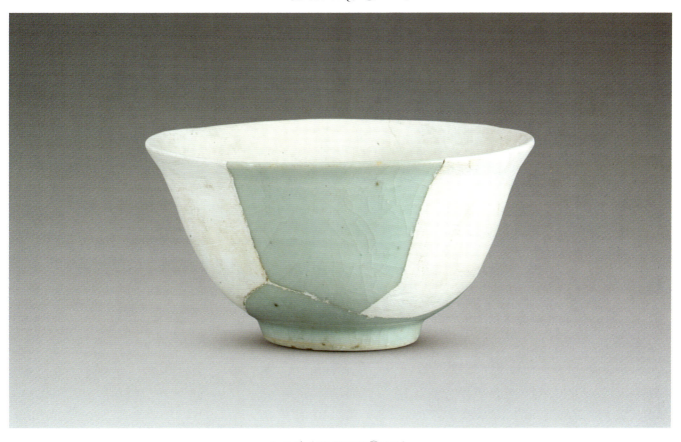

2. B型（99CSQT8⑥：7）

彩版六九　景德镇窑青白釉瓷碗

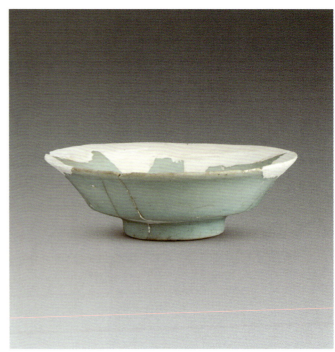

1. 99CSQJ5①：1　　　　　　　　　　　　　　　　2. 99CSQT4③：14

彩版七〇　景德镇窑青白釉A型瓷盘

1. 青白釉碟（98CSQ北探：14）

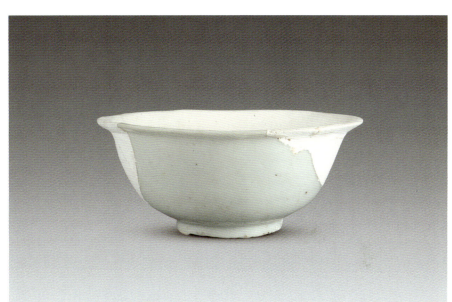

2. A型白釉碗（99CSQJ5②：11）

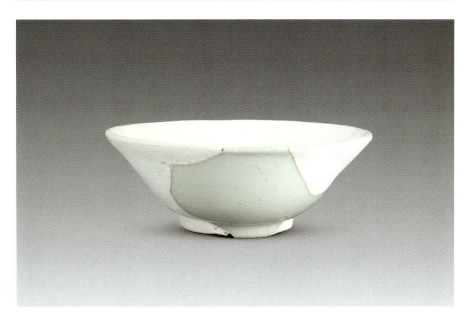

3. Aa型白釉杯（99CSQT4③：46）

彩版七一　景德镇窑青白釉瓷碟及白釉瓷碗、杯

1. A型白釉碗（99CSQJ5②：2）

2. B型白釉碗（99CSQT4③：32）

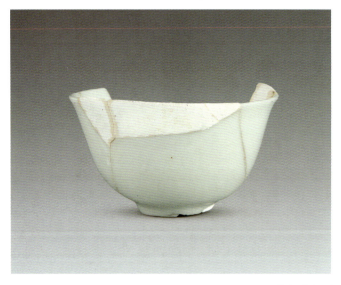

3. Aa型白釉杯（99CSQT4③：29）

4. 青釉碗（99CSQT2⑥：3）

5. 青釉碗（99CSQ采：104）

彩版七二　景德镇窑白釉瓷碗、白釉瓷杯、青釉瓷碗

1. A型 I 式（98CSQ北探：11）

2. A型 II 式（99CSQT4③：7）

3. B型（99CSQ采：6）

彩版七三　景德镇窑白釉瓷盘

1. Ab型（99CSQT8⑤：6）

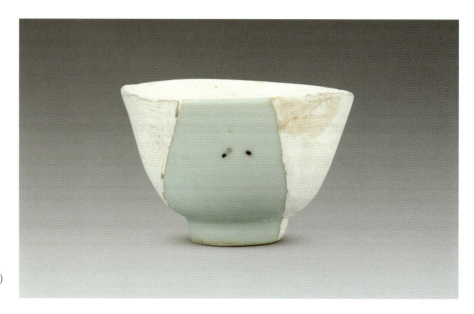

2. B型（99CSQT6⑤：2）

彩版七四　景德镇窑白釉瓷杯

1. A型白釉器盖（99CSQT2⑤：31）

2. A型青釉盘（99CSQT8⑧：1）

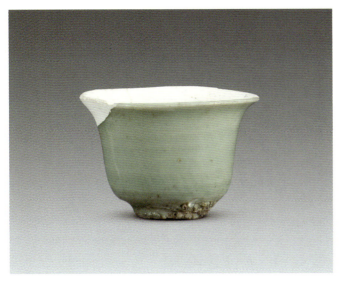

3. 外青釉内白釉瓷器（99CSQT4③：47）

4. 蓝釉瓷器（99CSQT4③：209）

彩版七五　景德镇窑白釉、青釉、外青釉内白釉、蓝釉瓷器

1．A型碗（99CSQT2②：1）

2．注壶（99CSQ采：11）

彩版七六　景德镇窑粉彩瓷器

1.99CSQT8②：2

2.99CSQ采：54

彩版七七　景德镇窑粉彩瓷器

1. 酱釉瓷器（99CSQ采：37）

2. 孔雀蓝釉瓷器（99CSQT6⑤：6）

3. 绿釉瓷器（99CSQT4③：24）

4. 绿釉瓷器（99CSQ采：56）

彩版七八　景德镇窑酱釉、孔雀蓝釉、绿釉瓷器

1. A型碗（99CSQT4③：1）

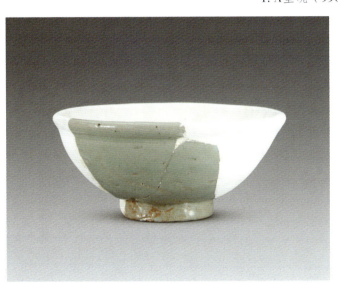

2. A型碗（99CSQT4③：4）

3. Aa型盘（99CSQT8⑥：21）

1. 龙泉窑Ab型盘（99CSQT8⑥：3）

2. 龙泉窑Ab型盘（99CSQH2：2）

3. 龙泉窑瓷高足碗（99CSQT8⑧：3）

4. 琉璃厂窑B型碗（99CSQ采：22）

1. 碟（99CSQT8⑤：4）

2. 盘（99CSQ采：30）

3. 器盖（99CSQ采：21）

彩版八一　琉璃厂窑瓷器

1. 磁峰窑碗类器物底足残片（99CSQT3⑦：1）

2. A型不明窑口青花瓷碗（98CSQ北探：3）

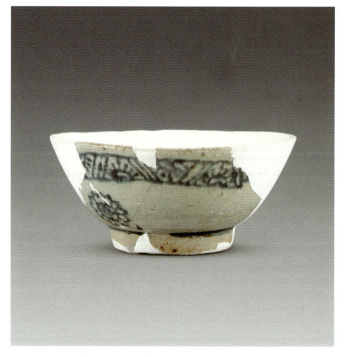

3. B型不明窑口青花瓷碗（99CSQ采：29）

彩版八二　磁峰窑、不明窑口瓷器

1. B型（98CSQ北探：1）   2. Ca型（99CSQT4③：202）

彩版八三　不明窑口青花瓷碗

1. Ca型（99CSQT3④：1）　　　　　　　2. Cb型（99CSQ采：27）

彩版八五　不明窑口青花Cb型瓷碗（99CSQ采：28）

1. 杯（98CSQ北探：19）

2. 盆（99CSQ采：20）

彩版八六　不明窑口青花瓷器

1. 99CSQ采：43   2. 99CSQ采：53

彩版八七　不明窑口青花瓷器足底

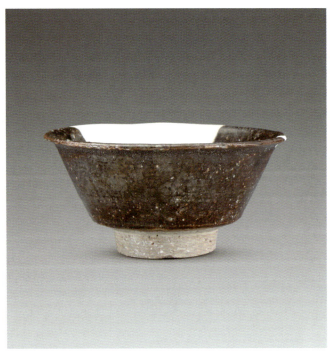

1. A型（99CSQT8⑤：1）　　　　　　　　　　2. B型（99CSQT1④：1）

1. B型碗（99CSQT8⑥：1）　　　　　　2. Aa型盏（99CSQT3②：1）

1. Aa型（99CSQJ5②：7）

2. Ab型（99CSQT2④：2）

3. B型（99CSQ采：17）

彩版九〇　不明窑口酱釉瓷盏

1. 盆（98CSQ北探：20）　　　　　　　　　2. B型灯（99CSQJ6：7）

1. A型酱釉瓷灯（99CSQT8⑤：11）

2. 白釉执壶（99CSQ采：25）

3. 酱釉瓷瓶（99CSQ采：26）

1. 白釉瓷盘（99CSQT8⑥：22）　　　　　　2. 青灰釉瓷碗（99CSQT1②：1）

彩版九三　不明窑口瓷器

1. A型盘（99CSQT3④：4）

2. 碟（98CSQ北探：110）

3. 碟（99CSQ采：23）

彩版九四　不明窑口青灰釉瓷器

1. 陶罐

2. 酒糟遗物

彩版九五　水井街酒坊遗址出土贮酒陶罐及酒糟

1. 全兴酒史博物馆藏民国时期酿酒作坊 "天锅"

2. 全兴酒史博物馆藏民
国时期酿酒作坊 "天
锅"内部结构

彩版九六　民国时期酿酒作坊 "天锅"

1. 水井街酒坊遗址区内的酿酒生产场景之一

2. 水井街酒坊遗址区内的酿酒生产场景之二

彩版九七　水井街酒坊遗址区内的酿酒生产场景

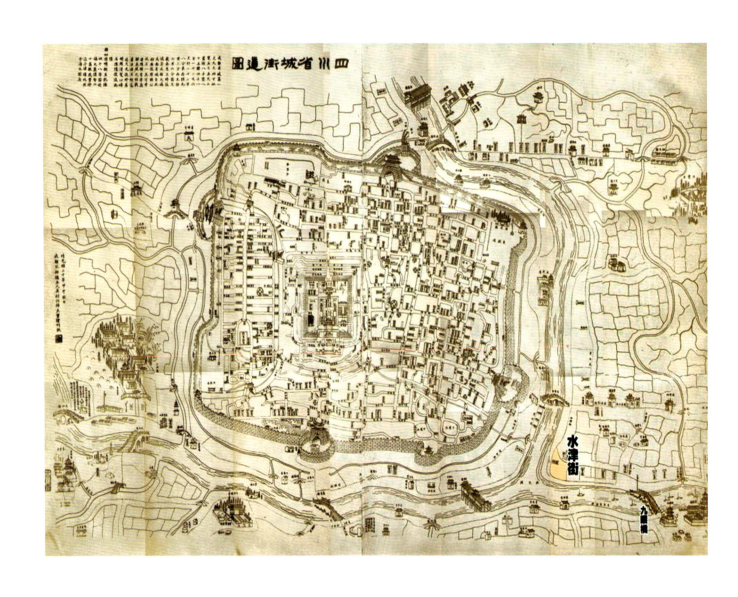

彩版九八　清代光绪年间（1875～1908年）成都地图

1. 水井街酒坊遗址内至今仍使用的老窖池

2. 成都武侯祠"伊周经济"匾额

彩版九九　水井街酒坊遗址内的老窖池及武侯祠"伊周经济"匾额

1. 锡棒子

2. "锡棒子"底款

彩版一○○　清代以来成都传统专用酒具"锡棒子"